M0247420

DER MYTHOS DES ERLÖSERS
RICHARD WAGNERS TRAUMWELTEN UND
DIE DEUTSCHE GESELLSCHAFT 1871–1918

Veit Veltzke

DER MYTHOS DES ERLÖSERS
RICHARD WAGNERS TRAUMWELTEN UND
DIE DEUTSCHE GESELLSCHAFT 1871–1918

ARNOLDSCHE

Inhaltsverzeichnis

Vorwort

Publikation und Ausstellung versuchen die faszinierende Wirkung, den emotionalen Bann, der von Wagners Werk auf Zeitgenossen und Nachfahren ausging, an Objekten der bildenden Kunst erfahrbar zu machen, die gleichfalls schon Teil der Rezeptionsgeschichte Wagners sind. Teilweise greifen diese Exponate Momente der dramatischen Handlungen Wagners auf oder stellen eher freie Impressionen dar, bzw. markieren nur sehr mittelbar Wagnersche Einflusslinien.

Auffallend ist das Missverhältnis eines bis in seine späten Tage anarchischen Künstlers und seiner schließlich breiten Akzeptanz gleichsam als Barde des wilhelminischen Reiches. Seine Idee einer Erlösung durch Liebe zu Mensch und Schöpfung war mit starker Kritik an den Machtstrukturen und bürgerlichem Besitzstreben seiner Zeit verbunden.

Wagner war es um eine grundlegende Veränderung der ihn umgebenden Zivilisation und der Stellung der Kunst zum Leben zu tun. Seinen Anhängern ging es in der Regel um das rauschhafte Erleben seiner Kunst ohne Anspruch auf Wirklichkeitsveränderung. Hier wurde eine Art Ventil gegenüber den Normen und Zwängen des Alltags gesucht, ohne diese aufzuheben.

Trotzdem gelangen Wagners auf der Bühne vollzogenen Erlösungen im Untergang, Weltentsagung und Pessimismus als untergründige Strömung zur Wirkung und fließen teilweise in die nationalen Leitbilder ein. Die begeisterte Aufnahme von Wagners »Der Ring des Nibelungen« durch das wilhelminische Bürgertum, zu dessen Prinzipien und Lebensführung sie eigentlich im Widerspruch steht, ist so bereits ein Krisenphänomen.

Die antisemitischen Bestandteile in Wagners Schrifttum, sein Sakralisierungsangebot in Kunst und Theorie werden auch von der antisemitisch-völkischen Bewegung aufgegriffen. Anhänger Wagners stellen hier Verbindungen her, während dieser den Schulterschluss mit dem organisierten Antisemitismus ablehnt.

Die nationalen Bildwelten werden durch Wagner mit dessen Rückgriff auf vor- und ungeschichtliche Mythen entscheidend beeinflusst, entgegen bislang verbindlichen historischen Leitfiguren wie Arminius oder Barbarossa. Hier liegen die Anfänge eines sich weniger auf historische Vorbilder beziehenden Nationalismus mit heroisch-pessimistischen und abstrakt-mythischen Zügen, wie er nach dem Ersten Weltkrieg voll zur Entfaltung kommt. Barg bei Wagner der »Mythos« die Möglichkeit zur Darstellung des »Reinmenschlichen« und besaß emanzipatorischen Charakter, so transportiert dieser nun andere Inhalte. Die Nachgeschichte Wagners ist deshalb stark gekennzeichnet durch den Gegensatz von Künstlerintentionen, Anhängerinteressen und Folgewirkungen.

Der Kulturpessimismus Schopenhauers und Wagners wird nun vielfach von einem optimistisch gerichteten Sozialdarwinismus überlagert, bei dem die pessimistische Untertönung allerdings noch durchscheint und radikalisiert.

Besondere Impulse erhält die Lebens- und Kulturreformbewegung um 1900 durch Wagners Individualisierung und Ästhetisierung des Religionsbegriffs, seine Idee des Gesamtkunstwerkes und die Erlebnismöglichkeiten seiner Kunst. Wagners Einfluss lässt sich hier auf dem rechten, wie auf dem linken Flügel bis in die Friedensbewegung hinein feststellen.

Abschließend möchte ich meinen herzlichen Dank all unseren Sponsoren und Leihgebern aussprechen, die Ausstellung und Begleitpublikation erst ermöglicht haben und allen Mitarbeitern des Museums.

Der Anstoß für dieses Projekt lag in der Neuinszenierung von Richard Wagners Romantischer Oper »Der fliegende Holländer« (Inszenierung: Holger Müller-Brandes, Musikalische Leitung: Frank Beermann), die das Stadttheater Minden in Zusammenarbeit mit der Nordwestdeutschen Philharmonie und dem Richard Wagner-Verband Minden im September/Oktober 2002 anläßlich des 90-jährigen Jubiläums des Verbandes veranstaltet.

Wir danken den Leihgebern

Altenburg
Lindenau-Museum
Bayreuth
Richard-Wagner-Museum, Haus Wahnfried
Dietmut und Siegfried Meiners
Berlin
Deutsches Historisches Museum
Staatliche Museen zu Berlin – Preußischer
Kulturbesitz:
    Kunstbibliothek
    Kupferstichkabinett
    Nationalgalerie
Firma L. Leichner Kosmetik
Bremen
Schulgeschichtliche Sammlung
Darmstadt
Städtische Kunstsammlungen, Institut
Mathildenhöhe
Schlossmuseum, Hessische Hausstiftung
Doorn, Niederlande
Kasteel Huis Doorn
Dresden
Stadtmuseum
Eisenach
Reuterhaus mit Richard-Wagner-Sammlung
Thüringisches Museum
Frankfurt/Main
Das Städel – Städelsches Kunstinstitut und
Städtische Galerie

Goslar
Goslarer Museum
Hamburg
Museum für Kunst und Gewerbe
Hanau
Museum Hanau
Hannoversch Münden
Städtisches Museum
Jesteburg
Gedenkstätte Bossard
Königswinter
Nibelungenhalle
Minden
J.C.C. Bruns
Kommunalarchiv Minden
Rüdiger Koke
Münster
Westfälisches Landesmuseum für Kunst und
Kulturgeschichte
Poznan, Polen
Muzeum Narodowe
Ratzeburg
Ernst und Hans Barlach GbR, Lizenzverwaltung
Wiesbaden
Henkell & Söhnlein Sektkellereien KG
Witzenhausen
Archiv der deutschen Jugendbewegung

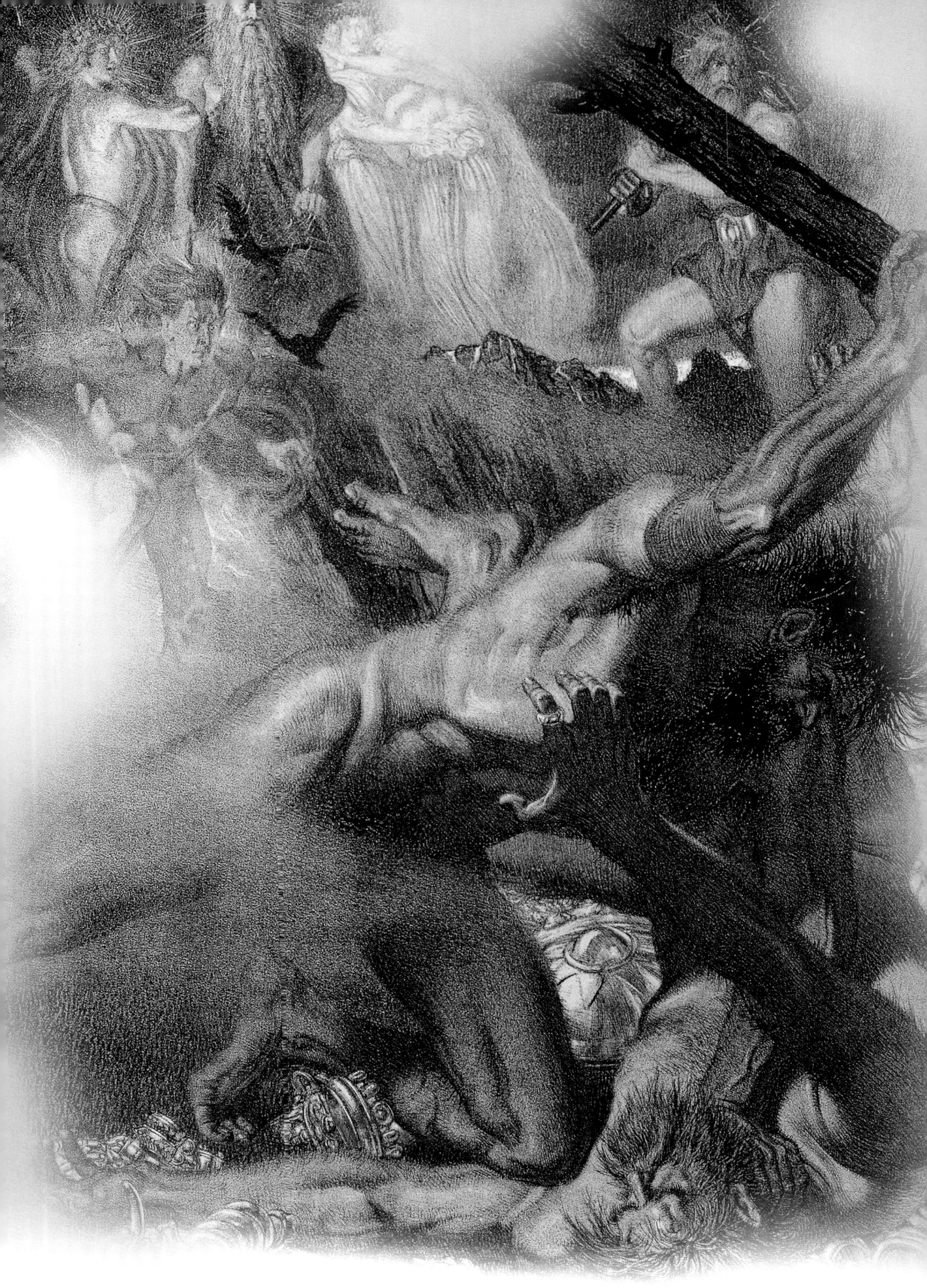

WAGNER: DER REVOLUTIONÄR

Der politische Wagner zur Zeit des Vormärz und der deutschen Revolution von 1848/49 – ist keine bloße Episode, keine später überwundene Lebensphase, zu der seine frühen Biographen diese Entwicklungsstufe verharmlosten, sondern bleibender und konstitutiver Bestandteil seiner Gesamtpersönlichkeit und -künstlerischen Existenz.

In dieser Zeit entwickeln sich seine Vorstellungen über das Verhältnis von Kunst und Leben, seine nationalromantische Euphorie, die Utopie einer herrschaftsfreien menschlichen Gemeinschaft ohne trennende Schranken von Besitz und Stand, seine Idee einer »Erlösung« durch Liebe, die damals noch als »freie Liebe« mit Stoßrichtung gegen die zur Konvention erstarrten Ehe in Erscheinung trat. Gleichzeitig dürfte bereits 1848 seine 1850 erstmals publizierte Schrift über »Das Judentum in der Musik« zumindest in einer Rohfassung vorgelegen haben,[1] so dass auch sein antisemitisches Vorurteil bereits in der Revolutionsphase zu verorten ist.

In all dem ist Wagner Kind der bürgerlich-emanzipatorischen und sozialistischen Tendenzen seiner Zeit. Er steht hier im Netzwerk frühsozialistischer, nationalromantischer Ideen und unter dem Einfluss der literarischen Bewegung des »Jungen Deutschland« und der philosophischen Schule der Junghegelianer und nicht zuletzt des Religionszertrümmerers Ludwig Feuerbach.

Wagners Freund, Heinrich Laube, der in seinem Schlüsselroman »Das junge Europa« (1833–1837) das Programm der Jungdeutschen absteckte, machte ihn mit der Gedankenwelt des »Jungen Deutschland« bekannt. Laubes Kritik an der bürgerlichen Institution der Ehe, seine Hoffnung auf eine Abschaffung des Ehezwangs und sein Bekenntnis zu einer freien Sinnlichkeit spiegeln sich in Wagners Oper »Das Liebesverbot« (1834–36) wider. Karl Gutzkow, neben Laube der führende Vertreter des »Jungen Deutschland«, machte die Bekanntschaft Wagners als Theaterdramaturg in Dresden 1846 und dürfte ihm die Vokabel der »Selbstvernichtung« als Schlüsselbegriff einer »Erlösung« des Judentums von angeblich schrankenlosem Egoismus hin zu Liebe und Mitmenschlichkeit an die Hand gegeben haben.[2]

Das Bild des Juden als reinster Ausdruck kapitalistischer Macht- und Profitgier war fester Bestandteil der politischen Bewegung im deutschen Vormärz und reichte, früh verfestigt durch Ludwig Börnes »Der wandernde Jude« (1821), bis zu Heinrich Heine und Karl Marx. In dessen Schrift »Zur Judenfrage« (1843) heißt es: »Welches ist der weltliche Grund des Judentums? Das praktische Bedürfnis, der Eigennutz. Welches ist der weltliche Kultus der Juden? Der Schacher. Welches ist sein weltlicher Gott? Das Geld. ... Nun wohl! Die Emanzipation vom Schacher und vom Geld, also vom praktischen, realen Judentum wäre die Selbstemanzipation unserer Zeit.«[3]

Auch Wagner wird in seiner antijüdischen Broschüre die Formulierung der Emanzipation vom Judentum aufgreifen. Bereits in seiner Rede vor dem republikanischen Dresdener Vaterlands-Verein 1848 taucht der Emanzipationsbegriff in einem ähnlichen Zusammenhang auf. Visionär verkündet er: »... wie ein böser nächtlicher Alb wird dieser dämonische Begriff des Geldes von uns weichen mit all seinem scheußlichen Gefolge von öffentlichem und heimlichem Wucher, Papiergaunereien, Zinsen und Bankiersspekulationen. Das wird die volle Emanzipation des Menschengeschlechts, das wird die Erfüllung der reinen Christuslehre sein.«[4]

Wenngleich nur auf das kapitalistische Wirtschaftssystem und nicht explizit auf »den Juden« bezogen, bedient sich Wagner einer extensiven, religiös aufgeladenen Bildsprache, die förmlich nach einer realen Konkretisierung in Form eines greifbaren Feindbildes verlangt.

1 Rose, Paul Lawrence, Richard Wagner und der Antisemitismus, Zürich/München 1999 (engl. Originalausgabe 1992), S. 83 f   **2** Ebenda, S. 61 f, S. 29 f, S. 43 f   **3** Scholz, Dieter David, Ein deutsches Missverständnis. Richard Wagner zwischen Barrikade und Walhalla. Berlin 1997, S. 174 f, Rose, S. 32 f   **4** Gregor-Dellin, Martin, Richard Wagner. Sein Leben. Sein Werk. Sein Jahrhundert, 1983 (Originalausgabe 1980), S. 239   **5** Rose, S. 33   **6** Richard Wagner, Die Revolution, in: Richard Wagner. Die Hauptschriften, hrsg. u. eingel. v. Ernst Bücken, Leipzig 1937, S. 78–87, S. 79 ff, 82 f, 84 f, 87. Das Erzeugen von Gütern zu genießen, entspricht dem Arbeitsbegriff des Wagnerfreundes und Dresdner Musikdirektors August Röckel, der die Arbeit zur Kreativität befreien wollte und Wagner auch in seinen sozialistischen und antibürgerlichen Vorstellungen stark beeinflusste, Gregor-Dellin, S. 249 f

Die Dämonisierung des Geldes führt so direkt zur Dämonisierung des Judentums. Die metaphorische Ebene des tradierten religiösen Antisemitismus wird formal beibehalten und nun mit anderen Inhalten gefüllt. Schon Börne spricht in seinem Aufsatz »Der Wandernde Jude« von der »Judentümlichkeit« der Handelswelt, diesem »Sichtbarwerden des Gelddämon«.[5]

Wagner entwickelt in seinen dramatischen Texten und teilweise seinen theoretischen Schriften eine mythische Bildsprache als Metaebene, die in ihren Inhalten durchaus gegenwartsbezogen ist. Frühes Beispiel ist sein Beitrag »Die Revolution« für die Dresdener »Volksblätter« 1849, der als eine Art Hymnus in apokalyptischen Bildwelten schwelgt: »Ja, wir erkennen es, die alte Welt, sie geht in Trümmer, eine neue wird aus ihr entstehen, denn die erhabene Göttin Revolution, sie kommt dahergebraust auf den Flügeln der Stürme, das hehre Haupt von Blitzen umstrahlt, das Schwert in der Rechten, die Fackel in der Linken, das Auge so finster, so strafend, so kalt, und doch, welche Glut der reinsten Liebe, welche Fülle des Glückes strahlt dem daraus entgegen, der es wagt, mit festem Blicke hineinzuschauen in dies dunkle Auge. Sie kommt dahergebraust, die ewig verjüngende Mutter der Menschheit... und wohin ihr mächtiger Fuß tritt, da stürzt in Trümmer das in eitlem Wahn für Jahrtausende Erbaute und der Saum ihres Gewandes streift die letzten Überreste hinweg. Doch hinter ihr, da eröffnet sich uns, von lieblichen Sonnenstrahlen erhellt, ein nie geahntes Paradies des Glückes, und wo ihr Fuß vernichtend geweilt, da entsprießen duftende Blumen dem Boden, und frohlockende Jubelgesänge der befreiten Menschheit erfüllen die noch vom Kampfgetöse erregten Lüfte.«

Die Beamten der zeitgenössischen Bürokratie erscheinen ihm als eingetrocknete Naturen, als verrostete Räder der Staatsmaschine, unter deren Dokumenten und Verträgen »die Herzen der lebendigen Menschheit« zu Staub verdorren. Ihr über die Länder gesponnenes Netz sei bereits stellenweise eingerissen und würde von den »überraschten Kreuzspinnen« wieder versucht, zu schließen. In deren Reich dringe kein Strahl des Lichtes hinein: »dort herrscht ewige Nacht und Finsternis und in Nacht und Finsternis wird das Ganze spurlos versinken.«

Der seelenlosen Staatsmaschine, der korrupten und dekadenten Aristokratie, den Börsenspekulanten wird das Leben selbst gegenüber gestellt, das »den eigenen freien Willen« zum »einzigen höchsten Gesetz« des Menschen erhebt. Abschaffung der Herrschaft von Menschen untereinander und Abschaffung des Eigentums, das auch den Eigentümer versklave, anstatt ihn seinen »wahren höchsten Genuss« im »Erzeugen«, »nicht im Erzeugten« erkennen zu lassen, die Nutzung aller Güter zum »freien unbeschränkten Genusse« aller – sind Losungen der Revolution, die als »Erlöserin aus dieser Welt des Jammers« auftritt, das »neue Evangelium des Glücks« verkündet und mit den befreiten Millionen den »menschgewordenen Gott« repräsentiert.[6]

Dies bedeutet eine Art säkularisiertes Christentum mit einem radikalen Sozialismus als Botschaft, wie Wagner es bereits in seinem 1843 entstandenen Chorwerk »Das Liebesmahl der Apostel« und später in seinem 1848/49 verfassten Operntext und Kommentar zu »Jesus von Nazareth« ausdrückte.[7] Es bedeutet aber auch die Vergöttlichung des Menschen, der nun göttliche Freiheit genießt, wie in »Die Revolution« visionär entworfen oder der wie in den Texten zu »Jesus von Nazareth«, in göttlich zu nennender Liebe im Allgemeinen aufgehen soll.

Vermenschlichung der Götter und Vergöttlichung des Menschen sowie die Sprache in Bildern, wie Wagner sie extensiv praktiziert, sind Prinzipien mythischen Denkens, das seit den 1840er Jahren kardinale Bedeutung für sein Werk gewinnen sollte. Im Mythos fand Wagner seine Sicht der Dinge zum Teil bestätigt, verwandte aber auch dessen Motive in freier Weise als Bausteine seiner Weltanschauung.

Wagner stand mit seiner Überzeugung, im Mythos Antworten auf die Fragen menschlicher Existenz zu finden, in der Tradition der Romantik. Er ging jedoch darüber hinaus und suchte hier auch Antworten auf die soziale Frage. In »Eine Mitteilung an meine Freunde« 1851 sprach er von den im Mythos vorfindlichen »sozialen Verhältnissen in ebenso einfachen, bestimmten und plastischen Zügen«. Seinem Dresdner Freund Theodor Uhlig teilte er am 12. November 1851 mit, in »Der Ring des Nibelungen« »gebe ich den Menschen der Revolution dann die Bedeutung dieser Revolution, nach ihrem edelsten Sinne zu erkennen.« Eine Aufführung hält er erst nach der erfolgreichen Revolution für möglich: das jetzige Publikum könne ihn nicht verstehen.[8]

Seine Ringdichtung, deren Grundkonzeption bereits in das Jahr 1848 fällt, gibt mit dem zentralen Ringsymbol als Ausdruck von Macht- und Besitzgier, die aus der Lieblosigkeit entspringen, mit der Figur des die Nibelungen ausbeutenden Alberich und der Gestalt Wotans – als Hüter der Gesetze und einer auf Unrecht gegründeten Ordnung – ein Bild von Staat und bürgerlicher Gesellschaft, das auf Untergang angelegt ist. Folgerichtig versinkt im »Ring« die Welt der Götter wie auch im nordischen Mythos. Als Gegenfigur wird der revolutionäre Held Siegfried eingeführt, der – gegen den Willen der Götter im Inzest gezeugt – als »freier Mensch« berufen ist, die Schuld der Götter zu tilgen und in seinem Tatendrang die alten Ordnungen nicht achtet. Er repräsentiert den Menschen der Zukunft, der sich im Sinne Ludwig Feuerbachs von den einengenden Gottprojektionen emanzipiert und eine bislang ungeahnte Freiheit erlangt, die Wagner in seinem Aufsatz »Die Revolution« hymnisch beschreibt.

Wagners Götter sind Chiffren menschlicher Unzulänglichkeiten, Fiktionen menschlichen Geistes. Ihr Untergang entlarvt ihren Projektionscharakter. Obwohl die »Götterdämmerung« von Wagner erst später konzipiert wird, ist sie bereits im Prosaentwurf von 1848 im Gedanken der Selbstvernichtung der Götter durch die Erschaffung des freien Menschen angelegt.[9]

Der Mythos, der weitgehend ein von Wagner selbst geschaffener ist, wird so zum Bedeutungsträger für Gegenwart und Zukunft, Verschlüsselung einer sozialistisch-emanzipatorischen Utopie, die durch Rückgriff auf alte Quellen die Aura quasi religiöser Offenbarung erhält und durch die spätere Komposition eine erlebbare sinnliche Wirklichkeit.

Diese enge und vielfältige Beziehung des Mythos zur Gegenwart ist durchaus neu und seine Botschaft erst nach dem vollständigen Sieg der Revolution umzusetzen. Die Radikalität von Wagners revolutionärer Rhetorik und sein persönlicher Einsatz während der revolutionären Kämpfe in Dresden im Mai 1849 sind auf diese Überzeugung zurückzu-

7 Rose, S. 54, 89 f **8** Wapnewski, Peter, Die Oper Richard Wagners als Dichtung, in: Richard-Wagner-Handbuch, hrsg. v. Ulrich Müller, Peter Wapnewski, Stuttgart 1986, S. 223–352, S. 272, Mertens, Volker, Richard Wagner und das Mittelalter, ebenda, S. 19–59, S. 31, 21 **9** Gregor-Dellin, S. 247 **10** Ebenda, S. 254. Gregor-Dellin spricht hier von der Lieblingsidee Wagners **11** Wagner an den Kritiker Ernst Kossak. 23. November 1847, in: Krohn, Rüdiger, Wagner und die Revolution, in: R.-W.-Handbuch, S. 86–100, S. 89 **12** Krohn, S. 89 **13** Vgl. hierzu Gregor-Dellin, S. 261–276 **14** Scholz, Ein deutsches Missverständnis, S. 34, 36

führen. Die Radikalität der Utopie setzt den radikalen Bruch mit dem Alten voraus und der Erfolg seiner Kunst die neue Gesellschaft.

Der Sturz der alten Ordnung und die Verwirklichung der Utopie sind an die Figur eines revolutionären Erlösers gebunden, mag er nun Jesus von Nazareth oder Siegfried heißen.[10]

Der enge Bezug von Wagners Mythos zur Wirklichkeit, die Fixierung auf sein Werk, sein Schwelgen in apokalyptischen Zerstörungsvisionen lassen die Grenzen zwischen Oper und dramatischen Entwürfen einerseits und der Wirklichkeit andererseits verschwimmen. Die Revolution ist nun seine Bühne! Sie ist aber nur der Ort des Vorspiels, die »positive Basis« wie Wagner sagt[11], auf die er den Erfolg seiner Kunst setzen will. An seine Frau Minna schreibt er kurz nach dem Scheitern des Dresdener Aufstandes am 14. Mai 1849: »... in höchster Unzufriedenheit mit meiner Stellung und fast mit meiner Kunst..., tief verschuldet, so dass mein gewöhnlicher Erwerb nur in langen Jahren und unter schmählichen Bedingungen meine Gläubiger befriedigt haben würde, zerfiel ich mit dieser Welt, hörte auf, Künstler zu sein... und wurde – wenn auch nicht mit der Tat, so doch in der Gesinnung – nur noch Revolutionär, d.h. ich suchte nur in einer gänzlich umgestalteten Welt den Boden für neue künstlerische Schöpfungen meines Geistes.[12]

Der Brief ist einerseits bemerkenswert ehrlich und verschweigt die ungeordneten persönlichen Verhältnisse Wagners im Hintergrund seines revolutionären Engagements nicht. Andererseits versucht der politische Flüchtling inzwischen seine Rolle in der Revolution aus einsichtigen Gründen als geistiges Mitläufertum zu bagatellisieren. Dieses Zeugnis spricht dafür – wie andere auch –, die Inspiration für Wagners revolutionäre Tätigkeit in seinen Kunstreformgedanken und künstlerischen Ambitionen zu sehen. Ein deutsches Nationaltheater, wie er es 1848 erst für Dresden, dann für Wien programmatisch entwarf, sollte volkserzieherisch wirken und mit einem Intendanten Wagner natürlich das »reinmenschliche« und sozialkritische Gedankengut seiner Musikdramen transportieren.

Welcher Art war nun die Beteiligung des königlich sächsischen Kapellmeisters an der Revolution in Dresden? Am 3. April 1849 hatte der preußische König Friedrich Wilhelm IV. die Annahme der Kaiserkrone, die ihm von der Frankfurter Nationalversammlung angetragen wurde, abgelehnt. Am 27. April folgt die Auflösung der preußischen Kammer, am 30. April die der sächsischen durch König Friedrich August II. Die Volksblätter Röckels, in denen Wagner neben seinem Hymnus »Die Revolution« mehrere Artikel veröffentlichte, verfielen der Zensur.

Wagner scheint sich in dieser Zeit auf eine gewaltsame Auseinandersetzung vorbereitet und eine größere Anzahl Handgranaten beim Gelbgießer Karl Wilhelm Oehme in Auftrag gegeben zu haben. Am 3. Mai bat die sächsische Regierung Preußen um Militärhilfe und versetzte die eigenen Truppen in Alarmzustand. Die Dresdner Stadtverordneten bildeten einen Verteidigungsausschuss und nachmittags fielen bereits die ersten Schüsse. Der Frau des Sängers Tichatschek riet Wagner zu, die Jagdgewehre ihres Gatten dem linksrepublikanischen Vaterlandsverein herauszugeben, dem er selbst seit 1848 angehörte. Angesichts der Gefahr durch anrückende preußische Truppen beauftragte Wagner Buchdrucker Römpler, der auch den Druck der Volksblätter besorgt hatte, mit der Herstellung von Flugblättern, die die Aufschrift trugen »Seid Ihr mit uns gegen fremde Truppen«, um das sächsische Militär zum Schulterschluss mit den Aufständischen gegen die erwarteten Preußen zu bewegen. Die Papierstreifen wurden an Straßenecken und an den Innenseiten der Barrikaden verklebt. Im übrigen zum Entsetzen Wagners, der dies für wirkungslos hielt und daraufhin die Flugblätter eigenhändig an die Soldaten verteilte. Ein Einsatz, der hohen persönlichen Mut erforderte. Diese Flugblattaktion dürfte kein Alleingang Wagners gewesen sein. Wagner erteilte Römpler den Auftrag im Rathaus und dieser expedierte die gedruckten Streifen dorthin. So ist von einer Beteiligung oder gar einem Auftrag des Sicherheitsausschusses, den die verbliebenen Stadtverordneten gebildet hatten, auszugehen, den Wagner dann ausführte. Einen Tag später tauchte Wagner wieder im Rathaus auf und veranlasste, dass der Architekt Gottfried Semper beauftragt wurde, den bisherigen stümperhaften Barrikadenbau zu verbessern, Hauptbarrikaden nach allen Regeln der Kunst zu entwerfen und hier die Bauleitung zu übernehmen. Sempers Bereitschaft, der sich der Kommunalgarde als Scharfschütze zur Verfügung gestellt hatte, war vorauszusetzen.

Wagner selbst wurde am 5. Mai als Truppenbeobachter auf dem 96 Meter hohen Turm der Kreuzkirche eingesetzt und gab seine Informationen durch das Herunterwerfen von Steinen, an denen er seine Nachrichtenzettel befestigte, weiter. Am 6. Mai trafen preußische Truppen in Dresden ein und Wagner brachte tags darauf seine Frau nach Chemnitz in Sicherheit, um am 8. Mai wieder nach Dresden zurückzukehren. Die Sache der Revolutionäre in Dresden war inzwischen verloren und aufständische Truppen und provisorische Regierung verließen – wie auch Wagner – am 9. Mai die Stadt. Am Vorschlag des russischen Anarchisten und Gefährten Wagners, Michail Bakunin, als letztes heroisches Signal das Dresdner Rathaus in die Luft zu sprengen, konnte die provisorische Regierung keinen Geschmack finden. Nur durch Zufall entging Wagner seiner Verhaftung und damit einer sicheren mehr als 10-jährigen Haftstrafe, wie sie so manch einen seiner politischen Freunde traf.[13]

Seit dem 19. Mai wurde auch er steckbrieflich gesucht. Für fast 10 Jahre ging Wagner nun – mit Geld und falschen Papieren von Franz Liszt versorgt – als politischer Exulant in die Schweiz und kehrte erst 1860 nach einer Teilamnestie des sächsischen Königs zeitweilig nach Deutschland zurück. Erst 1862 nach der Totalamnestie verlegte er seinen Wohnsitz dauerhaft nach Deutschland.[14]

In seinem Brief an Minna vom 14. Mai 1849 sieht er den Grund der gescheiterten Revolution in dem nicht konsequent genug gehandhabten Willen zur Vernichtung. Für seine eigene Person setzt er sich jedoch von dieser Politik der Zerstörung ab und bekennt »Aber nicht Menschen unserer Art sind zu dieser fürchterlichen Aufgabe bestimmt: wir sind nur Revolutionäre, um auf einem frischen Boden aufbauen zu können; nicht das Zerstören reizt uns, sondern das Neugestalten.« Mit Blick auf Minna, um seine auf bürgerliche Sicherheit bedachte Frau zu beruhigen, fährt er fort: »Siehst Du! So scheide ich mich von der Revolution...« Die folgenden Jahre in der Schweiz werden nun mit der Vollendung der Ringdichtung, den Kompositionen von »Tristan« und dem »Rheingold« sowie einer Reihe von theoretischer Schriften seine fruchtbarste Schaffenszeit sein.

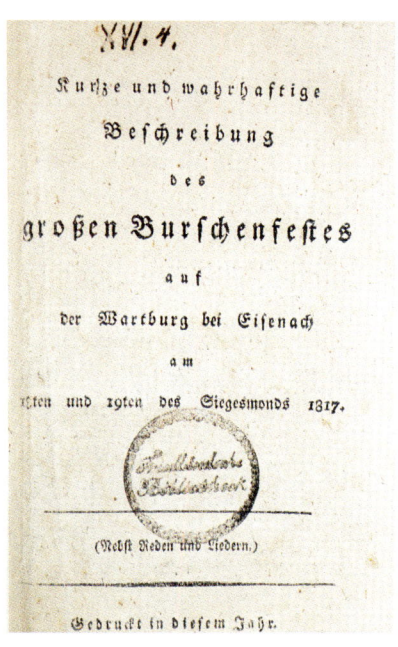

1 Hans-Ferdinand Massmann
**Kurze und wahrhaftige Beschreibung des großen Burschenfestes auf der Wartburg bei Eisenach am
18. und 19. des Siegesmonds 1817**
(Nebst Reden und Liedern), Jena 1817. Preußen-Museum Nordrhein-Westfalen

➤ Bei der ersten Versammlung und Kundgebung deutscher Burschenschaften kam es bereits zu einer
Bücherverbrennung. Die Studenten übergaben Schriften ihrer politischen Widersacher dem Feuer, so
den preußischen Gendarmeriekodex, aber auch den Code Napoleon sowie Saul Aschers »Germanoma-
nie« mit dem Ausruf: »Wehe über die Juden, so da festhalten an ihrem Judenthum und wollen über
unser Volksthum und Deutschthum spotten und schmähen!«

2 **Karikatur zum Domfest von Köln am 4. September 1842**
Von unbekannter Hand 1842. Vermutlich Berlin. Kolorierte Lithographie, 40 x 34 cm.
Preußen-Museum Nordrhein-Westfalen

➤ Die an diesem Tage erfolgte Grundsteinlegung zum Weiterbau des Kölner Domes,
wofür sich besonders der preußische König eingesetzt hatte, wurde festlich begangen.
Das Blatt stellt das Fest als politische Inszenierung zwischen Österreich und Preußen
dar, denen es in Wahrheit darum gehe, Deutschland unter sich aufzuteilen.
Die antisemitische Tendenz der Darstellung, die politisch dem deutschen Vormärz zuzu-
rechnen sein dürfte, ist unübersehbar: Im Vordergrund rechts verhökern deutsche Fürsten ihre Herrschaftsinsignien an jüdische Händler.

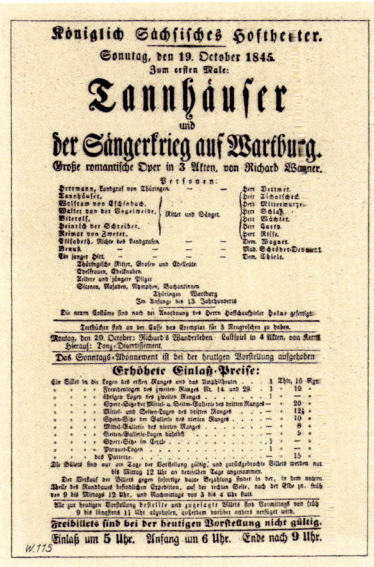

[3] **Hoftheater in Dresden**
Photo. Reproduktion aus: *Richard Wagners Leben und Werke im Bilde*, hrsg. v. Erich W. Engel, 2. Aufl., Leipzig 1922, S. 171

➤ Das von Gottfried Semper erbaute, 1841 eröffnete Hoftheater, das 1869 einem Brand zum Opfer fiel, war der Ort, wo Wagner von 1843 bis 1849 als kgl. sächsischer Kapellmeister wirkte.

[4] **Theaterzettel: Zum ersten Male: Rienzi, der letzte der Tribunen**
Große tragische Oper in 5 Aufzügen von Richard Wagner. Königlich sächsisches Hoftheater. Donnerstag, den 20. Oktober 1842. Reproduktion aus: *Richard Wagners Leben und Werke im Bilde*, S. 103

5 **Theaterzettel: Zum ersten Male: Tannhäuser und der Sängerkrieg auf der Wartburg**
Große romantische Oper in 3 Akten von Richard Wagner. Königlich sächsisches Hoftheater. Sonntag, den 19. Oktober 1845. Reproduktion aus: *Richard Wagners Leben und Werke im Bilde*, S. 137

➤ Wagner hatte sich um die Uraufführung des »Rienzi« am Dresdner Hoftheater Gottfried Sempers bemüht, das seinen Vorstellungen einer werkgerechten Aufführung entgegenkam. Trotz der ungewöhnlichen Länge von mehr als sechs Stunden wurde der Opernabend zum triumphalen Erfolg Wagners und bereitete den Boden für seine 1843 erfolgte Berufung zum kgl. sächsischen Kapellmeister. Die Uraufführung des »Tannhäuser« 1845 dagegen fand wenig Anteilnahme beim Publikum. Wagner schreibt hierzu »...hier fühlte ich aber zum ersten Male mit größerer Bestimmtheit, dass der bei uns üblich gewordene Charakter der Opernvorstellungen durchaus dem widerstrebte, was ich von einer Aufführung forderte.« Obwohl es gelungen wäre, der Oper einen allmählichen »Eingang« zu verschaffen, fährt er weiter fort: »Dieser Erfolg vermochte mich aber nicht mehr zu täuschen; ich wusste jetzt woran ich mit dem Publikum war.« Hier liegt ein wichtiger Impuls für Wagners grundlegende Kritik am auf Zerstreuung und Ablenkung ausgerichteten Theaterbetrieb seiner Zeit
L *Richard Wagner, Sämtliche Schriften u. Dichtungen, 16 Bde. (Volksausgabe), Leipzig 1911–1916, IV, S. 291/3*

6 **August Röckel (1814–1876)**
Photo. Reproduktion aus: *Richard Wagners Leben und Werke im Bilde*, S. 179

➤ 1843 wurde Röckel Musikdirektor am Dresdner Hoftheater und beeinflusste Wagner, mit dem er ein inniges Freundschaftsverhältnis einging, stark durch sein sozialrevolutionäres Gedankengut. Wagner: »Auf die Proudhonschen und anderer Sozialisten Lehren von der Vernichtung der Macht des Kapitals durch die unmittelbare produktive Arbeit baute er eine ganz neue moralische Weltordnung auf, für welche ich mich allmählich...insoweit gewann, dass ich nun wieder meinerseits darauf die Realisierung meines Kunstideals aufzubauen begann.« Röckel erweiterte also Wagners Kunstkritik zu einer vernichtenden Gesellschaftskritik und gab ihm die Hoffnung, im neuen Menschen der Revolution sein adäquates Publikum zu finden.
Während der Dresdner Revolution betätigte sich Röckel als Agitator. In seinen »Volksblättern« publizierte auch Richard Wagner. Nach dem Scheitern des Dresdner Aufstandes verbrachte Röckel eine dreizehnjährige Haftstrafe im Zuchthaus von Waldheim.
L *Richard Wagner. Eine Mitteilung an meine Freunde. 1851, in: Richard Wagner, Sämtliche Schriften und Dichtungen, 16 Bde. (Volksausgabe), Leipzig 1911–1916, IV, S. 308 f. Röckel, August, Sachsens Erhebung und das Zuchthaus von Waldheim F. a. M. 1865. Neuausgabe unter dem Titel »Zu lebenslänglich begnadigt«. Berlin 1963*

Scheffelgasse.   Rathhaus Sitz.der prov. Regierung.   Wilsdruffer. Gasse.   Schlossgasse.

Biwacht der Aufständischen auf dem Altmarkte zu Dresden am 6. Mai

7   **Biwacht der Aufständischen auf dem Altmarkte zu Dresden am 6. Mai**
Lithographie, 16 x 12 cm. Reuter-Wagner-Museum Eisenach

➤ Während preußische Truppen sich auf den »Hilferuf« des sächsischen Königs hin in der Neustadt sammelten, verstärkten aufständische Freischaren aus dem Dresdener Umland die Streitmacht der Dresdner Revolutionäre. Als die königlichen Truppen in der Nacht vom 8. zum 9. Mai 1849 im Häuserkampf bis in die Nähe des Altmarkts vorgestoßen waren, räumten die Aufständischen die Stadt.

[8]   **Ludwig Andreas Feuerbach (1804–1872)**
Holzstich, um 1860, 15 x 10 cm (Reproduktion). Preußen-Museum Nordrhein-Westfalen

➤ Der Religionsphilosoph Feuerbach, der die Gottesvorstellungen als reine Projektionen auffasste, deren Entlarvung dem Menschen eine neue ungeahnte Freiheit versprach, übte starken Einfluss auf Wagner aus, der in seinem Opernentwurf »Jesus von Nazareth«, der Nibelungendichtung und den Züricher Kunstschriften spürbar sind. In Feuerbachs Idee der Liebe als tragendem Grundprinzip von Mensch und Natur dürfte Wagner seine Seelenverwandtschaft mit dem Privatgelehrten erkannt haben. Auch die Feuerbachsche Sicht der jüdischen Religion als Ausdruck von reinem Egoismus und unbeschränktem Herrschaftswillen traf sich mit Wagners antisemitischem Vorurteil. Wagner wurde erst während der Revolutionszeit auf Feuerbach aufmerksam und begann wohl erst nach seiner Flucht aus Dresden im Züricher Exil (August 1849) mit seiner Feuerbachlektüre (Feuerbachs Schrift »Tod und Unsterblichkeit«).
ᴸ *Bauer, Hans-Joachim, Richard Wagner-Lexikon, Berg. Gladbach 1988, S. 149 f.; Rose, S. 37, 97 f*

9   Michael Bakunin (1814–1876)
Lithographie. Fritzsche, Leipzig um 1845, 26,5 x 18,9 cm. Preußen-Museum Nordrhein Westfalen

➤ Der russische Emigrant und Anarchist gehörte zum Treibgut der revolutionären Bewegung. Bakunin,
der sich in Wagners Nachbarschaft eingemietet hatte, war diesem ein anregender Gesprächspartner,
dessen Radikalität den sächsischen Kapellmeister fasziniert haben dürfte. Für Wagners »Jesus von Nazareth« empfahl Bakunin ungewöhnliche Gesangspartien. »Köpfet ihn«, solle der Tenor, »hängt ihn«, der
Sopran und »Feuer, Feuer«, der Basso continuo singen. Wagners Bestellung von Handgranaten bei einem
Dresdner Gießer, die für Prag bestimmt gewesen seien, könnte auf Bakunin zurückgehen. Auf Bakunins Rat hin, habe die provisorische Regierung beschlossen, »die unhaltbare Position in Dresden
aufzugeben und einen bewaffneten Rückzug nach dem Erzgebirge anzutreten ..., dass dort wohl die
vorteilhafte Position zu einem, ohne Zweifel beginnenden, deutschen Volkskriege einzunehmen sein
würde.«
L   *Wagner Richard, Mein Leben. München 1911, S. 476 f*

[10] Vier Ansichten vom Dresdner Aufstand im Mai 1849
Lithographie, 16 x 12 cm. Reuter-Wagner-Museum Eisenach

➤ Nach der Nichtannahme von Kaiserkrone und Paulskirchenverfassung durch den preußischen König
Friedrich-Wilhelm IV. am 3. April und der Auflösung der preußischen Kammer am 27. April folgte Friedrich-August II. am 30. April 1849 mit der Auflösung der sächsischen Kammern, die kurz zuvor die
Annahme der Reichsverfassung der Frankfurter Nationalversammlung beschlossen hatten. Dieser Ver-
fassungsbruch des sächsischen Königs und die Alarmierung der sächsischen Truppen bildeten das Signal für den Dresdner Aufstand. Am 3. Mai fielen die ersten Schüsse und begannen die Insurgenten mit
dem Barrikadenbau.

11 Steckbrief Richard Wagners, 1849
Dresden, den 16. Mai 1849. Die Stadt-Polizei-Deputation. von Oppell. Dresdener Journal. Lithographie.
Reproduktion aus: Richard Wagners Leben und Werke im Bilde, S. 183

➤ Wenige Tage nach Wagners Flucht aus Dresden erschien sein Steckbrief im Dresdener Anzeiger (Nr. 131) oder wie hier im Dresdener Journal. Im ursprünglichen Entwurf, der aber nicht veröffentlicht wurde, heißt es u. a. »besondere Kennzeichen: in der Bewegung und im Sprechen rasch und schnell«
∟ *Gregor-Dellin, S. 858, Anm. S. 275*

12 Steckbrief Wagners 1853
Polizei-Anzeiger der Prager K.K. Polizeidirection am 9. August 1853. Steckbrief-Nr. 30542. Reuter-Wagner-Museum Eisenach

➤ Nachrichten einer geplanten Reise Wagners aus dem Züricher Exil nach Deutschland alarmierten die Polizei der Restauration. Wagner wird hier als »hervorragendster Anhänger der Umsturzpartei« bezeichnet.

[13] Wilhelmine Schröder-Devrient. **Ruf an die Aufständischen**
Federzeichnung, um 1849 (Reproduktion). Original: Stadtmuseum Dresden, 29,5 x 17,5 cm

➤ Wilhelmine Schröder-Devrient (1804–1860) war Wagners erste Darstellerin der Senta im »Fliegenden Holländer« und der Venus im »Tannhäuser« und wurde von ihm enthusiastisch verehrt. Am 3. Mai passierte ein Leiterwagen mit dem ersten Todesopfer der Revolution ihre Wohnung am Altmarkt, wobei sie der Menge zugerufen haben soll »Rächt Euch an der Reaktion«. – Ein Zuruf, den die Adressaten aber falsch verstanden und nun begonnen hätten, das Haus auszuräumen, um die Einrichtung für den Barrikadenbau zu verwenden. Die Momentaufnahme mit dem Federstift zeigt die Schröder-Devrient als Heroine der Revolution.
∟ *Gregor-Dellin, S. 258 f. 261*

WAGNER: DER »ERLÖSER«

Im »Fall Wagner« sagt Nietzsche von seinem früheren Idol: »Wagner hat über nichts so tief wie über die Erlösung nachgedacht: Seine Oper ist die Oper der Erlösung. Irgendwer will bei ihm immer erlöst sein: bald ein Männlein, bald ein Fräulein – dies ist sein Problem.«[1] – und bezeichnet damit eine der Grundkonstanten von Wagners theoretischen Schriften und dessen musikdramatischen Werk. Aus dem Pulverdampf der Revolution in die unfreiwillige Muße seines Züricher Exils eingekehrt, formuliert er zwischen Juli 1849 und Winter 1850/51 ein einigermaßen geschlossenes System seiner Lebens- und Kunstanschauungen, die nichts weniger darstellen als den völligen Bruch mit den gesellschaftlichen und künstlerischen Zuständen seiner Zeit und den Aufruf zu einer radikalen Umkehr. Seine theoretischen Ansätze der 1830/40 Jahre, die Auseinandersetzung mit der Religions- und Liebesphilosophie Feuerbachs, der Geschichtsphilosophie Hegels, der Ästhetik Schillers, dem Frühsozialismus Proudhons, dem Anarchismus Max Stirners und Bakunins, um nur einige Einflusslinien zu markieren, münden nun in eine umfassende Theorie, die Martin Gregor-Dellin als »verkappte Religion« bezeichnet. [2]

Wagner folgt der Konvention linkshegelianischer Gesellschaftskritiker, wenn er seine drei großen Züricher Abhandlungen mit einer radikalen Kritik christlicher Kirche und – Religion beginnen lässt, um dann zu einem Generalangriff auf Staat und Gesellschaft seiner Zeit überzugehen und diesen schließlich in eine grundlegende Kritik von Kunst und Kultur münden zu lassen. Dieser letzte Gedankenschritt, der Entwurf einer Art kritischer Ästhetik der Hegelschule, ist seine ureigene Leistung.[3]

Liefert »Die Kunst und die Revolution« (1849) das geschichtsphilosophische Fundament, so errichtet »Das Kunstwerk der Zukunft« (1849/50) das theoretische Gebäude seiner Kunstästhetik, die dann in »Oper und Drama« (1850/51) auf die Rolle der Musik im neuen Gesamtkunstwerk fokussiert wird.

Gemeinsam ist allen drei Schriften die Annahme eines fortschreitenden Verfalls innerhalb der Menschheitsgeschichte, der nach der Blütezeit der griechischen Antike auch den Verlust des Gesamtkunstwerks bewirkt habe und durch die Revolution und das anschließende künstlerische Gemeinschaftserlebnis wieder aufzuheben sei. Wenngleich Wagner mit seiner Griechenland-Begeisterung auf dem Boden des deutschen Idealismus steht, entfernt er sich mit seiner Verfallstheorie, die den Grund für den Niedergang bereits in der Struktur der alten Polis selbst feststellt, von der schwärmerischen Verehrung des klassischen Griechenland im deutschen Geistesleben. Die Sklaverei als ökonomische Grundlage des griechischen Stadtstaates habe bereits als Grundwiderspruch zur humanitären Idee den Keim des Verfalls in sich getragen: »Dieser Sklave ist nun die verhängnisvolle Achse alles Weltgeschickes geworden. Der Sklave hat, durch sein bloßes, als notwendig erachtetes Dasein als Sklave, die Nichtigkeit und Flüchtigkeit aller Schönheit und Stärke des griechischen Sondermenschentums aufgedeckt und für alle Zeiten nachgewiesen, dass Schönheit und Stärke, als Gründzüge des öffentlichen Lebens, nur dann beglückende Dauer haben können, wenn sie allen Menschen zu eigen sind.«

Diese Sklaverei habe sich über Christentum, Geldwirtschaft und Industrie bis auf den heutigen Tage fortgesetzt und sei eine allgemeine geworden: »und so sind wir denn bis auf den heutigen Tage Sklaven ... Sklaven, denen heute von Bankiers und Fabrikbesitzern gelehrt wird, den Zweck des Daseins in der Handwerksarbeit um das tägliche Brot zu suchen.« Industriearbeit wird als krasse Form entfremdeter Arbeit charakterisiert: »gibt er aber das Produkt seiner Arbeit von sich, verbleibt ihm davon nur der abstrakte Geldeswert,

1 Nietzsche, Friedrich Der Fall Wagner, in: ders., Götzendämmerung. Antichrist. Gedichte, Leipzig 1930, S. 1–47, S. 8 f **2** Gregor-Dellin, S. 339 ff **3** Vgl. Bermbach, Udo, Das ästhetische Motiv in Wagners Antisemitismus, in: Richard Wagner und die Juden, hrsg. v. Dieter Borchmeyer, Ami Maayani, Susanne Vill, Stuttgart, Weimar 2000, S. 55–76, S. 71 f **4** Richard Wagner, Die Kunst und die Revolution, in: Richard Wagner, Mein Denken, hrsg. v. Martin Gregor-Dellin, München, Zürich 1982, S. 94–123, S. 97, 108 ff, 115 ff

so kann sich unmöglich seine Tätigkeit je über den Charakter der Geschäftigkeit der Maschine erheben; sie gilt ihm nur als Mühe, als traurige, saure Arbeit; unsre heutigen Fabriken geben uns das jammervolle Bild tiefster Entwürdigung des Menschen, ein beständiges, geist- und leibtötendes Mühen ohne Lust und Liebe, oft fast ohne Zweck.«

Dagegen setzt Wagner das Ideal des freien künstlerischen Menschen, der im Schaffensprozess Kreativität freisetzt und Genuss empfindet und damit den Charakter der Arbeit als rein zweckbedingter Produktivität aufhebt.

Dies, die soziale Bewegung als ihr eigentliches Ziel erkennen zu lassen, sei Aufgabe der Kunst. Erst die Revolution könne durch die wirkliche Freiheit den Menschen das Bewusstsein gleicher Stärke geben, diese würde schließlich zur wahren Liebe führen und die Liebe dann weiter zur Schönheit. Die Tätigkeit der Schönheit aber sei die Kunst. Die Kunst wird also die Revolution nicht herbeiführen, sie aber veredeln, nicht nur im Sinne individueller göttergleicher Vervollkommnung, sondern auch in einer Art mentaler Einigung des nachrevolutionären Publikums wie Wagner es für die griechische Tragödie feststellt: »dieses Volk strömte von der Staatsversammlung, vom Gerichtsmarkte, vom Lande, von den Schiffen, aus den Kriegslagern, aus fremden Gegenden zusammen, erfüllte zu Dreißigtausend das Amphitheater, um die tiefsinnigste aller Tragödien, den Prometheus, aufführen zu sehen, um sich vor dem gewaltigsten Kunstwerke zu sammeln, mit seinem Wesen, seiner Genossenschaft, seinem Gotte sich in die innigste Einheit zu verschmelzen und so in edelster, tiefster Ruhe das wieder zu sein, was es vor wenigen Stunden in rastlosester Aufregung und gesondertster Individualität ebenfalls gewesen war.«

Diese Wirkung vermochte die antike Tragödie als Vereinigung der Einzelkünste zu erzielen, deren Auseinanderfallen Wagner als Verfallserscheinung interpretiert.[4] Das Aufgehen in einem neuen Gemeinschaftsgefühl unter dem Eindruck des Gesamtkunstwerkes ermöglicht die Empfindung der »wahren Liebe«, die aus dem Selbstbewusstsein der eigenen Stärke erwächst. Damit sind Leitthemen, der zwei anderen großen Züricher Programmschriften, nämlich die Vereinigung der Künste im Musikdrama und deren Interpretation als Ausdruck eines natürlichen Liebes- und Verschmelzungsverlangens bereits angeschlagen.

In »Das Kunstwerk der Zukunft« (1850) beschreibt Wagner im einzelnen seine Vision des Gesamtkunstwerks, auch hier wieder den Zusammenhang von Menschheitsrevolution und neuer Kunst aufnehmend. Der Segmentierung des Menschen in partikulare, vom Egoismus geleitete Existenzen, unter der Aufsicht des abstrakten Staates, entspräche der Zustand der gegenwärtigen Kunst mit ihrer Parzellierung der Einzelkünste. Ziel ist die Wiederherstellung des Naturzustandes auf einer höheren bewussten Ebene in der Erkenntnis der Wesensgleichheit von Mensch und Natur. Dieser utopische Endzustand der Menschheitsgeschichte ist verbunden mit dem »Aufgehen des Egoismus in den Kommunismus« und der »Vernichtung« des Staates.

»Kommunismus« meint hier ein neues Gemeinschaftsdenken, nicht etwa den Schlüsselbegriff marxistischer Ideologie. In seiner Auffassung der sozialen Organismen der Zukunft folgt Wagner einem anarchistischen Gesellschaftsmodell: diese würden, je nach Bedürfnislage, wechseln und sich neu zusammenschließen. Diese Gesellschaft in Bewegung entwirft Wagner in deutlicher Parallele zu seiner Idee des Musikdramas, das sich aus kleinsten Sprach- und Toneinheiten in immer neuen Folgen konstituiert.[5]

Treibende Kraft der Revolution sei das Volk, definiert als »Inbegriff aller derjenigen, welche eine gemeinsame Not empfinden.« Das Volk werde »die Erlösung vollbringen«, wobei es nur zu wissen brauche, was es nicht wolle, das Vernichtenswerte vernichten müsse, um damit unwillkürlich das positive Neue als Ausfluss der nicht mehr vergewaltigten Natur auf den Plan zu rufen. Radikale Vernichtung der alten Ordnung ist Bedingung der Erlösung und deren krönender Abschluss: das Gesamtkunstwerk genauso Werk des Volkes wie die Revolution selbst: das »gemeinsame Werk des Menschen der Zukunft«.

Im Kunstwerk der Zukunft sind die drei »reinmenschlichen« Künste: Tanzkunst, Tonkunst Dichtkunst mit den drei bildenden Künsten: Architektur, Malerei und Bildhauerei zu gemeinsamer Wirkung verschmolzen und repräsentieren die zurückgekehrte »Totalität der Natur«, und die »unmittelbare Darstellung der vollendeten menschlichen Natur.« Der Schöpfer des dramatischen Kunstwerks wird von der Liebe als treibender Kraft beseelt, die ihn sich das Wesen seines »Helden« zu eigen machen lässt.[6]

Die Bedeutung der Kunst als Ausdruck der jeweiligen Gesellschaft zeigt sich auch darin, dass ihr die gleiche Erlösung bevorstehe wie der Menschheit. Dem durch Liebe getragenen Aufgehen des Einzelmenschen in der Gemeinschaft steht die Befreiung der vorher isolierten Einzelkünste zum Gesamtkunstwerk gegenüber.[7]

In »Oper und Drama« (1851), der letzten und umfangreichsten Schrift der Züricher Trilogie, wird sowohl die Idee des Musikdramas und die historische Entwicklung von Musik, Schauspiel und dramatischer Dichtung breit ausgeführt als auch die Beziehungen zur staatlich-gesellschaftlichen Ebene enger geknüpft. In der starken Durchdringung seiner kunsttheoretischen Überlegungen mit anthropologischen Annahmen und politisch-sozialen Elementen seiner Erlösungsvision liegt ein besonderes Merkmal dieses Aufsatzes.

Nach einem vernichtendem Urteil über die bisherige Opernentwicklung, die in der, auf den bloßen Effekt setzenden grand opéra Meyerbeers ihren glanzvollen Tiefpunkt erreicht habe und von Wagner als historischer Irrtum verworfen wird, da mit der beherrschenden Stellung der Musik gegenüber der Dichtung die dramatische Idee in ihr Gegenteil verkehrt sei,[8] findet Wagner im symphonischen Werk Beethovens sein Drama der Zukunft bereits angelegt.

Aufschlussreich ist die Liebes- und Geburtsmetaphorik, mit der Wagner das Verhältnis von Musik und Dichtung innerhalb seines Musikdramas belegt: »Die Musik ist ein Weib.« » ... aller musikalischer Organismus ist seiner Natur nach ein nur gebärender, nicht aber zeugender; die zeugende Kraft liegt außer ihm.« Diese sei das Wort des Dichters. Nur dann »vermag der Organismus der Musik die wahre lebendige Melodie zu gebären ..., wenn er vom Gedanken des Dichters befruchtet wird. Die Musik ist die Gebärerin, der Dichter der Erzeuger.«[9]

Obwohl die Substanz des Männlichen: die dramatische Idee, Ausgangspunkt und treibende Kraft des Dramas bildet, bedarf sie zu ihrer Realisierung unbedingt des weiblichen Elementes. Nur die als weiblich aufgefasste Musik kann mit ihrer »unendlichen Melodie«, die zwischen den Tonarten wechselt, mit ihrer Verknüpfung verschiedener Leitmotive jederzeit die Einheit des Dramas gewährleisten. Sie bringt das Verschwiegene des Textes zum

5 Vgl. Bermbach, Das ästhetische Motiv in Wagners Antisemitismus, S. 67 **6** Richard Wagner, Das Kunstwerk der Zukunft, in: Richard Wagner, Mein Denken, S. 124–162, S. 125, 129, 132, 134, 157. Vgl. auch A. Kühnel, Jürgen, Wagners Schriften, in: Richard-Wagner-Handbuch S. 471–588, S. 504 ff, 508 ff **7** Vgl. Gregor-Dellin S. 332 **8** »Der Irrtum in dem Kunstgenre Oper bestand darin, dass ein Mittel des Ausdrucks (die Musik) zum Zwecke, der Zweck des Ausdrucks (das Drama) aber zum Mittel gemacht war«, Oper und Drama, in: Richard Wagner, Mein Denken, S. 191–291, S. 195 **9** Richard Wagner, Oper und Drama I, in: Richard Wagner, Sämtliche Schriften und Dichtungen, Volksausgabe, Leipzig Band III, S. 314, 316 **10** Vgl. Richard Wagner, Oper und Drama II. Sämtliche Schriften und Dichtungen, IV, S. 102 f. Hier auf die Sehnsucht des Dichters bezogen: »Der notwendige Drang des dichtenden Verstandes ist die Liebe«. Vgl. hierzu, Friedrich, Sven, Erlösung durch Liebe. Richard Wagner und die Erotik, München 1995, S. 9 **11** Glaser, Hermann, Die Kultur der wilhelminischen Zeit. Topographie einer Epoche. F. a. M. 1984, S. 81

Ausdruck und stellt wesensmäßig die allumfassende Liebe dar: »Der aus einer Tonart in eine andere drängende Leitton, der durch dieses Drängen allein schon die Verwandtschaft mit dieser Tonart aufdeckt, kann nur als von dem Motiv der Liebe bestimmt gedacht werden.« In der Vorstellung des drängenden Leittons ist durchaus eine aktive Rolle des »Weibes« angedeutet, die in der praktizierten Liebe sozusagen in ihrem Element ist und berufen, den Mann in der von ihm »mitempfundenen Wonne des liebenden Weibes« von seinem Egoismus zu erlösen.[10]

Die Leitmotive des Orchesters, die als »Gefühlswegweiser« das dramatische Beziehungsgeflecht über die Emotion auch dem Verstand erschließen, eine »Gefühlswerdung des Verstandes« bewirken, sind eng mit dem weiblichen Prinzip verbunden. Die alte Utopie des ganzheitlichen Menschen: die Vereinigung von Natur und Geist, von Intellekt und Empfindung ist erklärtes Ziel des Wagnerschen Musikdramas. »Die Sogwirkung der Kunst Richard Wagners beruhte auf ihrem Totalitätsanspruch«, so Hermann Glaser.[11] Das rauschhafte Erleben seines Werkes lag zum Teil in dieser Wahrnehmung einer Verschmelzung sinnlich-geistiger Erfahrungen begründet. Aber die Wirkung des Gesamtkunstwerkes verheißt nicht nur Vervollkommnung des Einzelmenschen, sondern auch ein neuartiges Gemeinschaftserlebnis, in dem der Mensch sich seines Charakters als Gattungswesen bewusst wird.

Beides leistet der »Mythos«, der nicht etwa eine bloße Wiederaufnahme vorgeschichtlicher Mythen bedeutet, sondern von Wagner als eine »große Handlung« aufgefasst wird, in der als einer »gedachten Wirklichkeit«, die komplexen Wirklichkeitserfahrungen verdichtet und gesteigert erscheinen. Der Mythos erschließt so das Verständnis einer unübersichtlichen, schwer durchschaubaren Welt. Im Unterschied zum Roman, der die handelnden Personen durch historisch-soziale Faktoren determiniert erscheinen lasse, und von Wagner als typische Literaturgattung der modernen Zivilisation verstanden wird, trete im Mythos als künstlerischer Ausdruck des neuen ganzheitlichen Menschen anstelle dieser Außenbestimmung die innere Notwendigkeit. Diese liege im Wesen des Menschen selbst begründet.

Der Mythos führt den Menschen auf sich selbst zurück und ist die Kunstform des von Staat und bürgerlichen Eigentumsverhältnissen befreiten Menschen. Der Mythos drückt eine »neue Kollektivität« aus »und setzt als solche eine Überwindung der »prosaischen«, partikularen Existenz des Menschen in der bürgerlichen Gesellschaft voraus«. Dieser Idealzustand: die Wiederherstellung des Naturzustandes auf einer höheren, bewussteren Ebene beinhaltet auch eine ästhetische Utopie: »Jenes Leben der Zukunft wird aber ganz das sein, was es sein kann, nur dadurch sein, das es dieses Kunstwerk in sich aufnimmt.«[12]

»Oper und Drama« greift die Ansätze der ersten beiden großen Kunstschriften auf und gibt ihnen in der stärkeren Differenzierung, dem stringenten Aufbau und der Vielfalt der Verknüpfungen zwischen Kunst, Politik und Leben, den Charakter einer ausgeformten Ideologie, ja einer Ersatzreligion. Im Mittelpunkt steht die Erlösung durch und zur Liebe, in ihrer körperlich-triebhaften und geistigen Form[13], zu einem ganzheitlichen neuen Menschen, der sich im künstlerischen Gemeinschaftserlebnis seiner selbst versichert und gleichsam selbst zum Künstler wird: die Arbeit zur Kunst veredelt und unter dem Eindruck des mythischen Dramas zu dessen »Mitschöpfer«[14] wird. Voraussetzung ist die Empfindung einer gemeinsamen Not, die »Vernichtung« des Staates und der bürgerlichen Besitzverhältnisse und damit auch des zeitgenössischen Kunstbetriebes.

Zeitgleich mit den drei großen politisch-ästhetischen Züricher Schriften publiziert Wagner, unter einem Pseudonym, seine antisemitische Kampfschrift »Das Judenthum in der Musik« (1850), die häufig als nur persönlich motivierte, polemische Einzelattacke interpretiert wird. Sicher spielen subjektive Erfahrungen Wagners, wie der Eindruck seiner scheinbaren Erfolglosigkeit als Komponist, die er nach dem Muster antisemitischer Verschwörungstheorien Meyerbeer anlastete, das Scheitern der Revolution, sein Zwangsaufenthalt im Exil, eine Rolle. Jedoch darf der Zusammenhang mit Wagners Ästhetik und seiner revolutionären Theorie nicht übersehen werden. Im »Judentum« fokussiert Wagner all die Erscheinungsmerkmale einer angeblich kulturfernen, die Kunst zur Ware erniedrigenden Zivilisation. Der »Jude« wird hier ganz im Sinne von Karl Marx, dessen Schrift »Zur Judenfrage«(1843) Wagner nach neuesten Erkenntnissen wohl gekannt haben dürfte[15] als Speerspitze des kapitalistischen Systems aufgefasst. Auch das antisemitische Vorurteil der fehlenden Befähigung von Juden für Kunst und Wissenschaft findet sich bereits in dieser Schrift, wie auch bei anderen Vertretern der literarischen Linken, wird aber von Richard Wagner nun zum erstenmal breit ausgeführt.

Wagner bezichtigt »den Juden«, der künstlerischen Impotenz, die er in frührassistischer Manier aus dessen angeblichen widerwärtigen Natureigentümlichkeiten ableitet.[16] Insbesondere eine falsche Sprechweise (»ein zischender, summsender und murksender Lautausdruck«) und Verdrehung von Wortpartikeln und Wortkombinationen werden ihm unterstellt. Er praktiziere eine besonders krasse Form der Sprachvernutzung, die auch vom modernen Zivilisationsmenschen ohne Rücksicht auf die Gefühlswerte von Sprache einseitig funktional betrieben werde.

Bei dem kardinalen Stellenwert, den Wagner der Sprache – für die Entstehung des Volkes, – für seine Kunstutopie, die sich aus den sprachlichen »Urwurzeln« des Volkes regenerieren müsse, – für seine Theorie der Musik, die auf Prinzipien der Sprachbildung aufbaue[17], einräumt, ist dies ein vernichtendes Urteil. Hier liegt auch der Grund für Wagners Schwelgen in Alliterationen, wie es für seine Musikdramen kennzeichnend ist. Dies ist Wagners vermeintlicher Rückgriff auf den völkischen Wurzelgrund: den germanischen Stabreim!

Abschließend greift Wagner zwei Gestalten des deutsch-jüdischen Geisteslebens heraus: Heinrich Heine, der sich zum Dichter umgelogen habe und Ludwig Börne, dem es gelungen sei, sein Judentum abzulegen: »aber gerade Börne lehrt Euch, wie diese Erlösung nicht in Behagen und gleichgültig kalter Bequemlichkeit erreicht werden kann, son-

12 Kühnel, S. 516 f, 520 **13** Friedrich, S. 7 **14** Richard Wagner, Oper und Drama III. S. 344 **15** Bermbach, S. 71 **16** Fischer, Jens-Malte, Richard Wagners Das Judentum in der Musik. Entstehung-Kontext-Wirkung, in: Richard Wagner und die Juden, S. 35–52, S. 38 **17** So in »Oper und Drama«, Bermbach S. 61 ff **18** Bermbach, S. 74, Fischer, S. 37 **19** Fischer, in: Richard Wagner und die Juden S. 44, Fischer, Jens-Malte: Richard Wagners »Das Judentum in der Musik«. Eine kritische Dokumentation als Beitrag zur Geschichte des Antisemitismus, F. A. M., Leipzig 2000, S. 196 **20** Reinhardt, Hartmut, Richard Wagner und Schopenhauer, in: Richard Wagner Handbuch, S. 101–113, S. 104 f. Zitat aus »Beethoven« 1870 **21** Sternfeld, Richard, Tagebuchblätter und Briefe an Mathilde Wesendonck Berlin o. J., Eintrag: 1.12.1858, in: Richard-Wagner-Lexikon, Stichwort: Schopenhauer, S. 438–443, S. 443 **22** In: »Gedanken über Tod und Unsterblichkeit« (1830), Köhler, Joachim, Der letzte der Titanen. Richard Wagners Leben und Werk, München 2001, S. 339 f **23** Reinhardt, S. 111 **24** Cosima Wagner. Die Tagebücher, ed. u. komm. v. Martin Gregor-Dellin, Dietrich Mack, München Zürich 1977, Band II (1878–1883), S. 158: Eintrag unter dem 12. August 1878

dern das sie, wie uns, nur durch Schweiß, Not und Fülle des Leidens und der Schmerzen zu erkämpfen ist. Nehmt rückhaltlos an diesem selbstvernichtenden, blutigem Kampfe teil, so sind wir einig und untrennbar! (In der Zweitfassung von 1869 lautet dieser Satz: »Nehmt rücksichtslos an diesem, durch Selbstvernichtung wiedergebärenden Erlösungswerke teil, dann sind wir einig und ununterschieden.«) Aber bedenkt, das nur Eines Eure Erlösung von dem auf Euch lastenden Fluche sein kann, die Erlösung Ahasvers: der Untergang.«[18]

Aus dem logischen Zusammenhang ergibt sich, dass die »Selbstvernichtung«, die sich ja letztlich auf Juden wie Nichtjuden bezieht, nicht im physischen Sinne zu verstehen ist, wie mancher Interpret Wagners meint, sondern als eine Art geistiger Überwindungsarbeit, die allen Gliedern der Gesellschaft abgefordert wird. »Erlösung« bedeutet im Kontext seiner Kunstschriften die revolutionäre Umwälzung und die Heraufkunft eines freien ganzheitlichen künstlerischen Menschentyps.

Gleichwohl besteht ein Widerspruch zwischen der behaupteten Erlösungsmöglichkeit für den Juden und der ihm zugeschriebenen negativen Natureigenschaften.

Dem Nichtjuden gelingt die Erlösung gerade im Rückgriff auf die Relikte unverbildeter Natur, die ja letztlich seine eigene ist. Welcher Weg bleibt da dem Juden offen? Wagners Schlussappell wirkt so aufgesetzt und kann die Sprengkraft seiner Schrift nicht verhüllen, die in ihrer zweiten Auflage 1869, nun unter dem Namen des Autors in einer Phase erfolgreicher jüdischer Assimilation ein Signal für die erst unterschwellig spürbaren Gegenkräfte abgab. In der Zweitfassung wird sogar die Frage »eine(r) gewaltsame(n) Auswerfung des zersetzenden fremden Elementes »erwogen«, um den »Verfall unserer Cultur« aufzuhalten, wenn auch mit der unentschiedenen Antwort: »Vermag ich nicht zu beurteilen«.[19]

Unter dem Einfluss der Schopenhauerschen Philosophie, mit der Wagner 1854 bekannt wird, kommt es zu bedeutenden Veränderungen in seiner Erlösungstheorie und Musikästhetik. An Liszt schreibt er, Schopenhauers »Hauptgedanke, die endliche Verneinung des Willens zum Leben ist vom furchtbarem Ernste, aber einzig erlösend« (16.12.1854).

Die Vorstellung des Frankfurter Philosophen von der Nichtigkeit und Scheinhaftigkeit der Welt und des zugrundeliegenden, einzig realen grausamen blinden Willens zum Leben war mit dem Glauben an die Realisierbarkeit einer irdisch-endzeitlichen Utopie und einer segensreichen Menschheitsrevolution nicht in Einklang zu bringen. Wagner mochte hier – wie viele seiner Zeitgenossen – die Rechtfertigung für seine inzwischen politisch eher resignative Überzeugung gefunden haben. Schopenhauers Annahme der Musik als einzige der Künste, die den »Willen« direkt ausspreche, setzt bei Wagner eine Verschiebung im Verhältnis von Musik und Dichtung innerhalb seiner musikdramatischen Theorie in Gang. Die Musik als »umfassende Idee der Welt«, die schon »das Drama ganz von selbst darstelle«, nimmt nun den führenden Rang ein.[20] Sie vermag die Erkenntnis des »Willens« zu vermitteln und erhält damit eine besondere Erlösungsqualität.

Wagner rezipiert nicht nur Schopenhauer, sondern deutet ihn in einer für ihn bezeichnenden Weise um. Die aus der Sexualität – für Schopenhauer gerade Ausdruck des verderblichen Lebenswillens – erwachsene Liebe zwischen Mann und Frau überwindet die Schranken des eigensüchtigen Einzelwillens und führt dadurch zur Willensberuhigung[21] oder wie in »Tristan und Isolde« 1865 demonstriert, zu Todessehnsucht und Liebestod.

Die enge Beziehung von Liebe und Tod, die Erlösung der Liebenden im Untergang, war jedoch schon vorher ein Grundzug Wagnerscher Musikdramen, wenn auch in »Tristan und Isolde« zum beherrschenden Thema erhoben. Feuerbach, der die Vereinigung in der Liebe mit bewegenden Worten als Selbstaufgabe und damit als Vorstufe des Todes auffasste, dürfte hier prägenden Einfluss auf Wagner entfaltet haben.[22] Erst später entwickelt sich Wagner zum folgsameren Schopenhauer-Schüler und tritt im Geiste der Willensverneinung für Keuschheit und Askese ein. Im »Parsifal« 1882 ist, als einer Art »Anti-Tristan«, die Liebesmystik durch die »Religion des Mitleidens« ersetzt, die wie jene die Grenzen des Individuums aufzuheben verspricht.[23]

Trotz dieser Wendung zum Schopenhauerschen Pessimismus wird Wagner noch wenige Jahre vor seinem Tod ein klares Bekenntnis zu seinen revolutionären Kunstschriften des Züricher Exils ablegen. Er freue sich in ihnen »die Einheit seines ganzen Lebens und Strebens zu erkennen«.[24]

14 Giacomo Meyerbeer
Alophe, Galerie de la Presse, Lithographie, Paris um 1840, 26,2 x 20,4 cm. Preußen-Museum Nordrhein-Westfalen

➤ Giacomo Meyerbeer (1791–1864), Opernkomponist, in Berlin als Jakob Meyer Beer geboren, entsprach mit seinen Werken, die von Paris aus die Bühnen der Welt eroberten, dem Verständnis der Grand Opéra. 1842 zum preußischen Generalmusikdirektor ernannt.

Obwohl er Wagner protegierte, entwickelte dieser eine Phobie gegen den gefeierten Berufskollegen und machte ihn obsessiv für seine Mißerfolge verantwortlich, so den Verriß der Rienzi-Aufführung in Berlin 1847.

Meyerbeer, wie in »Das Judentum in der Musik« (1850) näher ausgeführt, wurde für Wagner zum Hauptrepräsentanten einer auf den Effekt setzenden, unter kommerziellem Aspekt betriebenen Oberflächenkunst. Die hier vollzogene Diffamierung des Juden als künstlerisch impotent und durch seine Natureigentümlichkeiten widerwärtig, wird auf Meyerbeer konzentriert. »Mit Meyerbeer hat es nun bei mir eine eigene Bewandtnis: Ich hasse ihn nicht, aber er ist mir grenzenlos zuwider«. Briefwechsel zwischen Wagner und Liszt I. 116, in: Richard Wagners Leben und Werke im Bilde, S. 70.

»In den letzten Jahrzehnten sind unter Meyerbeers Geldeinfluss die Pariser Opernangelegenheiten so stinkend scheußlich geworden, dass sich ein ehrlicher Mensch nicht mit ihnen abgeben kann.« Wagner an Ferdinand Heine 19.11.1849, in: Scholz, Ein deutsches Mißverständnis, S. 171.

Tatsächlich lassen sich starke Einflüsse von Meyerbeers Kompositionstechnik auch bei Wagner nachweisen. Selbst wenn Wagner in »Das Judentum in der Musik« die Erlösungsmöglichkeit auch für »den Juden« festhielt durch Teilnahme an der von Juden und Nichtjuden geforderten »Selbstvernichtung«, steht sein virulenter Antisemitismus dazu im Gegensatz, der wie sein antizivilisatorischer Affekt anfällig war für radikale Lösungen.

Aus Franz Stassens »Erlösungszyklus«

15 Franz Stassen. **Tannhäuser**
Gouache, undatiert, 49,6 x 32,3 cm. Hessische Hausstiftung, Kronberg, Schlossmuseum
Darmstadt

➤ Stassen hält hier den Moment der entscheidenden Wende im »Tannhäuser« (1. Prosaentwurf: 1842, Uraufführung: 1845) fest: Auf seiner Suche nach dem Venusberg erscheint
die Göttin mit ihren Gespielinnen. Wolfram hält den Tannhäuser zurück, sich der verführerischen Gestalt in die Arme zu werfen und beschwört ihn mit dem Namen
Elisabeths: »Ein Engel bat für dich auf Erden, bald schwebte er sehnend über dir: Elisabeth!« ... »Dein Engel fleht für dich an Gottes Thron. Er wird erhört. Heinrich, du
bist erlöst.« Venus entschwindet und der Sarg mit der toten Elisabeth wird herbeige-
tragen, an dem der Tannhäuser mit den Worten: »Heilige Elisabeth, bitte für mich!« ster-
bend niedersinkt. (3. Akt. 3. Szene).
Trotz der Gegenüberstellung von sinnlicher und geistiger Liebe hängen beide zusammen, wie Wagner es durch musikalische und szenische Einzelheiten nahelegt und Stassen es durch die Kurve, die die ausgebreiteten Arme der Venus und die Gestalt der heiligen Elisabeth beschreiben, andeutet.
Wieland Wagner: »Als das zu überwindende böse Prinzip steht im Tannhäuser die typische Ich-Befangenheit des Mannes der weiblichen Opferbereitschaft und fraglosen Hingabe gegenüber, und nicht etwa das Phänomen des Eros an sich.« (aus: Richard Wagner, Die Musikdramen. Mit einem Vorwort von Joachim Kaiser. München 1978, S. 262).

16   Franz Stassen. **Tristan und Isolde**
Gouache, undatiert, 49,5 x 32,4 cm. Hessische Hausstiftung, Kronberg,
Schlossmuseum Darmstadt

➤   Die Schlussszene in »Tristan und Isolde« (1. Konzeption 1854, Uraufführung 1865), 3. Aufzug, 3. Szene: Isolde geht an der Leiche Tristans
freiwillig in den Liebestod. Die Sehnsucht der Liebe weitet sich zur Sehnsucht nach Selbstaufgabe und Vereinigung mit dem All. Isolde: »In den
wogenden Schwall, in den tönenden Schall, in des Welt-Atems wehen-
dem All – , ertrinken, versinken – , unbewußt – , höchste Lust!« Unter
dem Einfluß Schopenhauers entstanden, der die Erlösung nur in der
Absage an den blinden grausamen Willen zum Leben findet.

17 Franz Stassen. **Die Meistersinger**
Gouache, undatiert, 44,3 x 33,7 cm. Hessische Hausstiftung, Kronberg, Schlossmuseum Darmstadt

➤ Wagners »Die Meistersinger« (1. Prosaentwurf 1845, Uraufführung: 1868) beschließt die begeisterte Huldigung des Nürnberger »Volkes« an Hans Sachs. Meister Pogner, links im Vordergrund, geht auf das Knie vor Sachs und alle stimmen in den Gesang des Volkes ein: »Ehrt eure deutschen Meister, dann bannt ihr gute Geister; und gebt ihr ihrem Wirken Gunst, zerging in Dunst das heil'ge röm'sche Reich, uns bliebe gleich, die heil'ge deutsche Kunst! ... Heil Sachs. Nürnbergs teurem Sachs« Wagners Utopie eines im künstlerischen Gemeinschaftserlebnis geeinten, befreiten und veredelten Volkes fand hier seinen Ausdruck.

18 Franz Stassen. **Der Raub des Rheingoldes**
Gouache, undatiert, 44,5 x 30 cm. Hessische Hausstiftung, Kronberg,
Schlossmuseum Darmstadt

➤ Der Nibelunge Alberich bemächtigt sich des leuchtenden Rheingol-
des und läßt die drei nixenartigen Rheintöchter in der Finsternis zurück.
Das Rheingold (1. Prosaskizze: 1851, Uraufführung: 1869), Schluss 1.
Szene. Um den Preis der Verfluchung der Liebe vermag er aus dem
Rheingold den »Ring« zu schmieden, der unermeßliche Macht verleiht:
Die Ursünde in der Ring-Tetralogie Richard Wagners.

19 Franz Stassen. **Siegfried lauscht dem Waldvögelein**
Gouache, undatiert, 45 x 30 cm. Hessische Hausstiftung, Kronberg, Schlossmuseum Darmstadt

➤ Nach der Erlegung des Drachen Fafner saugt Siegfried die Drachenblutspritzer von seinen Fingern und versteht nun die Sprache der Vögel. Das Waldvögelein setzt ihn über den Nibelungenhort sowie sein Versteck in Kenntnis und warnt ihn vor Mimes Anschlag. (Siegfried. 1. Prosaskizze 1851, Uraufführung 1876) 2. Aufzug 2. Szene, Schluss. Siegfried repräsentiert den neuen, wahren, freien Menschen, der Drache Fafner den geldscheffelnden untätigen Kapitalisten (Fafner: »Ich lieg und besitz, laßt mich schlafen« 2. Aufzug. 1. Szene). Der Tod des Drachen: Die Abschaffung der kapitalistischen Geldwirtschaft ist die Voraussetzung für das Entstehen des ganzheitlichen Menschen, der in ein neues inniges Verhältnis zur Natur tritt.

20 Franz Stassen. **Brünhilde an der Leiche Siegfrieds**
Gouache, undatiert, 43 x 32 cm. Hessische Hausstiftung, Kronberg, Schlossmuseum Darmstadt

➤ In der Schlussszene der »Götterdämmerung« (Prosaentwurf: Siegfrieds Tod 1848, Uraufführung: 1876), 3. Aufzug, 3. Szene, fasst die Walküre Brünhilde den Entschluß, sich mit der Leiche Siegfrieds zu verbrennen, wieder eine Liebesvereinigung im Tode, und den Rheintöchtern den Ring zurück zu geben. »Das Feuer, das mich verbrennt, rein'ge vom Fluche, den Ring! – Ihr in der Flut, löset ihn auf.« Brünhilde ist nun »wissend« geworden, d.h. den Irrweg von Macht- und Besitzgier erkennend und setzt dagegen ihr Bekenntnis zur Liebe. In der ursprünglichen Prosafassung Wagners noch mit den Worten »Nicht Gut, nicht Gold, noch göttliche Pracht, nicht Haus, nicht Hof, noch herrischer Prunk: nicht trüber Verträge trügender Bund, nicht heuchelnder Sitte hartes Gesetz: selig in Lust und Leid – läßt die Liebe nur sein.«
Die Wiederherstellung des Naturzustandes ist aber nur um den Preis der radikalen Zerstörung der bestehenden Unrechtsordnung im reinigenden Feuer zu haben. Die Vernichtung der Götterwelt und ihrer Ordnung: die »Götterdämmerung« ist damit angebrochen. Auch hier tritt die Frau in die Rolle des durch Liebe »erlösenden Weibes« auf.

21 Franz Stassen. **Parsifal**
Gouache, undatiert, 46 x 30,5 cm. Hessische Hausstiftung, Kronberg, Schlossmuseum Darmstadt

➤ Die Schlussszene in »Parsifal« (1. Prosaentwurf: 1865, Uraufführung: 1882), 3. Aufzug. Parsifal erhebt
den Gral mit dem Blut des Heilands, dessen Anblick die Gralsritter kräftigt, dazu der Chorgesang: »Höchsten
Heiles Wunder: Erlösung dem Erlöser.« Kundry, das dämonische Weib, zu seinen Füßen, oft als Personifikation des Ewigen Juden interpretiert, sinkt entseelt und erlöst zu Boden.
Parsifal, von Stassen christusgleich gezeichnet, verkörpert den Erlöser durch seine Fähigkeit des Mitleidens und seine keusche Enthaltsamkeit, die nun an Stelle der Botschaft der sinnlich-geistigen Liebe
getreten sind. Die rätselhafte Schlusspassage »Erlösung dem Erlöser« ist vieldeutig und kann sich auf
Parsifal beziehen, der nun mit der erlösenden Tat endlich seinem Auftrag gerecht geworden ist oder
auf die Figur Christi, die nun von ihren alttestamentarischen semitischen »Schlacken« gereinigt werden soll (vgl. Wagners Aufsatz in den Bayreuther Blättern 1878 I. »Publikum und Popularität«) oder im
weiteren Sinn auf das Verhältnis von Religion und Kunst:
»Man könnte sagen, dass da, wo die Religion künstlich wird, der Kunst es vorbehalten sei, den Kern
der Religion zu retten, in dem sie die mythischen Symbole, welche die erste im eigentlichen Sinne als
wahr geglaubt wissen will, ihrem sinnbildlichen Werte nach erfaßt.« Richard Wagner, in: Religion und
Kunst 1880

22 Sekretär

Neorokoko. Hans Stelzner (sign. unter der Mittelschublade und Schublade rechts unten »Hans Stelzner Bayreuth, Damm-Allee«), Blindholz Eiche und Kiefer, Grundholz Nussbaumfurnier und Nussbaummaser, Pappel, Marketerie, Höhe 2,02 cm, Breite 1,04 cm, Tiefe 69 cm, 1883. Privatbesitz Diemut und Siegfried Meiners, Bayreuth

➤ Die sechs Schübe des Aufsatzes zeigen handgemalte und signierte Szenenbilder des Festspielfotografen Hans Brand zur Bayreuther Uraufführung des »Parsifal« 1882 nach Entwürfen Paul von Joukowskys. Die Schublade des Tisches weist entsprechende Darstellungen der Villa Wahnfried, des Festspielhauses, des Gralstempels und des Palazzo Vendramin in Venedig (Wohn- und Sterbeort Richard Wagners) auf. Auf der Mitteltür des Aufsatzes: Das Portrait des Bayreuther Meisters in Intarsienarbeit. Das Bildprogramm illustriert die Erlösungsidee des »Parsifal« und ist ein beredtes Beispiel für die Sakralisierung Bayreuths. Der Überlieferung nach: Eine Auftragsarbeit von Wagners Freundin Mathilde Wesendonck zum 70. Geburtstag des Komponisten (22. Mai 1883), den dieser allerdings nicht mehr erlebte. Wagner verstarb am 13. Februar 1883.

DER FLIEGENDE HOLLÄNDER

Der »Holländer« ist ein Werk des Aufbruchs zu neuen Ufern. Wagner schreibt in »Eine Mitteilung an meine Freunde« (1851): »Nach Beendigung des Rienzi, und bei fortwährender Tagesbeschäftigung mit musikalischer Lohnarbeit, geriet ich auf einen Ausweg, meinem gepressten Innern Luft zu machen ... Ich betrat nun eine neue Bahn, die der Revolution gegen die künstlerische Öffentlichkeit der Gegenwart, mit deren Zuständen ich mich bisher zu befreunden gesucht hatte, als ich in Paris ihre glänzendsten Schätze aufsuchte. Das Gefühl der Notwendigkeit meiner Empörung machte mich zum Schriftsteller.« An anderer Stelle heißt es »Von hier aus beginnt meine Laufbahn als Dichter, mit der ich die des Verfertigens von Operntexten verließ.«[1]

Wagner findet hier zum erstenmal eines seiner großen Leitthemen: Die bis zum Selbstopfer gehende erlösende Liebe des »Weibes«. Mit ihrer gegen bürgerliche Konvention und Sitte verstoßenden Unbedingtheit enthält jene: soziale Sprengkraft. Gleichzeitig artikuliert sie die Heimatsehnsucht des in Paris lebenden Künstlers und erhält einen nationalen Anstrich: »Mit all meinem Dichten und Trachten war ich schon ganz nur noch in Deutschland. Ein empfindungsvoller, sehnsüchtiger Patriotismus stellte sich bei mir ein, von dem ich früher durchaus keine Ahnung gehabt hatte. Dieser Patriotismus war frei von jeder politischer Beifärbung. – Es war das Gefühl der Heimatlosigkeit in Paris, das mir die Sehnsucht nach der deutschen Heimat erweckte: Diese Sehnsucht bezog sich aber nicht auf ein Altbekanntes, Wiederzugewinnendes, sondern auf ein geahntes und gewünschtes Neues, Unbekanntes, erst zu Gewinnendes ... Es war die Sehnsucht meines fliegenden Holländers nach dem Weibe, – aber nicht nach dem Weibe des Odysseus, sondern nach dem erlösenden Weibe, dessen Züge mir in keiner sicheren Gestalt entgegentraten, das mir nur wie das weibliche Element überhaupt vorschwebte; und dieses Element gewann hier den Ausdruck der Heimat – , d. h. des Umschlossenseins von einem innig vertrauten Allgemeinen, aber einem Allgemeinen, das ich noch nicht kannte, sondern eben erst noch ersehnte, nach der Verwirklichung des Begriffs »Heimat.«[2]

Wagners Patriotismus ist wie seine Erlösungsidee stark utopisch ausgerichtet, an einem Idealbild orientiert, das es noch einzulösen gilt und von dem saturierten Nationalismus des späten 19. Jahrhunderts meilenweit entfernt. Auch die Vorstellung des »erlösenden Weibes« spricht bestenfalls erst eine hoffnungsvolle Erwartung aus: »Der holländische Seefahrer ist zur Strafe seiner Kühnheit vom Teufel ... verdammt auf dem Meere in alle Ewigkeit rastlos umherzusegeln. Als Ende seiner Leiden ersehnt er, ganz wie Ahasveros, den Tod; diese, dem ewigen Juden noch verwehrte Erlösung kann der Holländer aber gewinnen durch – ein Weib, das sich aus Liebe ihm opfert: Die Sehnsucht nach dem Tode treibt ihn somit zum Aufsuchen dieses Weibes; dies Weib ist aber nicht mehr die heimatlich sorgende, vor Zeiten gefreite Penelope des Odysseus, sondern es ist das Weib überhaupt, aber das noch unvorhandene, ersehnte, geahnte, unendlich weibliche Weib, – sage ich es mit einem Worte heraus: das Weib der Zukunft.«[3]

Die weibliche Hauptrolle der »Senta«, ein Name, den erst Wagner prägt, repräsentiert das Weibliche an sich; der Holländer: das unruhige, in das Leben drängende, kämpferische männliche Element, das der bergenden Liebe der Frau bedarf: »Die Gestalt des Holländers ist das mythische Gedicht des Volkes: Ein uralter Zug des menschlichen Wesens spricht sich in ihm mit herzergreifender Gewalt aus. Dieser Zug ist, in seiner allgemeinsten Bedeutung die Sehnsucht nach Ruhe aus den Stürmen des Lebens.« Auf den ersten Blick also eine konventionelle Aufteilung der Geschlechterrollen. Diese Sichtweise wird

1 Zit. n. Prüfer, Arthur, Das Werk von Bayreuth, Leipzig 1909, S. 402, 409   **2** Wagner-Enzyklopädie. Haupterscheinungen der Kunst- u. Kulturgeschichte im Lichte der Anschauung Richard Wagners, in wörtlichen Anführungen aus seinen Schriften dargestellt von Carl Friedrich Glasenapp, 2 Bde., Leipzig 1891, 1. Bd., S. 278 f   **3** Wagner-Enzyklopädie, Bd. 1, S. 277   **4** Friedrich, Erlösung durch Liebe, S. 12   **5** Mayer, Hans, Anmerkungen zu Wagner, 1966, S. 36   **6** Mit Ausnahme des nicht ausgeführten Dramenentwurfes »Friedrich der Rotbart« (1848), s. Prüfer, Das Werk von Bayreuth, S. 410   **7** Vgl. R.W., Zukunftsmusik, zit. in Prüfer, S. 410   **8** Vgl. R.W., Mitteilung an meine Freunde, in: Wagner-Enzyklopädie Bd. 1, S. 277

der Gestalt der Senta jedoch nicht gerecht. Sie besitzt eine unergründliche Tiefe, eine Stärke des mitleidenden Empfindens und Erlösungsdrangs, die sie überwältigt und in einen somnambulen Zustand versetzt.« Im Fliegenden Holländer erleben wir die Liebeserregung als eine Art hypnotischen Zustand Sentas. Die Entrückung wird fortan gemeinsames Attribut der Liebenden Wagners sein.«[4] Senta folgt in ihrem Erlösungsdrang dem fremden Seefahrer, verlässt ihren Bräutigam Erik und verstößt damit gegen die bürgerliche Moral. Ihr selbstloses Verhalten steht in krassem Gegensatz zum Materialismus ihres Vaters Daland, der dem Fremdling wegen dessen offenkundigem Reichtum die Hand seiner Tochter gibt. Senta verkörpert, nach dem Urteil Hans Mayers, »die Sehnsucht nach dem Neuen, Unerhörten, nach dem Ausbruch aus der Gegenwart und Umwelt. Senta ist keine Närrin und Hysterikerin, wie man so oft gesagt und auf der Bühne dargestellt hat. Sie ist ein junger, leidenschaftlicher und sehr einsamer Mensch in einer engen und geistig platten Umwelt.«[5]

Wagner vollzieht in seiner Themenwahl mit »Der fliegende Holländer« endgültig den Übertritt von der Geschichte in die Welt der Sage und des Mythos.[6] Der Mythos drückt in der Selbstinterpretation Wagners das Reinmenschliche aus, das einen Auftrag für Gegenwart und Zukunft darstellt und bedeutet hier im Holländer die Sublimierung des Entdeckungstriebes des niederländischen Seefahrervolkes als Sehnsucht nach etwas Unbekanntem, noch nicht sichtbar Vorhandenem, in die Sehnsucht nach dem ebenfalls noch nicht existenten erlösenden Weib der Zukunft.[7] Der Mythos ist damit als offen charakterisiert. Auch darin liegt seine Qualifikation zum Wegweiser für die Moderne. Die ungefähre Richtung wird gewiesen, während das Ziel, zwar schon erahnt, jedoch noch im Dunkeln liegt.

In einer Art Dreischritt habe der »Volksgeist« – nach der Erfindung der Gestalt des Odysseus, der sich nach der Rückkehr zu den eher prosaischen Gütern von Haus, Hof und Weib sehnt, und der des Ewigen Juden Ahasver, der bis zum Jüngsten Tag verdammt sei, ziellos auf Erden umherzuwandern und Erlösung nicht im Diesseits, sondern in Tod und Vergehen ersehnt – schließlich eine Mischung aus beidem zustande gebracht.[8] Dem Fliegenden Holländer als Ahasver des Ozeans wird die Erlösung zwar im Tode zuteil, aber – und hier gleicht er Odysseus – durch ein Weib. Wagner ist ein Meister der Mischungen: Todesverlangen, Eros und Liebe sind ineinander verwoben, größte Leidenschaftlichkeit und damit Leben in höchster Potenz ist auf den Tod gerichtet.

Der Mythos Wagners erscheint in diesem Frühstadium bereits mit psychologischer Analytik versetzt. Thomas Mann schreibt in »Leiden und Größe Richard Wagners« (1933): »Die düstere Glut«, sagt der Holländer in dem schönen Duett mit Senta im zweiten Akt –

»Die düstere Glut, die ich hier fühle brennen   *Ach nein, die Sehnsucht ist es nach dem Heil.*
soll ich Unseliger sie Liebe nennen?   *Würd' es durch solchen Engel mir zu Teil!«*

Das sind sangbare Verse, aber nie war etwas so kompliziert Gedachtes, seelisch so Ver-schlungenes vordem gesungen oder für den Gesang bestimmt worden. Der Verdammte liebt dieses Mädchen auf den ersten Blick. Aber er sagt sich, dass seine Liebe eigentlich nicht ihr gilt, sondern dem Heil der Erlösung. Sie nun aber wieder steht ihm als die Verkörperung der Heilsmöglichkeit gegenüber, sodass er zwischen der Sehnsucht nach geistlicher Rettung und der Sehnsucht nach ihr nicht zu unterscheiden vermag und nicht unterscheiden will. Denn seine Hoffnung hat ihre Gestalt angenommen und er kann nicht mehr wollen, das sie eine andere habe, das heißt, er liebt in der Erlösung dies Mädchen. Welche Ver-schränkung eines Doppelten, welcher Blick in die schwierigen Tiefen eines Gefühls! Es ist Analyse ... »[9]

Zu dem psychologisierenden Mythos passt die nicht minder psychologisierende Musik. Wagner bricht hier mit den bislang üblichen Prinzipien von Opernkomposition und –aufbau. Das Werk wirkt wie aus einem Guss. Ihm fehlt die früher verbindliche deutliche Gliederung nach Arien, Duetten, Chören etc. Noch einmal Thomas Mann.: »Er war Musiker als Dichter und Dichter als Musiker; ... sein musikalisches Dichtertum war es ja gewesen, was ... ihm seine neue thematisch – motivische Gewebstechnik eingegeben hatte, – neu insofern, als sie in dieser beziehungsvollen Ausdehnung über das ganze Drama nie zuvor angewandt worden war. Das hatte mit dem »Holländer« begonnen, dessen musikalischer Kern und Keim die Ballade der Senta im zweiten Akt gewesen war: das verdichtete Bild des Dramas, dessen Thematik sich dann als ein vollständiges Gewebe über das ganze Werk ausbreitete.«[10]

Dies entspricht auch dem Selbstbekenntnis Wagners und der Grundstimmung der Ballade, wenngleich strenggenommen nur zwei von sieben Leitmotiven des Holländers in der Ballade Sentas auftauchen.[11] Neuartig ist die Durchdringung des Werkes mit nur wenigen musikalischen Motiven, die für die inhaltliche Deutung einen besonderen Stellenwert haben und die Einführung des »gestörten Liedes« als dramaturgischer Kunstgriff. Der gestörte Ablauf und der anschließende Abbruch des Liedes wirkt hier bei der vom Hörer erwarteten Gleichförmigkeit des Liedaufbaus als um so stärkere Zäsur (siehe Steuermannslied, Spinnerinnenlied, Sentas Ballade, Lied der norwegischen Matrosen). Wo Wagner die Konvention des klassischen Opernrepertoires nicht verlässt, ist dies zum Teil, wie bei den Arien Eriks im II. und III. Aufzug und der Arie Dalands im II. Aufzug (vor dem Duett), im Sinne der Botschaft der Oper – und bezeichnet den enggeistigen, unter dem Zwang der Konvention stehenden Menschen.[12]

Wagner urteilte bereits in einem Brief an Ferdinand Heine (1843?), dass er viel von dem Publikum fordere, »nämlich, dass es mit einem Male von all dem abstrahiere, was es bisher im Theater unterhalten und angesprochen habe«, und sah in seinem Holländer zumindest einen wichtigen Beitrag für » eine deutsche Originaloper«.[13]

Der Bruch mit der herkömmlichen Kompositionsweise, der Wechsel von der Geschichte zum Mythos, die Vision des durch ihre Liebe erlösenden Weibes, das Anprangern des Pariser Kunstamüsierbetriebes haben eine Vorgeschichte privater Entbehrungen, beruflicher Zurücksetzungen und des quälenden Bewusstseins der Prostitution des eigenen Werkes. Auf der Flucht vor seinen Gläubigern aus Riga 1839 geriet Wagners Schiff, der Schoner »Thetis«, am Skagerrak in einen heftigen Sturm. Wagner, der um sein Leben fürchtete, erinnerte sich eines Heinetextes zum fliegenden Holländer und glaubte eben denselben in der sturmdurchtosten Dunkelheit neben der Thetis auszumachen.

9 Thomas Mann, Leiden und Größe Richard Wagners, in: Im Schatten Wagners. Thomas Mann über Richard Wagner. Texte und Zeugnisse 1895–1955, ausgewählt von Hans-Rudolf Vaget, Lizenzausgabe, F. a. M. 1999, S. 85–141, S. 90 f   **10** Thomas Mann, Richard Wagner und der »Ring des Nibelungen« (1937), in: Im Schatten Wagners, S. 150–173, S. 166 f   **11** Aus: Breig, Werner, Wagners Kompositorisches Werk, in: Richard-Wagner-Handbuch, S. 354–470, S. 381   **12** Wapnewski, Peter, Die Romantische Oper, in: Richard Wagner-Handbuch S. 238–269, S. 445   **13** Prüfer, S. 412 f   **14** Die Komposition in sieben Wochen (bis auf die Ouvertüre), Richard Wager, Autobiographische Skizze, zit. in: Prüfer, S. 406, Bauer, Hans-Joachim, Richard Wagner-Lexikon, S. 153   **15** Borchmeyer, Dieter, Heinrich Heine – Richard Wagner. Analyse einer Affinität, in: Richard Wagner und die Juden, S. 20–33, S. 22   **16** Borchmeyer, Ebenda, S. 26 f

Nach überstandenem Schrecken, im Notquartier eines norwegischen Fjordes, vernahm Wagner den Schiffsruf der Seeleute, der sich an den türmenden Granitwänden des Fjordes brach und ihn zu seinem Matrosenlied im Fliegenden Holländer inspirierte. Ein kurzer Prosaentwurf in französischer Version: »Le vaisseau phantome« entstand in der Zeit materieller Not in Paris 1840 und war für den Direktor der Pariser Großen Oper Leon Pillet bestimmt, der ihn tatsächlich für 500 Francs kaufte, jedoch die Vertonung und Anfertigung des Librettos an andere übertrug: ein durchaus nicht unübliches Verfahren. Wagner willigte ein, fürchtete aber um sein geistiges Eigentum und brachte in einer Art schöpferischem Gewaltakt Dichtung und Komposition des Fliegenden Holländer 1841 in wenigen Wochen zustande.[14] Wagner empfand dies als Befreiung und Wiederaneignung seines Werkes, aber auch als Aufhebung des Entfremdungscharakters seiner sonstigen Arbeiten. So spricht Wagner in seiner »Autobiographischen Skizze« von »musikhändlerischer Lohnarbeit«, zu der er in Paris gezwungen gewesen sei und sieht sich somit in ähnlicher Lage wie die Industriearbeiterschaft.

Die Beziehung Wagners zu Heinrich Heine ist vielfältig. In Paris dürfte man viel miteinander verkehrt haben und nicht nur den literarischen Stoff des Holländers zog Wagner aus den Schriften Heines, auch die Bekanntschaft mit dem Tannhäuser-Thema verdankte er neben manch anderen Anregungen dem berühmten Landsmann – oft verdrängt in Wagners autobiographischen Schriften. Als Grund für diese fortschreitende Tilgung Heines in Wagners veröffentlichten Erinnerungen vermutet Borchmeyer, »das er in den vierziger Jahren sein Künstlerleben mehr und mehr aus der Opposition gegen dessen urbanistisch-kosmopolitische Basis heraus neu konstituiert« habe.[15] Heine erschien ihm nun als Vertreter einer den großstädtischen Moden verhafteten Literatur, die nicht mehr aus dem mythenschaffenden völkischen Urgrund schöpfe. In Paris unterstützte man sich allerdings gegenseitig. Heine stimmte der Übernahme seiner Gespenstergeschichte vom fliegenden Holländer durch Richard Wagner zu und dieser bedankte sich mit einer Vertonung von Heines Gedicht »Die Grenadiere« in der französischen Fassung.[16]

Die Version Heines der holländischen Sage ist mehrfach ironisch gebrochen. Hier die Kernpassagen »Aus den Memoiren des Herren von Schnabelewopski« (1834): »Jenes hölzerne Gespenst, jenes grauenhafte Schiff führt seinen Namen von seinem Kapitän, einem Holländer, der einst bei allen Teufeln geschworen, dass er irgendein Vorgebirge, dessen Name mir entfallen, trotz des heftigsten Sturmes, der eben wehte, umschiffen wolle, und sollte er auch bis zum Jüngsten Tage segeln müssen. Der Teufel hat ihn beim Wort gefasst, er muss bis zum Jüngsten Tage auf dem Meere herumirren, es sei denn, dass er durch die Treue eines Weibes erlöst werde. Der Teufel, dumm wie er ist, glaubt nicht an Weibertreue

a) Holländer-Motiv (Ballade, Spukchor)

b) Sturm-Akkorde (Ballade, Spukchor)

c) Wellen-Figur (Ballade, Spukchor, Matrosenchor)

d) Matrosenruf (Spukchor, Matrosenchor)

Hoe__! Hoe_! Hoe_! Hoe_!   Ho__! He_! Je_! Ha!

e) Matrosentanz (Matrosenchor)

f) Erlösungs-Melodie (Ballade)

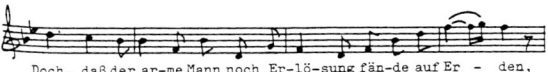

Doch, daß der ar-me Mann noch Er-lö-sung fän-de auf Er - den,

g) Akkordbrechungsfigur (nachkomponiert)

und erlaubte daher dem verwünschten Kapitän alle sieben Jahr einmal an Land zu steigen und zu heuraten und bei dieser Gelegenheit seine Erlösung zu betreiben. Armer Holländer! Er ist oft froh genug, von der Ehe selbst wieder erlöst und seine Erlöserin los zu werden, und er begibt sich dann wieder an Bord. Auf diese Fabel gründet sich das Stück, das ich im Theater zu Amsterdam gesehen. Es sind wieder sieben Jahre verflossen, der arme Holländer ist des endlosen Umherirrens müder als jemals, steigt an Land, schließt Freundschaft mit einem schottischen Kaufmann, dem er begegnet, verkauft ihm Diamanten zu spottwohlfeilem Preise, und wie er hört, dass sein Kunde eine schöne Tochter besitzt, verlangt er sie zur Gemahlin. Auch dieser Handel wird abgeschlossen. Nun sehen wir das Haus der Schotten, das Mädchen erwartet den Bräutigam zagen Herzens. Sie schaut oft mit Wehmut nach einem großen verwitterten Gemälde, welches in der Stube hängt und einen schönen Mann in spanisch-niederländischer Tracht darstellt. ... Wenn nun der wirkliche fliegende Holländer leibhaftig hereintritt, erschrickt das Mädchen; aber nicht aus Furcht. Auch jener ist betroffen bei dem Anblick des Portraits. Als man ihm bedeutet, wen es vorstelle, weiß er jedoch jeden Argwohn von sich fernzuhalten; er lacht über den Aberglauben, er spöttelt selber über den fliegenden Holländer, den ewigen Juden des Ozeans; jedoch unwillkürlich in einen wehmütigen Ton übergehend, schildert er, wie mijnheer auf der unermesslichen Wasserwüste die unerhörtesten Leiden erdulden müsse, wie sein Leib nicht anders als ein Sarg von Fleisch, worin seine Seele sich langweilt, wie das Leben ihn von sich stößt und auch der Tod ihn abweist ... Die Braut betrachtet ihn ernsthaft und wirft manchmal Seitenblicke nach seinem Konterfei. Es ist, als ob sie sein Geheimnis erraten habe, und wenn er nachfragt: »Katharina, willst du mir treu sein?« antwortet sie entschlossen: »Treu bis in den Tod« ... . Als ich ins Theater noch einmal zurückkehrte, kam ich eben zur letzten Szene des Stücks, wo auf einer hohen Meerklippe das Weib des fliegenden Holländers, die Frau fliegende Holländerin, verzweiflungsvoll die Hände ringt, während auf dem Meere, auf dem Verdeck seines unheimlichen Schiffes, ihr unglücklicher Gemahl zu schauen ist. Er liebt sie und will sie verlassen, um sie nicht ins Verderben zu

17 Aus den Memoiren des Herren von Schnabelewopski, in: Heines Werke in 5 Bänden (Bibliothek deutscher Klassiker), ausgewählt und eingeleitet von Helmut Holtzhauer, Weimar 1963, 2. Bd., S. 279– 333, S. 305 ff 18 Mayer, Hans, Richard Wagner (rowohlts monographien) Hamburg 1959, S. 25

ziehen, und er gesteht ihr sein grauenhaftes Schicksal und den schrecklichen Fluch, der auf ihm lastet. Sie aber ruft mit lauter Stimme: »Ich war dir treu bis zu dieser Stunde, und ich weiß ein sicheres Mittel, wodurch ich dir meine Treue erhalte bis in den Tod!« Bei diesen Worten stürzt sich das treue Weib ins Meer und nun ist auch die Verwünschung des fliegenden Holländers zu Ende, er ist erlöst, und wir sehen, wie das gespenstische Schiff in den Abgrund des Meeres versinkt. Die Moral des Stückes ist für die Frauen, dass sie sich in acht nehmen müssen, keinen fliegenden Holländer zu heuraten; und wir Männer ersehen aus diesem Stück, wie wir durch die Weiber im günstigsten Fall zugrunde gehn.[17]

Wagner bleibt zwar im Wesentlichen bei diesem Handlungsgerüst, führt allerdings aus dramaturgischen Gründen mit Erik die Figur des Nebenbuhlers und biederen, sozusagen bürgerliche Widerparts des Holländers ein und gewinnt der Geschichte mit Ausblendung der Heineschen Ironie, die der »Weibertreue« bis in den Tod nur dann eine Chance gibt, wenn dieser möglichst schleunigst eintritt, ihre Tragik zurück. Selbst dem Topos des Ahasvers, des Ewigen Juden, der von Heine nur in spöttischem Zusammenhang erwähnt wird, widmet sich Wagner in seinen freilich gewagten Spekulationen ernsthaft. Für den Ablauf und das Verständnis der Geschichte in der Wagnerschen Fassung hat diese Metapher jedoch keine weitere Bedeutung.

Auch das Erlösungsthema wird von Heine angeschlagen, von Wagner aber in der psychologischen Feinzeichnung der Beziehung des Holländers zu Senta und ihrer Entrücktheit entscheidend vertieft. Bei der engen Verbindung zwischen Wagnerbiographie und Holländergeschichte und deren Interpretation als Ausdruck des Entdeckungstriebes der Neuzeit, mag man den Fliegenden Holländer auch als Drama des geistig heimatlosen, modernen Menschen und der Künstlerexistenz verstehen. So sagt Hans Mayer: »Zum erstenmal erscheint eine typische Wagner-Problematik auf der Opernbühne … , Holländer, Tannhäuser und Lohengrin haben untereinander ebensoviel Trennendes wie Gemeinsames. Sie alle aber sind Künstlerdramen mit beinahe gleicher Konstellation. Immer geht es um den Konflikt des Genies mit den herkömmlichen Lebens-, Kunst- und Moralbegriffen der Umwelt.«[18]

Wagners »Fliegender Holländer« ist ein Werk des Übergangs. Es steht musikästhetisch zwischen konventioneller romantischer Oper und Musikdrama. Gleichwohl neigt es sich in der Ausführung der Erlösungsidee als auch in den musikdramatischen Bestandteilen bereits mehr den späteren Werken zu. Nicht umsonst gehört der »Fliegende Holländer« seit 1901 zum festen Repertoire der Bayreuther Bühnenfestspiele – als frühestes dort vertretenes Wagner-Werk.

23 Madame Schröder-Devrient
n. d. Natur gemalt v. J. K., Stahlstich v. Carl Meyer, Blatt 23,2 x 16,3 cm, Platte 18,4 x 13,4 cm,
Nürnberg um 1830. Preussen-Museum Nordrhein-Westfalen

➤   Wilhelmine Schröder-Devrient (1804–1860) bedeutete für Wagner ein künstlerisches
Offenbarungserlebnis. Sie hatte bereits in der Dresdner Uraufführung des Rienzi 1842
den Adriano gesungen und war Wagners erste Senta und erste Venus in den Dresdener
Uraufführungen des Fliegenden Holländers (1843) und des Tannhäusers (1845).
Wagners Beschreibung der Schröder-Devrient gibt ihr bereits die Konturen des »ersehnten, geahnten, unendlich weiblichen Weibes« der Zukunft:
»Sie war leidenschaftsvoll und wurde deshalb viel betrogen; aber sie war unfähig, die
an ihr begangenen Gemeinheiten zu rächen; sie konnte zur Ungerechtigkeit im Urteilen hingerissen werden, nie aber im Handeln. Unbefriedigt durch die wechselvollsten
Lebensbegegnungen, füllte ihr unermesslich weites Herz nur das Mitleiden gänzlich
aus; sie war wohltätig bis zur königlichen Verschwendung; denn einzig fremdes Leiden wurde ihr unerträglich.«
L   *R.W., Über Schauspieler und Sänger, in: Gesammelte Schriften und Dichtungen,*
2. Aufl. 9. Bd, Leipzig 1888, S. 157–230, S. 229

24   Ferdinand Leeke. **Senta singt die Ballade vom Fliegenden Holländer**
     Gouache, 1894, 101 x 73 cm. Richard-Wagner-Museum Bayreuth

➤ In der Spinnstubenszene, II. Akt, singt Senta die Ballade vom Holländer. In den
Schluss (Erlösungsmotiv) stimmen die übrigen Mädchen ein, als Senta gewissermaßen
aus der Rolle fällt und in Ekstase bekennt: »Ich sei's, die Dich durch ihre Treu erlöst.«
Leeke scheint diesen Moment festgehalten zu haben und betont in der fast identischen
äußeren Erscheinung der Mädchen, einschließlich Sentas, die weibliche Prädisposition
zur Erlöserin.

[25] Hermann Hendrich. **Das Schiff des Holländers**
     Öl auf Leinwand, 1890, 182 x 130 cm. Großherzoglich Oldenburgische Hausverwaltung

➤ Das Bild besitzt keinen direkten Wagnerbezug und fängt die düster-romantische
Stimmung der Holländersage ein. Das Erscheinen des Fliegenden Holländer kündet
den Schiffbrüchigen im Nachen Unheil oder erklärt ihnen den Untergang ihres Schiffes:
ein Schicksal, das jedem Schiff widerfährt, das dem fliegenden Holländer begegnet. Wilhelm Hauffs Märchen vom »Gespensterschiff«, das ähnliche Züge trägt, dürfte Wagner
gekannt haben. Franz Liszt über Wagners »Der Fliegende Holländer«: »Seit Byron hat
kein Poet ein so bleiches Phantom in düsterer Nacht aufgerichtet« (Gregor-Dellin, S. 159)

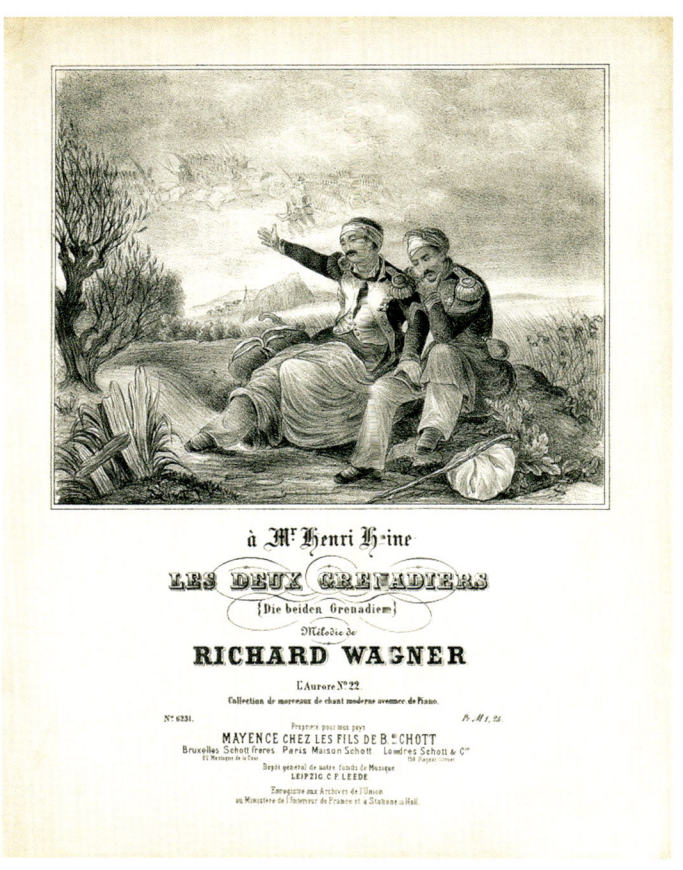

26 Ernst Benedikt Kietz (1815–1892)

à Mr. Henri Heine, les deux Grenadiers (Die beiden Grenadiere) Mélodie de Richard Wagner, Mayence, les fils de B. Schott o. J. (1840)

Lithographie. Richard-Wagner-Museum Bayreuth

➤ Wagner stattete hier seinen Dank ab für die Zustimmung Heines zur Übernahme seines Holländerstoffes. Die Komposition entstand im Winter 1839 und erschien im Sommer 1840. Robert Schumann teilte Wagner am 29.12.1840 mit: »Meine Grenadiere habe ich sogleich auf eine französische Übersetzung komponirt, die ich mir hier machen ließ u. mit der Heine zufrieden war. Sie wurden hie u. da gesungen, u. haben mir den Orden der Ehrenlegion u. 20.000 fr. jährlich Pension eingebracht, die ich direkt aus Louis Philipp's Privat-Casse beziehe …«

ʟ *Marianne und Germania 1789–1889. Frankreich und Deutschland. Zwei Welten – Eine Revue. Eine Ausstellung der Berliner Festspiele GmbH im Rahmen der »46. Berliner Festwochen 1996«, hrsg. v. Marie-Louise von Plessen, Berliner Festspiele, Berlin 1996, S. 331*

27   Franz Stassen. **Der fliegende Holländer**
Gouache, undatiert, 49,6 x 32,1 cm. Hessische Hausstiftung, Kronberg, Schlossmuseum
Darmstadt

➤   Stassen zeigt den Holländer auf der Fahrt in orkangepeitschter See. Es ist der noch
unerlöste Holländer, der seine Erlösung im Tode ersehnt, aber dazu verurteilt ist, bis
zum Jüngsten Tage die Weltmeere zu befahren. Es sei denn, die Treue eines »Weibes«
bis in den Tod brächte ihm die Erlösung.

DIE NIBELUNGEN: MYTHOS DES KAISERREICHES

Das Nibelungenlied: Zwischen bürgerlicher Emanzipation und Restauration

Die Wiederentdeckung des mittelalterlichen Nibelungenliedes fiel in das Zeitalter der Aufklärung. Von der Vorliebe einiger Fachgelehrter einmal abgesehen, konnte dies nicht der Boden sein für wohlwollende Aufnahme und begeisterte Zustimmung.

Die tragische, heroisch-pessimistische Grundstimmung des Epos, von der höfischen Dichtung der Stauferzeit nur oberflächlich christlich eingefärbt, widersprach dem optimistischen Denken der Aufklärung und ihrem humanistischen Menschenbild. Das um 1200 im Donaugebiet entstandene Versepos, das auf weit ältere Erzähltraditionen des 5. und 6. Jahrhunderts zurückgreift, wurde 1755 von dem Lindauer Arzt Jacob Hermann Obereit entdeckt, bereits 2 Jahre später von Johann Jacob Bodmer in Teilen und 1782 bis 1784 von Christoph Heinrich Müller (Myller) auf der Grundlage zweier mittelalterlicher Handschriften vollständig herausgegeben. Müller, Professor am renommierten Joachimsthalschen Gymnasium in Berlin, übersandte das Opus 1784 an Friedrich den Großen, der dies mit dem eindeutigen Urteil quittierte: »Meiner Ansicht nach, sind solche (die Nibelungen-Gedichte, d. Verf.), nicht einen Schuss Pulver werth; und verdienen nicht, aus dem Staub der Vergangenheit gezogen zu werden. In meiner Büchersammlung wenigstens werde ich dergleichen elendes Zeug nicht dulden, sondern herausschmeißen ... Viel Nachfrage verspricht demselben nicht euer sonst gnädiger König.«[1] Auch wenn Johannes von Müller bereits 1786, zu dieser Zeit Professor für Geschichte in Kassel, dem Nibelungenlied attestiert, es könne die deutsche Ilias werden und aus dem Kreise der Romantiker der Ruf nach einer »Nationalmythologie« anhand der Stoffe des Nibelungenliedes (A.W. Schlegel) ertönte, fand das Werk keine nennenswerte Verbreitung. Dies gilt für seine erste 1807 in Berlin erschienene, neuhochdeutsche Übertragung »Der Nibelungen Lied« von Friedrich Heinrich von der Hagen, genauso wie für Friedrich de la Motte-Fouqués Drama »Sigurd der Schlangentöter«. Das Urteil der Verlegerin von der Hagens, Friederike Helene Unger: »Die Nibelungen liegen wie Blei« (1811), kennzeichnet die Situation bis in das Vorfeld der Befreiungskriege.[2]

Der patriotische Geist suchte in der Euphorie des Krieges nach Anknüpfungspunkten für eine deutsche Identität und fand sie im deutschen Mittelalter. Das Nibelungenlied nahm hier unter der Überlieferung mittelalterlicher Literatur einen zentralen Platz ein. Es erschien eine »Feld- u. Zeltausgabe«, eine Schulausgabe von August Zeune 1815, sowie begleitende Materialien für den Schulgebrauch. Wie stark die gebildete Welt ihren Kampf gegen Napoleon unter dem Rückgriff auf fiktive Sagengestalten idealisierte, verdeutlicht eine Rezension von Fouqués »Ausgewählten Schriften« (1842): »Wir konnten den wirklichen und lebendigen Helden der Revolution und des Kaiserreiches plötzlich die prächtigsten deutschen Sagenhelden entgegenstellen und uns nach Belieben mit den letzteren identifizieren.« Manch einer mochte sich in seiner Begeisterung für das Nibelungenlied bis zur »Nibelungensucht« steigern. Die Verbreitung des Nibelungenstoffes ist eng verknüpft mit seiner politischen Indienstnahme. Er erscheint als »Spiegel der Deutschheit«, Napoleon als »Schlangenkaiser«, die Franzosen als »fremdes Gewürme«.[3]

Die Geschichte des Nibelungenliedes in der Neuzeit ist so bis in das 20. Jahrhundert hinein die Geschichte seiner politischen Instrumentalisierung. Auffallend ist, dass diese in entgegengesetzten politischen Lagern betrieben wurde und phasenweise versetzt ihre Höhepunkte erreichte.

1 Diese Prophezeiung sollte vorerst in Erfüllung gehen. Lankheit, Klaus, Nibelungen-Illustrationen der Romantik. Zur Säkularisierung christlicher Bildformen im 19. Jahrhundert, in: Die Nibelungen. Bilder von Liebe, Verrat und Untergang, hrsg. v. Wolfgang Storch, München 1987, S. 77–84, S. 77 f **2** Schulte-Wülwer, Ulrich, Das Nibelungenlied in der deutschen Kunst und Kunstliteratur zwischen 1806 und 1871, diss. masch. Kiel 1974, S. 10, 12, Zuchold, Gerd-H., Friedrich Wilhelm IV. und das deutsche Mittelalter: Die Nibelungen. Die deutsche Heldensage als Bedeutungsträger staatshistorischen Denkens des Monarchen, in: Der verkannte Monarch. Friedrich Wilhelm IV., hrsg. v. Peter Krüger, Julius H. Schoeps, Potsdam 1997, S. 159–180, S. 160, Lankheit, S. 78 **3** In: August Zeune, Der fremde Götzendienst. Eine Vorlesung, als Einleitung zu dem Vortrage über das Nibelungenlied zu Berlin im Christmond 1813. Berlin 1813, S. 3, zitiert bei: Schulte-Wülwer. Die Bezeichnung »nibelungensüchtig« findet sich wohl als allgemeiner Ausdruck, S. 40–44 **4** Ebenda, S. 8 f, 74 f, 124, 129 f **5** Zucholt, S. 169, 172 **6** Zucholt, S. 180 **7** Student Karl Ludwig Sand, der Mörder Kotzebues, sah in Siegfried und Hermann dem Cherusker die gleiche Figur und forderte dessen bildnerische Darstellung, um einen erhabenen Begriff von Freiheit zu vermitteln, Schulte-Wülwer, S. 74 **8** Graus, Frantisek, Lebendige Vergangenheit. Überlieferung im Mittelalter und in den Vorstellungen vom Mittelalter, Köln, Wien 1975, S. 284

Jedoch wird die Breitenwirkung des Nibelungenliedes und sein Einfluss auf die bildende Kunst für das erste Viertel des 19. Jahrhunderts häufig überschätzt. Nur eine Handvoll Künstler nahm in diesem Zeitraum den Nibelungenstoff auf. Nach dem Abklingen des patriotischen Überschwangs der Befreiungskriege, in der allgemeinen Ernüchterung angesichts der ausbleibenden nationalstaatlichen Einheit und fehlender grundlegender innenpolitischer Reformen genoss das Nibelungenlied fast nur noch in radikalen studentischen Kreisen einige Popularität.

Eine neue Phase der Nibelungenrezeption leitete der Auftrag des bayrischen Königs Ludwigs I. an Julius Schnorr von Carolsfeld ein, den neuen Flügel seiner Münchner Residenz mit Szenen des Nibelungenliedes auszumalen (Auftrag: 1826, Durchführung 1831–1867).[4] Sein Bruder im Geiste, der preußische König Friedrich Wilhelm IV., folgte diesem Beispiel, ließ 1845 im Garten von Schloss Stolzenfels einen bronzenen Siegfried (Johann Hartung) aufstellen und verfügte die Ausmalung der Kolonaden des Potsdamer Marmorpalais mit Nibelungenfresken durch Karl Wilhelm Kolbe (1848).[5] Vermutlich dürfte auch das Nibelungen-Bildprogramm der Alten Nationalgalerie, das allerdings erst nach 1871 realisiert wurde (Ernst Ewald) noch auf Friedrich Wilhelm IV. zurückgehen.[6]

Galt den politisierten Studenten des Vormärz das Nibelungenthema als urdeutsch, als Sinnbild deutscher Einheit und Freiheit,[7] so diente den Monarchen der Restaurationszeit der gleiche Stoff als wichtiges Versatzstück ihrer Herrschaftslegitimation durch Historie und Sage. Auch hier wurde das Nibelungenlied als Verkörperung deutschen Nationalcharakters und als nationaler Auftrag für die Gegenwart verstanden, aber im Sinn eines pseudomittelalterlichen, ständischen christlichen Reichsnationalismus. Gerade der Sagenstoff schien geeignet, als Ausdruck des »Volksgeistes«, Volksnähe des Monarchen und vormoderne patriarchalische Bindungen zwischen König und Volk zu demonstrieren. Einen besonderen Anknüpfungspunkt für die erwünschte monarchische Gesinnung bot die unbedingte Vasallentreue, die in der Interpretation des Nibelungenliedes immer wieder hervorgehoben wurde.

In den vierziger Jahren des 19. Jahrhunderts erhielt die Verbreitung des Nibelungenliedes in der deutschen Öffentlichkeit neue Schubkraft durch die Verbindung mit dem nationalen Rheinmotiv.[8] Im Jahr der Thronbesteigung Friedrich Wilhelms IV., 1840, kam es, ausgelöst durch französische Annektionsbestrebungen, zu einer Welle nationaler Empörung, die den Rhein als deutschen Strom reklamierte und eine Fülle von patriotischen literarischen Erzeugnissen hervorbrachte, deren bekanntestes das Rheinlied Nikolaus Beckers war (»Sie sollen ihn nicht haben … .«).

Erst jetzt gewann der Rhein seine volle Popularität. Günstigere Möglichkeiten des Reisens, Stahlstich und Lithographie vermittelten neue Eindrücke. Die Grundsteinlegung zum Weiterbau des Kölner Doms durch Friedrich Wilhelm IV. 1842 wurde als Nationalfest begangen. Die »Dichtergabe« Ludwig Bauers »Zum Kölner Dombau«: sein Drama »Barbarossa«, nannte als Symbol deutscher Einheit neben der Vollendung des Domes und der Gestalt Barbarossas die Nibelungen, und Friedrich Wilhelm IV. adaptierte das Nibelungenthema mit der Siegfriedfigur Hartungs auf seiner rheinischen Residenz Stolzenfels.[9] Rheinbegeisterung und Teile des Nibelungenstoffes gingen nun eine enge Verbindung ein. Insbesondere gilt dies vom Motiv des Nibelungenhortes, der, von Hagen im Rhein versenkt, den historisch-kulturellen, aber auch materiellen Reichtum der Rheinlande und dem weiteren Sinne nach Deutschlands symbolisierte.

Der versunkene Schatz evoziert den Gedanken der Bergung und damit die Vorstellung grandioser künftiger Entwicklungsmöglichkeiten, aber auch die Rückkehr zu den eigenen Wurzeln bis hin zum Wiederaufleben der Vergangenheit. Das Symbol ist somit mehrdeutig und bot Stoff für unterschiedliche politische Aneignungen: Vom rückwärtsgewandten, mittelalterlich inspirierten Ordnungsdenken bis zu demokratisch-liberalen Zukunftshoffnungen. Das erklärt die außerordentliche Popularität dieses Bildmotivs, das für die nationale Rheinromantik um 1850 eine größere Bedeutung besaß als alle anderen Rheinbezüge des Nibelungenliedes, wie der Geburtsort Siegfrieds in Xanten und der Burgundenhof in Worms.

Beredter Ausdruck der Verwertung des Nibelungenhortmotivs für unterschiedliche politische Intentionen ist die Werkgeschichte von Moritz von Schwinds »Vater Rhein«-Gemälde. In unterschiedlichen Fassungen mit preußischer und österreichischer Fahne oder den Farben der bürgerlichen Einheits- und Emanzipationsbewegung: Schwarz-Rot-Gold versuchte er zwischen 1848 und 1865 sein Bild verschiedenen politischen Adressaten anzudienen. Hier wie auch auf vielen anderen Darstellungen sind die Reichs- oder Herrschaftsinsignien Bestandteil des Nibelungenhortes. Sie symbolisieren in Erinnerung an mittelalterliche Kaiserherrlichkeit die wiederherzustellende oder (nach 1871) erreichte nationale Einheit und – Größe. Besonders im Rheinland selbst erfreute sich die Verwendung des Hortmotivs in Verbindung mit den Reichsinsignien großer Beliebtheit, konnte man doch auf diese Weise die eigene Provinz zum Fundament des neuen deutschen Reiches deklarieren und vermeintliche oder tatsächliche Zurücksetzungen im preußischen Staatsverband kompensieren. Es mochte auch als Fingerzeig gegenüber der preußischen Obrigkeit gemeint sein, dem besonderen Stellenwert seiner westlichsten Provinz stärker Rechnung zu tragen.

In diesem Sinne bringt das Bild von Peter Cornelius »Hagen versenkt den Nibelungenhort im Rhein« (1859), das auf seine Tuschzeichnung für das Rheinland-Album 1856, ein Geschenk für Wilhelm, Prinz von Preußen, zurückgeht[10], nicht nur Treue zum Herrscherhaus, sondern auch rheinisches Selbstbewusstsein zum Ausdruck. So wurde auch der von Wagner geprägte Begriff des »Rheingoldes« als Synonym für den Nibelungenhort im Rheinland gerne aufgegriffen, z.B. im Festgedicht für die Einweihung des Niederwalddenkmals 1872 oder im Titel (»Rheingold«) des Entwurfes Rudolf Maisons für ein Kaiserdenkmal in Aachen 1897.[11]

Bis weit in die zweite Hälfte des 19. Jahrhunderts hinein war die Vorstellung von den Personen des Nibelungenliedes vorwiegend mittelalterlich besetzt. Siegfried und die Vertreter des Burgundenhofes erschienen als Repräsentanten ritterlich-höfischer, christlicher Kultur. Dies war ein Bild, das die Romantik unter weitgehender Ausblendung der heidnisch-germanischen Elemente des Nibelungenliedes

9 Zucholt, S. 170 **10** Volmari, Beate, »Am Rhein, Am Rhein, Am Deutschen Rhein«, in: Die Nibelungen. Bilder von Liebe, Verrat und Untergang, S. 162–165, S. 164 **11** Schulte-Wülwer, S. 187 **12** Unter dem Titel »Die romantische Poesie« zum Geburtstag der Herzogin von Sachsen-Weimar. 30. Januar 1810, zitiert in: Schulte-Wülwer, S. 29 ff **13** Schulte-Wülwer, S. 145 **14** Zit. nach Klaus von See, Barbar, Germane, Arier, Heidelberg 1994, S. 108, in: Schivelbusch, Wolfgang, Die Kultur der Niederlage. Der amerikanische Süden 1865, Frankreich 1871, Deutschland 1918, Berlin 2001, S. 249

gezeichnet hatte. Allerdings nahm auch die romantische Richtung, wie Fouqués »Sigurd«, bereits die isländische Edda- Überlieferung auf, nachdem Goethe schon das Nibelungenlied als »nordische und heidnische Fabel« gesehen und die Brunhild-Siegfried-Episoden der Edda für einen Maskenzug am Weimarer Hof 1810 verarbeitet hatte.[12] Dominant blieb aber die Bildwelt eines idealisierten Mittelalters, wie sie in den Illustrationen Schnorrs von Carolsfeld zum Nibelungenlied hervortrat. Diese Bildmotivik konnte gut in den Dienst politisch-restaurativer Konzepte und konservativ-romantischer Utopien gestellt werden und prägte die Nibelungenfresken in den Residenzbauten Ludwig I. und Friedrich Wilhelms IV.

Ein »bürgerlicher Siegfried«

Hiergegen regte sich Widerspruch in Kreisen des liberalen und demokratischen Bürgertums, der zum Teil in der Ablehnung der Sagen- und Mythenwelt als Orientierungspunkt für die eigenen politischen Ziele in Erscheinung trat. Gottfried Keller formuliert so in einem »Aufruf an die deutschen Künstler« und gegen die Münchner Hofkunst: »Laßt fahren Mythos, Nibelungen, Bibel! – Die alten Träume sind genug gedeutet – der alte Drache ist genug gehäutet – und ausgewachsen längst die alte Zwiebel.«[13]

Andererseits begann sich im Bürgertum des Vormärz eine Lesart des Nibelungenliedes zu entwickeln, die sich von den christlich-höfischen Interpretationen absetzte und Siegfried als konventionssprengenden Naturburschen und tendenziell als Verkörperung eines heidnisch-germanischen Lichtmythos begriff. Friedrich Engels schrieb 1840: »Wir fühlen alle denselben Tatendurst, denselben Trotz gegen das Herkommen in uns, der Siegfriden aus der Burg seines Vaters trieb; das ewige Überlegen, die phillisträse Furcht vor der frischen Tat ist uns von ganzer Seele zuwider, wir wollen hinaus in die freie Welt.«[14]

Heinrich Heine identifizierte im gleichen Jahr »Deutschland« mit dem ungestümen Siegfried, wobei die Bedeutung Siegfrieds als Lichtgottheit bereits anklingt:

Deutschland

Deutschland ist noch ein kleines Kind,
Doch die Sonne ist seine Amme.
Sie säugt es nicht mit stiller Milch,
Sie säugt es mit wilder Flamme.

Bei solcher Nahrung wächst man schnell
Und kocht das Blut in den Adern.
Ihr Nachbarskinder hütet Euch
Mit dem jungen Burschen zu hadern!

Es ist ein täppisches Rieselein,
Reißt aus dem Boden die Eiche,
Und schlägt Euch damit den Rücken wund
Und die Köpfe windelweiche.

Dem Siegfried gleicht er, dem edlen Fant,
Von dem wir singen und sagen;
Der hat, nachdem er geschmiedet sein Schwert,
Den Amboss entzwei geschlagen!

Ja, Du wirst einst wie Siegfried sein	Du wirst ihn töten und seinen Hort
Und töten den hässlichen Drachen,	Die Reichskleinodien, besitzen.
Heisa! Wie freudig vom Himmel herab	Heisa! Wie wird auf Deinem Haupt
Wird Deine Frau Amme lachen!	Die goldene Krone blitzen![15]

Der »hässliche Drachen« der Reaktion wird erlegt und Siegfried als Symbolfigur des deutschen Volkes, nicht der Monarch, die Kaiserkrone tragen: ein Bild für Volkssouveränität und für ein demokratisches Herrschaftsmodell.

Freilich benutzt Heine zwei Jahre später das Bild des Nibelungenhortes in einem anderen Sinn: als Metapher für illusionäre Hoffnungen und Unglaubwürdigkeit königlicher Versprechungen. In seinem Gedicht »Bei des Nachtwächters Ankunft zu Paris« (1842) heißt es:

»Die Konstitution, die Freiheitsgesetze,
sie sind uns versprochen, wir haben das Wort,
und Königsworte, das sind Schätze
wie tief im Rhein der Niblungshort!«[16]

Die Aneignung der Geschichte des christlichen Mittelalters durch die Kräfte der Restauration ließ revolutionäre Sozialutopiker wie Richard Wagner nach neuen unverbrauchten Quellen suchen, um ihre Botschaft zu transportieren. Er fand sie in den skandinavisch-germanischen Mythen: den Götter- und Heldenliedern der isländischen »Edda« und der Völsungasaga und setzte damit bürgerliche Tendenzen einer gegen konservative Rückgriff auf das Mittelalter gerichteten Auffassung des Nibelungenstoffes fort. Auch Heinrich Heine machte sich mit politisch-aufklärerischer Intention Anleihen bei der germanischen Mythologie. In dem Gedicht »Walküren« (1847) betrachten diese in luftigen Höhen realistisch-nüchtern das unter ihnen tobende Kampfgeschehen und entlarven mit ihrem Gesang die Hintergründe und den Nimbus des Sieges:

»Fürsten hadern, Völker streiten,	Heisa! Vor dem Tod beschützen
jeder will die Macht erbeuten;	keine starken Eisenmützen,
Herrschaft ist das höchste Gut	und das Heldenblut zerrinnt
höchste Tugend ist der Mut.	und der schlechtre Mann gewinnt!«[17]

Diese Einsicht in die zerstörerische Gier nach Macht als auslösendes Motiv der kriegerischen Auseinandersetzungen und ihr verhängnisvolles Ergebnis: der Sieg des Schlechten erinnert stark an Wagners »wissend gewordene« Walküre Brünhilde, die den »Ring«, als das Symbol des der Liebe entsagenden Macht- und Besitzstrebens, den »Rheintöchtern« zurückgibt und damit in den unschuldigen Naturzustand zurückversetzt.

15 In: Heines Werke in fünf Bänden, 1. Bd. Gedichte, S. 150 **16** Ebenda, S. 153 **17** Ebenda, S. 193 **18** Nur eine unvertont gebliebene Strophe in Brünhildes Schlussgesang, Götterdämmerung, ist auf die Schopenhauer-Lektüre zurückzuführen. Reinhard, Harmut, Richard Wagner und Schopenhauer, in: R.-W.-Handbuch, hrsg. v. Ulrich Müller, Peter Wapnewski, Stuttgart, 1986, S. 101–113, S. 101 f, 109, Wapnewski, Peter, Der Ring des Nibelungen. Richard Wagners Weltendrama, Zürich, München, Taschenbuchausg. 2. Aufl. 2000, S. 22, 102, 315 f **19** Thomas Mann, Leiden und Größe Richard Wagners (1933), in: Im Schatten Wagners, Thomas Mann über Richard Wagner, Texte und Zeugnisse 1895–1955, ausgewäht v. Hans-Rudolf Vaget, Lizenzausg. F. a. M. 1999, S. 85–141, S. 114, 116, 119 **20** Aus: Thomas Mann, Schopenhauer (1938), in: Im Schatten Wagners, S. 176–177, S. 177

Wagners »Ring«: Ein bürgerliches Gesamtkunstwerk

Wagner griff neben der deutschen Überlieferung auf skandinavische Quellen zurück, die, zwar jünger als das Nibelungenlied, doch auf ältere Erzählschichten zurückgehen. Nicht das akribische Zusammensetzen der Bruchstücke des alten Mythos war sein Ziel, sondern die Übermittlung seiner Ansichten von der Schuldverstrickung menschlichen Lebens und dessen Sehnsucht nach Erlösung. Hinter Siegfried und seinem Aufbegehren gegen die alten Ordnungen steht der Revolutionsenthusiasmus Wagners, hinter Alberichs Besitz- und Machtgier die frühsozialistische Verdammung der Geldwirtschaft, in der Gestalt der Brünhilde scheint die Liebesphilosophie Feuerbachs durch und hinter Wotan verbirgt sich der gelassene Pessimismus Arthur Schopenhauers.

Zwar hatte Wagner den Text der Ring-Tetralogie bereits 1853 abgeschlossen, als er 1854 durch Georg Herwegh auf Schopenhauer aufmerksam wurde, in der Lektüre des Frankfurter Philosophen fand er jedoch die Weltsicht seines »Ringes« bestätigt. Inwieweit sich Schopenhauers philosophische Annahme vom blinden, verderblichen »Willen« als Substanz der Welt, dem es zu entsagen gelte, in seine Kompositionen eingeflossen sind, muss offen bleiben. Wagner selbst hat sein Schopenhauer-Erlebnis als existenzentscheidend angesehen und Wotans Resignation im zweiten Akt der Walküre als Ausdruck der auch von Schopenhauer gewonnenen Erkenntnisse interpretiert.[18]

Thomas Mann urteilt, die Bekanntschaft mit der Philosophie Schopenhauers sei das große Ereignis in Wagners Leben gewesen, habe ihm »höchsten Trost, tiefste Selbstbestätigung, geistige Erlösung« bedeutet und seiner Musik »den entferntesten Mut zu sich selbst« gegeben. Die Verwandtschaft Wagners mit Schopenhauer sieht er eigentlich nicht in der Absage an den »Willen«, sondern in der eindrucksvollen Artikulation dieses Willens, im Ausleben der zwei Seiten einer »Willens- und Triebnatur«, »in welcher freilich der Trieb zur Läuterung, Vergeistigung, Erkenntnis ebenso stark war wie der finster drängende Trieb«.

Schopenhauers Philosophie sei eine »welterotische Konzeption«, die explizit das Geschlecht als »den Brennpunkt des Willens« anspreche. Dagegen sei die Lehre von der Verneinung des Willens sekundär, »essentiell wenig entscheidend«.[19] An anderer Stelle heißt es von Wagner mit Bezug auf »Tristan und Isolde«, es werde darin »gleichsam die erotische Süßigkeit, die berauschende Essenz aus der Philosophie Schopenhauers gesogen, die Weisheit aber liegengelassen.«[20]

Die befreiende Wirkung, die die Lektüre Schopenhauers und mehr noch die mit Sinnlichkeit aufgeladenen Musikdramen Wagners auf die bürgerliche Öffentlichkeit ausübten, lag in der Möglichkeit, diese Triebhaftigkeit auszukosten und gleichzeitig im Bewusstsein des Nichtanderskönnens und im Drang nach Erlösung salviert zu sein. Der nationale

Anstrch, mit dem »Der Ring des Nibelungen« versehen wurde, tat ein übriges, das Schwelgen in Wagners Welten zu legitimieren. Unter nationalem Vorzeichen galt nun die Devise: »Du darfst«.

Wagners Werk war so auch ein »bürgerliches« Gesamtkunstwerk und führte die Widersprüche bürgerlicher Existenz zusammen. Es vereinte Sinnlichkeit mit Entsagung bzw. bürgerlichem Triebverzicht, das Ideal der Rückkehr zur einfachen Natur mit bourgeoisem Raffinement und Luxus. Thomas Mann meinte, der Atlas, in den Wagner sich kleidete, sei auf irgendeine Weise auch in seinem Werk enthalten.[21] Schließlich wurde der nationale Anspruch in Verbindung mit demokratischen Elementen erhoben, die in der Vorstellung des Volkes als Kunstschöpfer zum Ausdruck kamen. Dem Genuss der Wagnerschen Kunst hingegeben, konnte man dem Normenkorsett des bürgerlichen Alltags entfliehen. Auch in der bildenden Kunst, die Figuren und Szenen aus den Opern und Musikdramen darstellte, von Carl Emil Doepler, Ferdinand Leeke über Hans Makart, Hermann Prell, Gustav Eberlein bis zu Franz Stassen ist die erotische Komponente unübersehbar.

Allerdings sah sich Wagner in den Jahren vor und nach der Uraufführung des kompletten ›Rings‹ in Bayreuth 1876 häufig dem Vorwurf sittlicher Anstößigkeit ausgesetzt. Ein Doktor Häbeler kommentierte so 1873 folgenden Dialog Brünhildes und Siegfrieds recht eindeutig: »Göttliche Ruhe, rast mir in Wogen, keusches Licht lodert in Gluten« – »fürchtest Du Siegfried, fürchtest Du nicht das wild wütende Weib.« – Siegfried: »Ha! – Wie des Blutes Ströme sich zünden, kehrt mir zurück mein kühner Mut«... so redet dieser liebe Junge! Und wenn nicht der Vorhang schleunigst fiele, so würde, scheint es, Deine Muse dem Publikum Genüsse bieten, wie sie sich die Mongolen – Khane bisweilen verschafft haben sollen, wenn sie mit ihren halbtierischen Reiterschwärmen aus den Hochebenen Ostasiens in die Zivilisation des Westens einbrachen.[22]

Bayreuther Festspiele als Nationaldenkmal

Wagner gelang es, das Defizit an nationaler Symbolik im Kaiserreich für sich zu nutzen und seiner teilweise als sittlich anstößig empfundenen Kunst damit das Entrée in die bürgerliche Öffentlichkeit zu verschaffen. In den Jahren von Reichsgründung und -aufbau bestand ein weit verbreitetes Bedürfnis nach einer neuen nationalen Symbolik, welche die politische Neuschöpfung auch kulturell angemessen repräsentieren sollte. Die Reichsleitung hatte diesem Verlangen nur ungenügend zu entsprechen vermocht. Die Reichskleinodien des alten Heiligen Römischen Reiches blieben in den Händen Österreichs, ohne dass amtliche Berliner Stellen je einen nachdrücklichen, ja von vornherein aussichtslosen Versuch unternommen hätten, diese für das neue Reich zu gewinnen. Auch die von Bismarck vorgeschlagenen und für das deutsche Kaiserreich schließlich verbindlichen Hauptbestandteile nationaler Emblematik (Kaiserkrone Karls des Großen, Reichsadler mit Hohenzollernwappen) existierten nur auf Papier und Fahnentuch. Von einer faktischen Ausführung der Reichskrone, mit der ursprünglich Professor Carl Emil Doepler beauftragt war, der auch die Kostüme für die erste Bayreuther Ringaufführung 1876 entwarf, wurde später Abstand genommen.[23] Eine offizielle Nationalhymne besaß das Kaiserreich bis an sein Ende nicht. Auf diesem Felde konkurrierten seit 1871 Max Schneckenburgers »Die Wacht am Rhein« und das von der königlich preußischen zur Kaiserhymne avancierte »Heil Dir im Siegerkranz«.

21 Thomas Mann, Leiden und Größe Richard Wagners, S. 130   **22** Dr. Häbeler, Karl-Gotthelf, Freundesworte an den berühmten Tondichter Richard Wagner, Leizpig 1873, S. 53 ff   **23** Schieder, Theodor, Das deutsche Kaiserreich von 1871 als Nationalstaat, Köln-Obladen 1961, S. 56   **24** Michels, Robert, Der Patriotismus. Prolegomena zu seiner soziologischen Analyse, München, Leipzig 1929, S. 188 f   **25** Borchmeyer, Dieter, Das Theater Richard Wagners. Idee-Dichtung-Wirkung, Stuttgart 1982, S. 40, 52 f   **26** Sauer, Klaus, Werth, German, Lorbeer und Palme. Patriotismus in deutschen Festspielen, Nördlingen 1971, S. 9   **27** Vgl. hierzu Veltzke, Veit, Vom Patron zum Paladin. Wagnervereinigungen im Kaiserreich von der Reichsgründung bis zur Jahrhundertwende. Bochumer Historische Studien, Neuere Geschichte Nr. 5, Bochum 1987, S. 13, Anm. 11

In der großen Welle nationaler Erregung nach dem Sieg über Frankreich und der Begründung des neuen Deutschen Reiches bedienten sich auch Wagner und seine Anhänger der nationalen Formel zur Unterstützung ihres Kampfes um Anerkennung der neuen Kunstrichtung.

Im Gegensatz zum eher politisch definierten Nationalbewusstsein angelsächsischer Nationen und Frankreichs hatte sich im nationalzersplitterten Mittel- und Osteuropa, ohne Tradition und Möglichkeit eines ethnisch geschlossenen und umfassenden Staatswesens, ein vor allem kulturell aufgefülltes Nationalverständnis herausgebildet. Hier kam den jeweiligen musikalischen Kunstschöpfungen der Nation seit jeher ein besonderer Stellenwert zu, etwa der Musik Smetanas für die Tschechen, Chopins für die Polen, Puccinis und Verdis für die Italiener. Im Deutschland des frühen 19. Jahrhunderts versicherte sich das Bürgertum seiner nationalen Identität an Beethoven und mehr noch an Carl Maria von Weber, dessen romantische Oper vom »Freischützen« als spezifischer Ausdruck deutschen Geistes galt, und dessen Übertragungen Körnerscher Vaterlandslieder das Ausgreifen der patriotischen Männergesangsbewegung über ganz Deutschland stark förderten.

Robert Michels kam bei seiner Untersuchung des Zusammenspiels nationaler Bewegung mit musikalischer Rezeption zu dem Schluss: »Die musikalische Affermation ist … Vehiculum politisch bedrängter, unterdrückter oder zersplitterter Nationen zur Durchsetzung ihrer Einheit … Auch nach der Erreichung der mit ihrer Hilfe vollbrachten politischen Einheit verharrt die musikalische Leistung eines Volkes als expansiver Faktor weiter. Nicht nur Bismarck, auch Richard Wagner wurde im Deutschland der Nachsiebzigerjahre »als Zeichen der deutschen Macht über die Welt« empfunden«.[24]

Der Wirkungskreis der Wagnerschen Kunstkonzeption war umso größer als sie deutliche nationaldemokratische Akzente trug. Im Gegensatz zu vielen bisherigen Entwürfen eines Nationaltheaters kam dem Publikum nun, wenigstens theoretisch, eine entscheidende Teilhabe am Entstehen des Bühnenkunstwerks zu. Erst durch seine enge Verbundenheit mit Künstler und Spielgeschehen, seinem starken Miterleben wurde das Kunstwerk konstituiert.[25]

Wagner fixierte und führte hier Züge aus, die das Festspiel ansatzweise schon seit jeher besessen hatte. Zu einem konkreten festlichen, meist politischen Anlass erstellt, nahm es eben diesen Anlass zu Thema und wandte sich zur Legitimation an das jeweilige Publikum.[26] Wagner nahm ihm die Bindung an das aktuelle Ereignis und erhob es in den Rang eines Nationalfestspiels.

Aber Wagners Festspieltheorie steht nicht nur in der historischen Linie der Nationaltheaterinitiativen, sondern ebenso in dem Traditionsstrang der Bemühungen um ein deutschen Nationaldenkmal. Die Anhänger Wagners propagierten das Festspielhaus auf dem grünen Hügel häufig als nationales Denkmal, in dem die Aufführungen Wagnerscher Musikdramen künftig als nationales Fest begangen werden sollten.[27]

Die Verbindung von Wagnerfestspiel und Denkmalsidee ist enger als es auf den ersten Blick den Anschein hat. Schon E. M. Arndt dachte sich sein Völkerschlachtdenkmal bei Leipzig als Mittelpunkt regelmäßig stattfindender Nationalfeiern und Schinkels, von Friedrich Wilhelm IV. angeregter Entwurf eines deutschen Nationaldoms hatte die Bindung an ein Festpublikum architektonisch noch stärker berücksichtigt.[28]

Allerdings waren deren abstrakte, symbolhafte, nicht mehr figürliche Denkmalplanungen nur Entwürfe geblieben. Der Geschmack des Publikums favorisierte eher das traditionelle Figurendenkmal. Die beiden Monumente mit nationalem Anspruch, die in den ersten zwei Jahrzehnten des neuen Reiches entstanden, das Hermanns- und das Niederwalddenkmal, letzteres allgemein als **das** Nationaldenkmal des Kaiserreiches verstanden[29] hielten sich dann auch im Rahmen dieses vorgegebenen Formenkanons. Wagners Bayreuther Festspieltempel stellte somit das erste realisierte nichtfigürliche Nationaldenkmal im Bismarckreich dar, hinter dem sich eine neue Sicht der nationalen Dinge verbarg.

Nun wurde der Mythos zum Bedeutungsträger eines »abstrakten Volksgeistes«, der, ewig gleichbleibend, auch für die Nachfahren prägend oder zumindest verpflichtend sein sollte. Diese Mischung von Idee und Mythos sollte für die deutsche Denkmalkunst um 1900 konstitutiv werden und in der abstrakten Gigantomanie von Thiemes Leipziger Völkerschlachtdenkmal (1913) wie der Bismarcktürme von W. Kreis, der später die Entwürfe für Albert Speers »Totenburgen« lieferte,[30] ihren Ausdruck finden.

Richard Wagner ward zum ersten Exponenten dieser neuen nationalen Kultform und Idee im Kaiserreich, die aber nicht, wie mitunter zu lesen, der biederen Mittelstandsmoral entsprach, sondern in der Radikalität ihrer Ethik und ihrem Kulturpessimismus ihr geradezu als entgegengesetzt bewertet werden muss.[31] Gerade in ihrer Übernahme durch breite Kreise des Bürgertums in wilhelminischer Ära artikulierte sich das Krisengefühl und die Gebrochenheit der bürgerlichen Welt.

Hier bemächtigte sich ein abstrakter, nicht mehr an realen politischen Strukturen oder historischen Ereignissen (etwa der Reichsgründung) festgemachter Kulturnationalismus, der Idee eines deutschen Nationalmonumentes, der das Gesicht der Denkmalarchitektur im Kaiserreich entscheiden verändern sollte.

Zivilisationskritik und falscher Glorienschein des Reiches

So klaffte zwischen dem bürgerlichen Leben von Wagners Anhängern in Beruf und Alltag und dem Appell zur Umkehr in Wagners Weltanschauungsdrama ein Widerspruch, der Nietzsche bei der Uraufführung des »Ring« in Bayreuth 1876 nicht entgangen war. Friedrich und seine Schwester Elisabeth Nietzsche fühlten sich mehr als fremd auf dem Bayreuther »vanity fair«. Was sich hier versammelte, so urteilte sie, seien hauptsächlich Leute, die für zwölf Theaterplätze 900 Mark zu geben vermochten. Die wenigen »Idealisten«, zu denen sie sich und ihren Bruder zählte, seien in dieser unbedarften Menge völlig untergegangen.[32]

Ihr Bruder Friedrich legte in seiner Schrift »Richard Wagner in Bayreuth« (1876) Rechenschaft ab über die bürgerliche Normen und Konventionen sprengende Botschaft des »Ring« und fasste dessen Inhalt prägnant zusammen: »Im Ringe des Nibelungen« ist der tragische Held ein Gott, dessen Sinn nach Macht dürstet, und der, indem er alle Wege geht, sie zu gewinnen, sich durch Verträge bindet, seine Freiheit verliert und in den Fluch, welcher

28 Schrade, Hubert, Das deutsche Nationaldenkmal, München 1934, S. 60 f, 71 ff 29 Vgl. etwa Brok-khaus, Conversations-Lexikon, Bd. 12, 1885, S. 230 30 Speer, Albert, Spandauer Tagebücher, Frankfurt am Main 1975, S. 237 31 Vgl. Nipperdey, Thomas, Nationalidee und Nationaldenkmal in Deutschland im 19. Jahrhundert, in: HZ 206, 1968, S. 529–585, S. 579 32 Förster-Nietzsche, Elisabeth, Der junge Nietzsche, Leipzig 1912, S. 428 f 33 Friedrich Nietzsche, Unzeitgemäße Betrachtungen, 4. Stck.: Richard Wagner in Bayreuth, Leipzig 1930, S. 301–389, S. 387 ff

auf der Macht liegt, verflochten wird. Er erfährt seine Unfreiheit gerade darin, das er kein Mittel mehr hat, sich des goldenen Ringes, des Inbegriffs aller Erdenmacht und zugleich der höchsten Gefahren für ihn selbst, solange er in dem Besitze seiner Feinde ist, zu bemächtigen: Die Furcht vor dem Ende und der Dämmerung aller Götter überkommt ihn und ebenso die Verzweiflung darüber, diesem Ende nur entgegensehen, nicht entgegenwirken zu können. Er bedarf des freien, furchtlosen Menschen, welcher, ohne seinen Rat und Beistand, ja im Kampfe wider die göttliche Ordnung, von sich aus die dem Gotte versagte Tat vollbringt: er sieht ihn nicht, und gerade dann, wenn eine neue Hoffnung noch erwacht, muss er dem Zwange, der ihn bindet, gehorchen: durch seine Hand muss das Liebste vernichtet, das reinste Mitleiden mit seiner Not bestraft werden. Da ekelt ihn endlich vor der Macht, welche das Böse und die Unfreiheit im Schoße trägt, sein Wille bricht sich, er selber verlangt nach dem Ende, das ihm von ferne her droht und jetzt erst geschieht das früher Ersehnteste: Der freie furchtlose Mensch erscheint, er ist im Widerspruche gegen alles Herkommen entstanden; seine Erzeuger büßen es, dass ein Bund wider die Ordnung der Natur und Sitte sie verknüpfte: sie gehen zugrunde, aber Siegfried lebt. Im Anblicke seines herrlichen Werdens und Aufblühens weicht der Ekel aus der Seele Wotans, er geht dem Geschicke des Helden mit dem Auge der väterlichsten Liebe und Angst nach. Wie er das Schwert sich schmiedet, den Drachen tötet, den Ring gewinnt, dem listigsten Truge entgeht, Brünhilde erweckt, wie der Fluch, der auf dem Ringe ruht, auch ihn nicht verschont, ihm nahe und näher kommt, wie er, treu in Untreue, das Liebste aus der Liebe verwundend, von den Schatten und Nebeln der Schuld umhüllt wird, aber zuletzt lauter wie die Sonne heraustaucht und untergeht, den ganzen Himmel mit seinem Feuerglanze entzündend und die Welt vom Fluche reinigend – das alles schaut der Gott, dem der waltende Speer im Kampfe mit dem Freiesten zerbrochen ist und der seine Macht an ihn verloren hat, voller Wonne am eigenen Unterliegen voller Mitfreude und Mitleiden mit seinem Überwinder: Sein Auge liegt mit dem Leuchten einer schmerzlichen Seligkeit auf den letzten Vorgängen, er ist frei geworden in Liebe, frei von sich selbst …

Wo sind unter euch die Menschen, welche das Göttliche Wotans sich nach ihrem Leben zu deuten vermögen und welche selber immer größer werden, je mehr sie, wie er, zurücktreten? Wer von euch will auf Macht verzichten, wissend und erfahrend, dass die Macht böse ist? Wo sind die, welche wie Brünhilde aus Liebe ihr Wissen dahin geben und zuletzt doch ihrem Leben das allerhöchste Wissen entnehmen: »Trauernder Liebe, tiefstes Leid schloss die Augen mir auf«? Und die Freien, Furchtlosen, in unschuldiger Selbstigkeit aus sich Wachsenden und Blühenden, die Siegfriede unter euch?«[33]

Nietzsche schloss seine Betrachtungen, indem er den Menschen der Gegenwart das Recht absprach, den »Ring« als eine Art eigener Vorgeschichte zu betrachten, dies sei allenfalls einem fernen, gewandelten Volk der Zukunft möglich. Hier tat sich ein Graben auf zu den nationalen Aneignungen von Wagners »Der Ring des Nibelungen«, wie er für die Mehrheit seiner Anhänger und später die deutsche Öffentlichkeit kennzeichnend sein sollte. Hier galt der »Ring« als Ausdruck deutscher Art, als künstlerische Verklärung deutschen Reiches und deutscher Einheit, nicht als Aufforderung zu einschneidenden Veränderungen des privaten und öffentlichen Lebens. Ein typischer Vertreter dieses saturierten Reichsnationalismus ist Franz Merloff in seinem Buch »Richard Wagner und das Deutschtum«, dem Wagner sogar zum Urheber des militärischen Siegers über den »Erbfeind« wird:

»Wagners Verdienst hat uns aus charakterlosen Zuständen zu bewusster Selbstständigkeit zu echt deutscher Art wiedergeboren, indem er uns an der Hand einer dem innersten deutschen Fühlen entsprossenen gedankentiefen Musik in der deutschen Heldensage den Spiegel vorhielt, der uns zeigte, was wir einst waren! Und Richard Wagner war der Vorkämpfer, ich möchte sagen, der ein neues Zion verkündende Prophet des deutschen Einigungswerkes, das deutsche Waffen, in deutscher Treue und Einheit verbunden, späterhin besiegelten. Dafür sind wir ihm und seiner Muse zu ernstem Dank verpflichtet.«[34]

Wagner waren derartige Instrumentalisierungen des eigenen Werkes als Glorienschein für militärische Erfolge und eine Gesellschaft sozialer Ungleichheit zunehmend zuwider. In den Gesprächen mit Cosima erschien ihm die »Armee-Organisation« »wie lauter Barbarei und Cretinismus« (19.11.1879), das Sozialistengesetz als »kindisch und geistlos« (24.05.1878). Der Sozialistenbewegung gehöre die Zukunft, »umso mehr, als wir nichts wissen, um sie aufzuhalten, als törichte Repressionsmaßregeln« (31.05.1878).[35] In seinen Tagebuchaufzeichnungen (dem sog. »Braunen Buch«), sprach sich Wagner noch auf seine alten Tage gegen die »alten barbarischen Missstände – wie ungleichen Besitz« aus und selbst in veröffentlichter Form, in »Religion und Kunst« (1880), kam er der sozialistischen Bewegung mit einigem Verständnis entgegen, wenngleich »die Postulate der Sozialisten« »unklar und falsch berechnend« seien. Dem »Grollen des Arbeiters«, so hieß es hier, liege eine »Erkenntnis der tiefen Unsittlichkeit unserer Zivilisation« zugrunde. Die Dominanz Preußens im Reich, die »Öde des preußischen Staatsgedankens« (Brief an Ludwig II., 10.2.1877) verabscheute er. Friedrich der Große wurde ihm als Gründer der preußischen Monarchie zuwider, von welcher soviel Elend auf uns gekommen sei (C.W., Die TB., 5.07.1879)[36] und der antipreußische Föderalist Constantin Frantz durfte in Wagners Hausorgan, den Bayreuther Blättern 1878 einen Grundsatzbeitrag veröffentlichen, der die preußische Real- und Machtpolitik wegen der ihr fehlenden idealistischen Orientierung als »von Grund auf undeutsch« charakterisierte und ihr zuschrieb, »Deutschland zur Basis des europäischen Militarismus« gemacht zu haben.[37]

Trotz dieser tiefen Unzufriedenheit Wagners mit den Befindlichkeiten im neuen Reich, trotz des vom Bayreuther Meister und einem engeren Anhängerkreis auch öffentlich geäußerten Unmutes wurde »Der Ring des Nibelungen« im deutschen Kaiserreich allgemein als Ausdruck deutschen Wesens und als künstlerisches Pendant zur Reichseinheit begriffen. Deutschland war nun »Siegfriedland« (Schivelbusch) – um den Preis einer weitgehenden Ausblendung der im »Ring« enthaltenen grundlegenden Zivilisationskritik.

Wagner trennte sich von der ritterlich-höfischen Version des Nibelungenstoffes und popularisierte als erster die germanisch-skandinavische Mythenwelt, die im kaiserlichen Deutschland schließlich um 1900 ihren Höhepunkt erreichte.[38] Wagner habe, so Friedrich Lienhard, »in den Kunstformen der Musik mit untergelegten Worten, die nordische Welt hereingeholt, nachdem es in den Formen der Sprache nicht recht gelungen« sei.[39] Geschichte als bisheriges Medium der nationalen Selbstvergewisserung wird nun ersetzt durch den ungeschichtlichen Mythos, noch dazu durch einen Mythos des Untergangs. Auch die Bur-

34 Merloff, Franz, Richard Wagner und das Deutschtum, München 1873, S. 3 f **35** S. Wagner, Cosima, Die Tagebücher, Bd. 3 1878–1880, ed. u. komm. v. Martin Gregor-Dellin, Dietrich Mack, München, Zürich 2. Aufl. 1982 **36** Zit. nach Gregor-Dellin S. 770 ff **37** Frantz, Constantin, Offener Brief an Richard Wagner, in: Bayreuther Blätter, Juni 1878, S. 149–170, S. 150 ff, 159, 165 f **38** Zernack, Julia, Nordenschwärmerei und Germanenbegeisterung im Kaiserreich, in: Wahlverwandtschaften. Skandinavien und Deutschland 1800–1914, hrsg. v. Henningsen, Bernd, u.a. Ausstellungskatalog: Deutsches Historisches Museum, Berlin 1997, S. 71–78, S. 75 **39** Lienhard, Friedrich, Wege nach Weimar. Beiträge zur Erneuerung des Idealismus. 2. Band: Shakespeare-Homer, 3. Aufl. Stuttgart 1917, S. 26 **40** Schivelbusch, Die Kultur der Niederlage, S. 169, 201, 39

gunden des Nibelungenliedes erleiden am Hof Etzels ihr heroisches Ende, Siegfried wird durch die Heimtücke Hagens gefällt und die germanische Götterwelt Wagners versinkt wie im »Ragnarök« der Edda. Im musikalischen Finale und der abschließenden Regieanweisung Wagners (»Die drei Rheintöchter«, »lustig mit dem Ringe spielend«. »Aus den Trümmern der zusammengestürzten Halle sehen die Männer und Frauen, in höchster Ergriffenheit, dem wachsenden Feuerscheine am Himmel zu«) werden nur vage Konturen der Rückkehr in einen paradiesischen Naturzustand deutlich – ein wenig greifbarer finaler Akzent: nicht mehr!

Der Ring: Mythos für Niederlagen

Wagners Nibelungenmythos qualifiziert sich damit eigentlich zum Mythos der Niederlage, wie er nach 1870/71 im Frankreich der Republik mit Jean d'Arc, Roland und Vercingetorix populär wird. Die Helden des »Ring« zeigen wie Jean d'Arc und Roland »das Doppelgesicht von Triumph und Passion« und erleiden wie Vercingetorix und seine Gallier als Träger einer überlebten Ordnung eine notwendige Niederlage. Die »Verlierermythen« verlegen den ausgleichenden Waffengang »in eine messianische Zukunft« [40] die aber nur schemenhaft am Horizont auftauchen kann, die Entwicklung offen halten muss, um nicht widerlegt zu werden. Derartige Mythen vermögen jedoch nicht nur förmlichen politisch-militärischen Niederlagen wie der französischen von 1871 einen Sinn zu geben, sie sind ebenso in der Lage, nationale Frustrationen und Enttäuschungen überhaupt zu kompensieren.

Die Annahme von Wagners »Der Ring des Nibelungen«, der zwischen heroischem Pessimismus und vagem Optimismus einer neuen Welt schillert, als Nationalfestspiel ist so bereits ein Krisenphänomen. Der verspätete Nationalstaat, gewaltige Veränderungen des sozialen Gefüges durch Industrialisierung, Urbanisierung, Bevölkerungswachstum und -verschiebung, der Widerspruch zwischen der Konservierung monarchischer Entscheidungsbefugnisse sowie ostelbischer Adelsprivilegien und dem wachsenden Gewicht von Bürgertum und Arbeiterschaft, soziale Frage, Ausgrenzung der sozialdemokratischen Massenbewegung, Spannungen zwischen traditioneller Kultur- und Lebenswelt und Eintritt in die Moderne drückten dem Kaiserreich den Stempel eines »ruhelosen Reiches« (Michael Stürmer) auf.

Die Siegfrieddarstellungen in der Kunst des Wilhelminismus präsentieren nicht mehr den höfischen Rittersmann, sondern die nordische Variante des vorgeschichtlichen Kriegers und folgen hiermit der Wagnerschen Verarbeitung des Nibelungenstoffes.

Wilhelminische Mischungen

Historisch nicht gebundene Mythen sind offener als Leitfiguren der Geschichte und eignen sich für Mischungen. Der wilhelminische Eklektizismus erweist sich auch auf dem Feld der nationalen Symbolik als wirksam: Germania nimmt so immer mehr die Züge einer streitbaren Walküre an, mit heldisch-visionären Zügen, wie es an der Entwicklung vom eher biederen Germaniatyp des Niederwalddenkmals (J. Schilling 1871–1883) über die Bilder von Hermann Wislicenus (1874) und Friedrich-August Kaulbachs (1914) ablesbar ist. Hier ist ein unterschwellig heroisch-pessimistischer Grundzug spürbar, auch wenn die Hintergründigkeit und Radikalität der Wagnerschen Kultur- und Gesellschaftskritik von der wilhelminischen Kunst meist nicht mitrezipiert wird. Von Wagners Ring scheint als Untertönung – bei dem kardinalen Stellenwert von nordischen Siegfrieden und Reichwalküren – eine pessimistisch-tragische Komponente in die nationalen Leitbilder eingeflossen zu sein. Selbst in platten, vordergründig optimistisch gestimmten nationalen Bildwerken, wie in Eduard Daelens »Helgoland. Die Kaiserpfalz im Meere«, schlägt diese Stimmung mitunter durch.

Das Bild des »Nibelungenhortes« bleibt in der offiziell geförderten Kunst des Kaiserreiches als Synonym für Nationalreichtum und als Inbegriff der Herrschaftsinsignien des Reiches positiv besetzt, wie im Berliner Wagner-Denkmal Gustav Eberleins (1903) ablesbar, ohne seinen von Wagner eingeführten negativen Symbolwert als Ausdruck von Macht- und Besitzgier wiederzuspiegeln. Hierher gehört auch die »Rheingold«-Adaption im Kaiserreich, welche die utopische gesellschaftskritische Dimension Wagners verloren hat und folgerichtig nun zum Werbeträger einer Sektmarke mit nationalem Anspruch werden kann.

Mit der Nibelungenhalle in Königswinter, deren Architektur mit Symbolen und Figuren nordischer Mythologie extensiv bestückt ist, und, für die Aufnahme der Gemälde Hermann Hendrichs bestimmt, zum 100. Geburtstag Richard Wagners 1913 errichtet wurde, sollte der Versuch unternommen werden, Rheinmythos und Wagnermythos miteinander zu verbinden. In der eher heiter oder sentimental angelegten deutschen Sicht des Rheins konnte die düstere Welt germanischer Mythologie jedoch nie richtig heimisch werden und auch die weit verbreiteten Werke des völkischen Malers Hendrichs blieben unter den künstlerischen Rheininterpretationen eine Randerscheinung.

Auch die Gestalt des Reichspatrons: des Erzengels Michael, unterlag dem Wagnerschen Einfluss und nahm – neben Elementen der Georgsdarstellung – siegfriedhafte Züge an (vgl. die Bildnisse Hans Thomas, Fidus'). Die Offenheit des Mythos eignete sich auch für freie Umsetzungen, wie die Ausmalung des Thronsaales der deutschen Botschaft in Rom durch Hermann Prell nach Themen der Edda, die im Sinne eines jahreszeitlichen Naturmythos interpretiert wurden (1896–99). Hier war ein Gesamtkunstwerk beabsichtigt, das in der Nachfolge barocker Herrschaftsrepräsentation ein aufschlussreiches Beispiel wilhelminischer Hofkunst bietet. Für das Verhältnis Willhelm II. zur Kunst, auch der Richard Wagners, ist dieser Auftrag bezeichnend.

41 Bülow, Bernhard Fürst v., Denkwürdigkeiten, 4 Bde., Berlin 1931, Bd.1 S. 171 **42** Reden Kaiser Wilhelms II., zusammengestellt v. Axel Mathes, München 1976, S. 110f **43** Bülow, Bd. 2, S. 156f **44** 1898 vor versammelter Künstlerschaft und technischem Personal der Berliner Bühnen, Unser Kaiser, Fünfundzwanzig Jahre der Regierung Kaiser Wilhelm II., Berlin, Leipzig 1913 S. 330 **45** Deutsches Adelsblatt, Berlin, Nr. 11. 1888: Wie ist die Feindschaft gegen Christentum und soziales Königtum zu brechen, S. 164f, 167 **46** Zirkular zur Gründung eines National-Danks, v. Siegmund Benedict, Februar 1904, Nationalarchiv der Richard-Wagner-Stiftung Bayreuth, Seidl, Arthur, Parsifal-Schutz, in: Richard-Wagner-Jahrbuch, 5. Bd., 1913, S. 272–276 **47** Sporck an Wolzogen, 20.07.1903, Nationalarchiv der Richard-Wagner-Stiftung Bayreuth **48** Graf Georg von Hülsen war Generalintendant der Berliner Bühnen von 1903 bis 1918, Bülow, Bd. 1, S. 175 **49** Philipp Eulenburgs Politische Korrespondenz, 3 Bde., hrsg. v. John C.G. Röhl, Boppard 1976, Bd. 1, S. 9, 13, 19, 26 **50** Haller, Johannes, Aus dem Leben des Fürsten Philipp zu Eulenburg-Hertefeld, Berlin 1924, S. 29 **51** Chamier, J. Daniel, Ein Fabeltier unserer Zeit, Zürich, Leipzig, Wien 1937, S. 9f **52** Vgl. zu Kaiser Wilhelm II. als »Gralsritter«, Röhl, John C.G., Wilhelm II., Der Aufbau der Persönlichen Monarchie 1888–1900, München, 2001, S. 985f **53** Zit. nach Schivelbusch, S. 250

Wilhelm II: Oper und Politik

Hier, wie im gesamten Kunstinteresse des Kaisers, dominierte neben seinem Sinn fürs Dekorative die pragmatische Zielgerichtetheit auf die politische Anwendung. Ob er sich als Cäsar des deutschen Reiches von Legionären und Liktoren des Römischen Reiches huldigen ließ, so geschehen im festlichen Auftakt zur Restauration der Saalburg (1897) durch Schauspieler des Wiesbadener Hoftheaters[41] oder ob er in seiner Festrede zur Einweihung der Hohenzollerndenkmäler an der Siegesallee betonte, die Kunst solle auch den unteren Ständen die Möglichkeit geben, sich an Idealen wieder aufzurichten, und vom ungeheuren Respekt sprach, den die deutsche Bildhauerei im Ausland genieße[42]: Die deutsche Kunst hatte in den Augen ihres Schirmherrn dem Ansehen deutschen Geistes in der Welt, der Befriedung des Reiches und der Stärkung fürstlicher Prärogativen zu dienen. So verschenkte der Kaiser gerne Denkmäler im Dienste der Völkerverständigung (eine Fritjof-Figur an Norwegen, ein Denkmal Friedrichs des Großen an die Vereinigten Staaten, ein Goethe-Standbild nach Italien, eines von Wilhelm III. an England), ohne das hiermit irgendeine nachhaltige politische Wirkung erzielt worden wäre.[43]

Durch seinen Freund und Erzieher Eulenburg bestärkt, herrschte auch beim Kaiser größtes Zutrauen in das persönlichkeits- und gesinnungsbildende Vermögen von Kunst. Sein Hang zu theatralischen Effekten und posenhafter Selbstdarstellung, die Wilhelm ja auch in politische Geschäfte mit hereintrug (Rathenau spricht hier sogar vom »Wagnerschen Apparat« des Kaisers), war so neben persönlicher Anlage auch das Resultat der Überzeugung ganz besonderer Wirkungsmöglichkeiten der Kunst. Im Sinne dieses besitzergreifenden Kunstinteresses konnte der Kaiser bekennen: »Das Theater ist auch eine meiner Waffen.«[44]

Für Wilhelms Kunstauffassung und seine Beziehung zu Bayreuth besaß der langjährige Intimus des Kaisers, Philipp, Fürst zu Eulenburg-Hertefeld, entscheidende Bedeutung. Als preußischer Botschaftsangehöriger in München tätig, führte er ihn 1886 in Haus Wahnfried ein. Wilhelms Äußerung, Bayreuth müsse das »deutsche Olympia« werden[45], weckte dort große Hoffnungen. Hier musste man später einsehen, das man die rasch wechselnden Interessenlagen und die Fabulierlust des späteren Kaisers nicht hinreichend in Betracht gezogen hatte. Wilhelm erfüllte die in ihn gesetzten Bayreuther Erwartungen einer kaiserlichen Schirmherrschaft über die Bayreuther Spiele – auch aus diplomatischer Rücksichtnahme gegenüber Bayern – ebenso wenig wie bei seinem Engagement für ein Wagner-Denkmal in Berlin.

Das Denkmal Professor Gustav Eberleins im Tiergarten, welches der Kaiser durch den eigenhändigen Entwurf der Wolfram-Figur mitgestaltete, wurde von führenden Wagneranhängern mit Entrüstung aufgenommen, da es dem Missverständnis vom Meister als bloßem Opernkomponisten Vorschub leistete.[46] Der Münchner Wagnerianer Sporck sprach etwa von einem »Wagner-Schmink-Mal«, mit Anspielung auf die maßgebliche finanzielle Förderung des Berliner Kosmetikfabrikanten Leichner.[47] In späteren Jahren wandte sich der künstlerische Geschmack des Kaisers eher heiteren musikalischen Stoffen eines Auber, Lortzing und Meyerbeer zu als düster tragischen Wagneropern; ein Umstand, dem sein Intendant Graf Hülsen im Spielplan der königlichen Bühnen weiteste Konzessionen machte.[48]

Die Wirkungen Eulenburgs auf den Kaiser gingen weit über künstlerische Geschmacksfragen hinaus. Eulenburg nahm so größten Einfluss auf die Besetzung der höchsten Reichsämter nach Bismarcks Demission. Sein Ziel war die Stärkung der kaiserlichen Position in der Reichsregierung, die Etablierung eines »persönlichen Regimentes«[49], zu dessen besonderen Pflichten er den Kaiser erziehen wollte. Die Kunstschöpfungen des Fürsten, seine Rosen- und Skaldenlieder und ihr Vortrag gleichsam als Barde des Kaisers, verstärkten dessen Hang zur Sakralisierung seiner Herrschaftsrolle und führten Wilhelm an die skandinavisch-germanische Mythenwelt heran, der er Zeit seines Lebens treu bleiben sollte. Eulenburgs »Spiritualismus«[50] beeinflusste den Freund hin zur Geringschätzung faktischer Sachzwänge. Der Wirklichkeitsverlust Wilhelms (des »unicorn«, wie sein erster britischer Biograph ihn nannte),[51] in politischen- und »Kaisermanövern«, seine gelegentlichen diplomatischer Faux-Pas stehen so auch in Zusammenhang mit seinem Freundschaftsverhältnis zu Eulenburg. Politik wird im Medium der Kunst ideal überhöht und in Hell-Dunkel-Malerei konturiert.[52]

Walter Rathenau, mit seinen feinen Nerven für die Doppelbödigkeit der wilhelminischen Kultur, beschrieb diese Grundgestimmtheit, für die der Kaiser einmal mehr Exponent seiner Zeit war, folgendermaßen: »Es ist immer jemand da, Lohengrin, Walther, Siegfried, Wotan, der alles kann und alles schlägt, die leidende Tugend erlöst, das Laster züchtigt und allgemeines Heil bringt, und zwar in einer weit ausholenden Pose, mit Fanfarenklängen, Beleuchtungseffekt und Tableau. Ein Widerschein dieses Opernwesens zeigte sich in der Politik.‹[53] Der Genuss der Wagnerschen Musikdramen als Ersatzwelt neben dem bürgerlichen Alltag konnte diesen zwar nicht entscheidend verändern, wie Wagner erhoffte, aber unvermittelt nebeneinander bestanden diese verschiedenen Erfahrungsbereiche eben auch nicht und gingen mitunter enharmonische Verbindungen ein.

28 Julius Schnorr von Carolsfeld. **Hagen lässt den Leichnam Siegfrieds aus dem Walde heimbringen**
Federzeichnung, 34,7 x 22,3 cm. Staatliche Museen zu Berlin, Kupferstichkabinett

➤ Das Blatt nimmt in der Bildkomposition Motive der Grablegung und Kreuztragung aus der christlichen Kunst auf. Julius Schnorr von Carolsfeld, der zwischen 1831 und 1867 die Münchner Residenz
mit Szenen aus dem Nibelungenzyklus ausmalte und Buchausgaben des Nibelungenliedes illustrierte,
war in seiner Darstellung ganz einem romantisierenden christlichen Mittelalterbild verpflichtet.

Ernst Ewald. **Entwürfe zu den Nibelungenfresken in der Alten Nationalgalerie**
(Querhalle, 1. Ausstellungsgeschoss), ca. 1870–1876. Staatliche Museen zu Berlin, Kunstbibliothek

[29] **Hagen, den Nibelungenhort versenkend.** Graphit, Hintergrund blau aquarelliert, 11 x 18 cm.

[30] **Siegfried bezwingt Alberich und raubt ihm seine Schätze.** Graphit, Hintergrund blau aquarelliert,
11 x 18 cm.

[31] **Siegfried tötet den Drachen.** Feder in braun über Graphit, braun laviert, 21,8 x 30,5 cm.

32a Werbung Rüdigers für König Etzel um Kriemhild
Feder, Deckfarben, Bleistift 9 x 24,8 cm.

32b Gunther von Hagen gegen Siegfried gereizt
Feder, Deckfarben, Bleistift 9,2 x 10,2 cm.

32c Die drei burgundischen Königsbrüder
Feder, Deckfarben, Bleistift 11,1 x 11,1 cm.

32d Streit der Königinnen um den Gürtel
Feder, Deckfarben, Bleistift 9,2 x 9,9 cm.

32e Hagen mit den Donau-Nixen
Feder, Deckfarben, Bleistift 8,8 x 26,3 cm.

32f Hagen mit Volker Wacht haltend
Feder, Deckfarben, Bleistift, aquarelliert, 8,8 x 26,3 cm (mit Kartuschenfeldern).

➤ Ewald orientiert sich zwar am mittelalterlichen Nibelungenlied und führt in Stil und Staffage der Figuren die Linie der höfischen Wandmalereien eines Schnorr von Carolsfeld (München) und Carl Wilhelm Kolbes (Potsdam) fort. Im Rheintöchtermotiv (S. 31) mag man jedoch bereits Wagnerschen Einfluss erkennen.

33 Hans Thoma. Siegfried nach Erlegung des Drachens
Aquarell, 1889, 33,8 x 36,5 cm. Staatliche Museen zu Berlin, Kupferstichkabinett

➤ Thoma, der enge persönliche Kontakte zur Wagnerfamilie und dem Bayreuther Kreis unterhielt, wurde 1882 durch seinen Freund, den Frankfurter Arzt Otto Eiser in Haus Wahnfried eingeführt. Cosima Wagner übertrug ihm den Entwurf der Kostüme für die Bayreuther Ringaufführung 1896.
L *Vgl. Schüler, Winfried, Der Bayreuther Kreis von seiner Entstehung bis zum Ausgang der wilhelminischen Ära, München 1971, S. 166.*
Thoma hält den Augenblick fest, in dem Siegfried den Ruf des Waldvögeleins vernimmt: ein beliebtes Motiv, das die Naturnähe des Helden demonstriert (Vgl. Kat. Nr. 19). Die Darstellung folgt nicht mehr idealisierten Mittelalterbildern, sondern fasst die Gestalt Siegfrieds im Sinne der populären Rezeption germanischer Mythen auf.

34 Hans Thoma. **Wotan und Brünhilde**
Öl auf Leinwand, 1876, 74 x 61 cm. Städtische Galerie im Städelschen Kunstinstitut,
Frankfurt am Main

➤ Eines von 5 Gemälden zu Wagners Ring, die Thoma für seinen engen Freund, den
Frankfurter Arzt Otto Eiser, zwischen 1876 und 1880 anfertigte. Eiser publizierte auch
in den Bayreuther Blättern und darf zur engeren Wagnergemeinde gerechnet werden.
Thoma zeigt die vor Wotan kniende Brünhilde, die gegen den Befehl des Gottes den
Wälsung Siegmund (Siegfrieds Vater) geschützt hat und nun ihre Strafe empfängt: Ver-
stoß aus Walhall und Versenkung in tiefen Schlaf. Wotan erweist sich aber als gnädiger liebender Gott, der um die Walküre, auf ihre Bitte hin, einen schützenden Feuer-
wall zieht (die Walküre, III. Akt). Vorgriff auf die christliche Liebesreligion!
ʟ *Schüler, Der Bayreuther Kreis von seiner Entstehung bis zum Ausgang der wilhelminischen Ära. Wagnerkult und Kulturreform im Geiste völkischer Weltanschauung.
Münster 1971, S. 145, Schulte-Wülwer, Das Nibelungenlied in der deutschen Kunst ...,
S. 212.*

35 Franz Stassen. »**Geraten ist ihm der Ring**«
Lithographie aus: Franz Stassen, Der Ring des Nibelungen, 1. Das Rheingold, 24 Origi-
nal-Lithographien zu Richard Wagners Dichtung, Berlin 1914, Blatt Nr. 8, 80 x 60 cm.
Richard-Wagner-Museum Bayreuth

➤   Der aus dem Rheingold geschmiedete Ring verleiht Alberich unermessliche Macht,
der nun die Nibelungen (unterer Bildteil) für sich Fronarbeit leisten lässt.

[36] Michael Echter. **Brünhilde gibt den Rheintöchtern den Ring zurück**
Heliogravüre, D. Albert München, um 1870, 30 x 20,5 cm. Richard-Wagner-Museum
Bayreuth

➤   Michael Echter gestaltete im Auftrag Ludwigs II. den oberen Theatinergang der
Münchner Residenz mit 30 Fresken zur Ringdichtung Richard Wagners, in Abstimmung
mit dem Komponisten. Bezugspunkt der idealisch angelegten Gestalten ist nicht mehr
ein romantisiertes Mittelalter, sondern der Mythos.
Brünhilde gibt dem Rheinstrom den Ring zurück, die Rheintöchter ziehen Hagen in die
Tiefe. Die alte Welt von Macht und Besitzgier versinkt. Am Horizont kündigt die auf-
gehende Sonne die Heraufkunft eines neuen, auf Liebe gegründeten Lebens an.
L   *Schülte-Wülwer, Das Nibelungenlied in der deutschen Kunst … S. 293, Boehn, Max*
v., Die Nibelungen in der Kunst, in: Das Nibelungenlied, übertragen von Karl Simrock,
Richard-Wagner-Gedächtnis-Ausgabe, Berlin 1940, S. 3–138, S. 91

37 Hans Thoma. **Der deutsche Michel**
Farblithographie, 1901, 55 x 34 cm. Richard-Wagner-Museum Bayreuth

Mit Widmung Thomas:
»Vor böser Drachenneid und anderer Gefahren,
Mög' der Heil'ge Michael Haus Wahnfried stets bewahren!
Die schöne Heimstatt, die er hier gefunden,
Der deutsche Michel schütz sie nun zu allen Stunden,
Blank ist sein Schwert, gerecht ist seine Waage,
Er schütze, was ihm eigen hier durch alle deutschen Tage.«

➤ Das aus der christlichen Kunst bekannte Motiv des Heiligen Michael
als Seelenwäger wird hier im deutschnationalen Sinne und der Anwendung auf Bayreuth säkularisiert. Elemente der Siegfried (Schwert mit
Drachenmotiv) – und Walkürenikonographie (Helm) fließen in die Darstellung mit ein.

[38] Michael Echter. **Siegfried hetzt den Bären auf Mime**
Heliogravüre, um 1870, D. Albert München, 30 x 25,5 cm. Richard-Wagner-Museum Bayreuth

➤ Wagner hat keine seiner Ringfiguren als Personifikationen von
»Juden« autorisiert. Selbst in den sehr offenen, teilweise entlarvenden
Gesprächen mit Cosima, die diese in ihren Tagebüchern festhielt, tau-
chen keine derartigen Äußerungen auf. Trotzdem finden sich in Cha-
rakter und Verhalten der beiden Nibelungen Mime und Alberich, der
falschen Sprechweise Mimes (»Was Du doch falsch mich versteh'st!.
Stamml' ich und fas'le wohl gar?, Siegfried, 2. Aufzug, 3. Szene) und
der instinktgeleiteten Verachtung, die Siegfried Mime entgegenbringt
(»Seh' ich dir erst/Mit den Augen zu,/Zu übel erkenn' ich,/Was alles
du tust./Seh' ich dich stehn – Gangeln und gehen,/Knicken und nicken,/
Mit den Augen zwicken/Beim Genick möchte' ich/Den Nicker packen,/
Den Garaus geben/Dem garst'gen Zwicker«, Siegfried, 1. Aufzug) –
Ansatzpunkte einer antisemitischen Interpretation, die von Zeitgenossen teilweise auch vollzogen, bzw. aufgegriffen wurde. (vgl. Die Parodie von Paul Gisbert, Der Ring, der nie gelungen: Alberich und Mime
als jüdische Geschäftsleute, Kat. Nr. 81)
ʟ *Danuser, Hermann, Universalität oder Partikularität? Zur Frage antisemitischer Charakterzeichnung in Wagners Werk, in: Richard Wagner
und die Juden, hrsg. v. Dieter Borchmeyer, Ami Maayani, Susanne Vill,
Stuttgart, Weimar 2000, S. 79–100, Weiner, Marc, A., Antisemitische
Fantasien. Die Musikdramen Richard Wagners (deutsche Ausgabe), Berlin 2000.*

39   Rudolf Maison. **Wotan**
Bronze, um 1890, Höhe 47 cm. Hessische Hausstiftung, Kronberg, Schlossmuseum Darmstadt

➤   Maisons Skulptur verkörpert nicht den selbstbewussten Weltenherrscher, sondern den resignierenden, Schuld und Verhängnis erkennenden und sein Ende bejahenden Wotan der »Götterdämmerung«.

[40] Franz Stassen. **Walhall**
Lithographie aus: Das Rheingold, Blatt Nr. 9, 80 x 60 cm.

➤   Die gewaltige Burg, Symbol göttlicher Macht und Stärke ist auf Unrecht gegründet. Als Lohn für den Bau der Götterfeste hat Wotan den Riesen die Göttin Freya versprochen, die er später durch den Hort und den Fluch bringenden Ring austauscht, nachdem er diese Alberich gewaltsam genommen hat.

[41] Ludwig Habich. **Siegfried**
Bronze auf Marmorsockel, um 1905, Statue: ca. 61,5 cm, Gesamthöhe: ca. 185 cm. Sockelwidmung: Zum 2. Februar. Aus der Nibelungenstadt. Frhr. Heyl zu Herrnsheim und Ehefrau. Hessische Hausstiftung Kronberg, Schlossmuseum Darmstadt

➤   Die Siegfriedgestalt, stehend auf dem Körper des getöteten Drachen, nimmt apokalyptisch-christliche Bezüge auf. Das bronzezeitlich konnotierte Schwert verweist auf die skandinavisch-germanische Mythologie, das Vögelein auf die entsprechende Szene in Wagners Ring (siehe Kat. Nr. 19, 33) und den neuen mit der Natur im Einklang befindlichen ganzheitlichen Menschen.

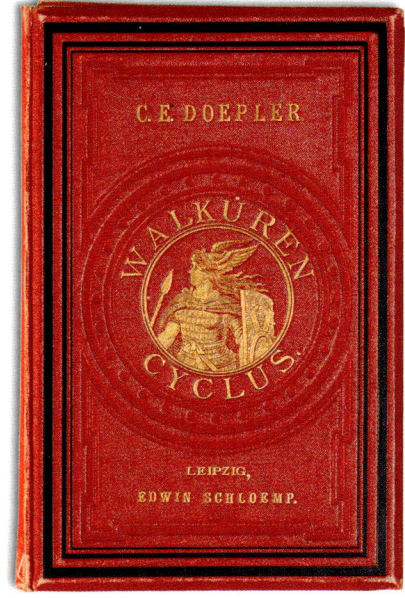

43   Carl Emil Doepler. **Walküren-Cyclus**
     Leipzig/Edwin Schloemp, o.J., 10 Walkürenlichtdrucke, 17 x 11,2 cm.

[44] Theodor Pixis. **Richard-Wagner- Galerie**
     Verlag von Hanfstängl's Nachfolger, Berlin 1877, 17 x 11,2 cm

a   I. Theil, Nr. 13, Theodor Pixis, **Raub des Rheingoldes**
     Foto v. J. Albert, deponiert 1877.

b   I. Theil, Nr. 8, Theodor Pixis, **Wotans Abschied von Brünhilde**
     Foto v. J. Albert, 1877.

c   II. Theil, Nr. 7, Theodor Pixis, **Brünhilde**
     Foto v. J. Albert, deponiert 1877

d   II. Theil, Nr. 8, Theodor Pixis, **Brünhilde entdeckt Sigmund
     und Sieglinde**
     Foto v. J. B. Obernetter, deponiert 1877

42   M. H. **Der Heilige Michael als Reichspatron**
     Bronze mit Halbedelstein, undatiert, Höhe 84,5 cm. Stichting Huis Doorn

➤   Der Heilige Michael in defensiver Haltung, ruhende Kraft zum Ausdruck bringend.
Nimbus und Diadem sind Bestandteile der Michaelsdarstellung in der sakralen Kunst
des Mittelalters. Reichsapfel und Kaiserkrone in der Linken stellen einen Bezug zum
Heiligen Römischen Reich, dessen Patron der Erzengel war, sowie zum neudeutschen
Kaiserreich her, das die ottonische Kaiserkrone als Symbol verwandte. Wilhelm II., aus
dessen Besitz diese Figur stammt, dürfte in dieser Plastik des Jugendstils Anknüp-
fungspunkte zu den von ihm geförderten Sakralisierungstendenzen monarchischer Herrschaft gesehen haben.

45 Unbekannter Künstler. **Walküre**
Gips, um 1880, 90 cm. Richard-Wagner-
Museum Eisenach

46 Friedrich-August von Kaulbach. **Deutschland – August 1914**
Öl auf Leinwand, 192 x 147 cm. Berlin, Deutsches Historisches Museum

➤ Kaulbachs Germania, bei Kriegsausbruch 1914 angefertigt, präsentiert sich in kriegerischer abwehr-
bereiter Verteidigungsposition und veranschaulicht die deutsche Version zum Kriegsausbruch: das von
Feinden angegriffene, am Kriege schuldlose Deutsche Reich. Ihre kämpferische Haltung mit gezück-
tem Schwert ruft unwillkürlich Assoziationen an die wehrhaften Schlachtenjungfrauen der germanischen Mythologie, die Walküren, wach. Der kriegerische Zorn der Heroine, die vereinzelte Position der
auf Posten stehenden Germania, Farbgebung- und Feuersbrunst im Bildhintergund geben dem Bild
eine gewisse düstere Heroik.

[47] Carl Emil Doepler. **Wotan**
Kol. Lithographie, 45,8 x 34,6 cm. Aus: Richard Wagner. Der Ring der Nibelungen. Figuren erfunden
und gezeichnet von C. E. Doepler, hrsg. v. d. Berliner Kunstdruck- und Verlagsanstalt

Zeichnung von F. Jüttner.

(KORFU–BERGEN.) **WILHELM DER GRIECHE** und **WILHELM DER WIKINGER**
begegnen einander auf der Durchreise in Berlin.

48 F. Jüttner. **Wilhelm der Grieche und Wilhelm der Wikinger begegnen einander auf der Durchreise in Berlin**
(Korfu-Bergen) Farbdruck in: Lustige Blätter Nr. 24, 28. Jahrgang 1913, S. 7. Preußen-Museum Nordrhein-Westfalen

➤ Die Karikatur nimmt die Reiselust Wilhelm II., seinen Hang zum Dekorativen, histo-rischen Eklektizismus und rasch wechselnde Interessen des Kaisers kritisch in den Blick. Wilhelms Erklärung, noch in seiner Prinzenzeit, nach den Festspielen 1886: Bayreuth müsse das deutsche Olympia werden, hatte dort große Hoffnungen geweckt, die sich aber nach seinem Regierungsantritt 1888 nicht erfüllten. Mit Rücksicht auf Bayern war Wilhelm II. nicht bereit das ihm von Cosima angetragene Protektorat über die Festspiele zu übernehmen. Anfang der 1890er Jahre übernahm dann Prinzregent Luitpold die Schirmherrschaft über die Bayreuther Spiele.

L *Veltzke, Vom Patron zum Paladin, S. 375, 383*

[49] Philipp Graf zu Eulenburg. **Skaldengesänge**
Dichtungen mit Illustrationen v. Otto Seitz, Braunschweig 1892. Preußen-Museum Nordrhein-Westfalen

➤ Eulenburg, Intimus und Protegé des Kaisers führte ihn, noch in seiner Prinzenzeit in die Kunstwelt Wagners und 1886 in Haus Wahnfried ein. Eulenburg Skaldenlieder beeindruckten Wilhelm stark. Hier liegt der Anfang von Wilhelms Nordlandbegeiste-rung, die ihn später regelmäßig mit seinen Yachten zu den norwegischen Fjorden füh-ren sollte (Nordlandfahrten).

50 **Ansicht des Wagner-Denkmals in Berlin.** Postkarte um 1910. Privatbesitz

51 **Wolframfigur des Berliner Wagner-Denkmals.**
Postkarte um 1910. Privatbesitz: Prof. Rolf Grimm, Hemmingen

➤ Am 1.10.1903 wird das Richard-Wagner-Denkmal Gustav Eberleins im Berliner Tiergarten enthüllt. Vorangegangen war die Festlegung des Standortes durch Wilhelm II.
und ein von der Berliner Stadtverordnetenversammlung ausgeschriebener Wettbewerb,
dessen 1. Preis auf den Entwurf Eberleins fiel. Finanziert wurde das Projekt durch Samm-
lungen zu denen der Berliner Kosmetikfabrikant Ludwig Leichner (1835/36–1912) maß-
geblich beigetragen hatte. Wilhelm II. bereicherte die Denkmalgruppe durch den Entwurf der Wolfram-Figur an der Vorderfront des Sockels, die er mit groben Strichen auf
einer Vorskizze Eberleins eintrug. Unter führenden Wagnerianern fand das Berliner
Monument wenig Gnade, da es das Missverständnis des Bayreuther Meisters als bloßem Opernkomponisten fördere.

ʟ *Grimm, Rolf, Werkverzeichnis des Bildhauers, Malers und Dichters Professor Gustav*
H. Eberleins, Hemmingen, 1983, S. 223
Paetzold, Gabriele, Gustav Eberlein (1847–1926). Leben und Werk eines Bildhauers im
wilhelminischen Berlin unter besonderer Berücksichtigung seines öffentlichen Schaffens.
Inaug.-Diss., Hannover 1995, S. 110 ff
Veltzke, Vom Patron zum Paladin, S. 383

52 Eduard Daelen. **Helgoland. Die Kaiserpfalz im Meere**
Öl auf Leinwand, 1890 o. später, 77 x 56 cm. Preußen-Museum Nordrhein Westfalen

➤   Daelens Bild könnte im Anschluss an den Helgoland-Sansibar-Vertrag zwischen
Deutschland und Großbritannien (1890) entstanden sein, der die Nordseeinsel zum
Reichsgebiet erklärte (seit 1892: preußisch). Die wütende englische Dogge kläfft vergeb-
lich den souverän auf dem Helgoländer Felsen ruhenden Garde-du-Corps-Helm an:
Symbol deutscher Kaiserlichkeit! Mit den unterlegten weißen Handschuhen und dem
gleichfalls weißen Paradeadler, der eigentlich silbrig sein müsste, entsteht ein Bild schwa-
nenritterhafter Reinheit und Eleganz.
Im Hintergrund zieht das Dampfschiff »Deutschlands Zukunft«, mit schwarz-weiß-roter
Reichsflagge am Bug, ungehindert seiner Wege. Die schwarze Tönung von Schiffsrumpf
und Deckaufbauten steht allerdings in merkwürdigem Kontrast zur Demonstration deutscher Überlegenheit und Stärke.

[53] Gustav Eberlein. **Walküre führt den erschlagenen Helden nach Walhalla**
Gips, Höhe 90 cm. Städtisches Museum Hannoversch Münden

➤   Die engelsgleiche Figur hat tatsächlich nichts Walkürenhaftes an sich. Die Namens-
gebung ist ein Beispiel für die Beliebigkeit mit der in wilhelminischer Ära kulturge-
schichtliche Bezüge aufgenommen und vermischt wurden.

54 **Gedenkblatt zum Ende des Sozialistengesetzes 1890**
Fotoreproduktion, 68 x 53 cm. Original: Museum der Stadt Rüsselsheim

➤ In der Bildmitte liegt das Sozialistengesetz als Drache besiegt am Boden. Über ihm triumphiert die Arbeiterbewegung in Gestalt Siegfrieds mit geflügeltem Helm, dessen Schwert die Losungen der französischen Revolution »Freiheit, Gleichheit, Brüderlichkeit«, und dessen Schild die Aufschrift: »Die Arbeit ist die Quelle allen Reichtums und aller Cultur« trägt. Über der Figur: Portraits sozialistischer Gründungsväter, in der Mitte Lassalle und Marx. Daneben Szenen vom Abschied ausgewiesener Sozialdemokraten und deren triumphaler Heimkehr nach Beendigung des Sozialistengesetzes. Bildunterschrift: »Der Sieg ist unser, trotz alledem!«.

Das sozialdemokratische Gedenkblatt ist ein deutlicher Beleg für die Popularität des Siegfriedstoffes bis in die Arbeiterbewegung hinein.

[55] Max Unger. **Fritjof-Figur**
Bronze, 1913, Höhe 73 cm. Aktien-Gesellschaft Gladenbeck Berlin-Friedrichshagen, Stichting Huis Doorn

➤ Wilhelm II. schenkte das Denkmal, von dem die Statuette Ungers eine verkleinerte Replik darstellt, dem Königreich Norwegen. Admiral von Müller, regelmäßiger Begleiter auf den Nordlandfahrten des Kaisers, berichtet über die Einweihung des Denkmals 1913, dass der König von Norwegen eigens mit einem Geschwader gekommen sei. »Es gab Salut und Diners und lange Reden, vom Kaiser eine freigesprochene, in der Frithjof als Repräsentant indogermanischer Männlichkeit erklärt wurde ... So begeistert war der Kaiser hinterher von seiner Rede, dass er ... sagte: »Wer weiß, ob nicht meine Rede einen Wendepunkt in der Geschichte bedeutet?«

ʟ *Der letzte Kaiser. Wilhelm II. im Exil, hrsg. v. Hans Wilderotter, Klaus-D. Pohl, Deutsches Historisches Museum, Berlin, 1991, S. 319*

56 **Stickbild der Arbeiterbewegung**
Stoff mit Wachsbild, Holzrahmen, um 1890, 48,5 x 38,5 cm. Preußen-Museum Nord-rhein-Westfalen

➤ Auf hellem Untergrund rote Textstickerei: »Nur der verdient die Freiheit und das Leben, der täglich sie erobern muss.« Daneben eine weibliche Allegorie der Revolution mit Jakobinermütze und roter Fahne, in der linken ein Schwert; zu ihren Füssen ein getöteter Drache zwischen prall gefüllten Geldsäcken. Das Bild vereinigt revolutionäre Symbolik mit Elementen der St. Georgs-Legende und des Siegfriedmotivs. Das Bild des Drachen als Synonym für Kapitalismus und Ausbeutung findet sich schon in Wagners »Der Ring des Nibelungen«.

57　Hermann Prell. **Heldenberufung**
Öl auf Leinwand, November 1904, 157 x 233 cm. Stadtmuseum Dresden

➤　Das Gemälde, das Hermann Prell in privatem Auftrag malte, stellt eine Variante seines Monumentalwandbildes »Frühling« für den Thronsaal der Deutschen Botschaft in Rom im Palazzo Cafarelli dar. Im Unterschied zu der Ausführung im deutschen Botschaftsgebäude ist jetzt der Mythos stärker ins Germanische übersetzt. Der jugendliche Held im Vordergrund trägt nun germanisch-bronzezeitliche Waffen wie das Antennenschwert an seiner Seite. Der Mythos erhält jedoch bereits eine moderne Brechung durch die abschnallbaren Flügel der Schwanenjungfrauen!

Hermann Prell, der von 1893 bis 1914 als Professor für Geschichtsmalerei an der Dresdner Kunstakademie lehrte, erhielt 1894 den Auftrag von Kaiser Wilhelm II. zur Ausmalung des Thronsaals der deutschen Botschaft in Rom, den er von 1896 bis 1899 ausführte. Unter seiner künstlerischen Oberleitung und der Mitarbeit des Architekten Alfred Messel, des Bildhauers Christian Behrens, des Malers Max Seeligers war ein Gesamtkunstwerk intendiert. Sämtliche Elemente der Raumkomposition bildeten eine monumental-festliche Einheit, die Größe und Erhabenheit von Kaiser und Reich zum Ausdruck bringen sollten. Wilhelm II. hatte mit seinem Auftrag, einen Fries nach deutschen Märchen und Sagen auszuführen, die Richtung vorgegeben. Prell wandelte mit Zustimmung des Kaisers diese Zielvorgaben eigenständig ab, indem er Themen der skandinavischen Edda wählte, die er im Sinne eines jahreszeitlichen Naturmythos auffasste und versuchte von hier aus stilistisch die Brücke zur italienischen Renaissance zu schlagen. Das Programm umfasste Allegorien von Frühling, Sommer und Winter sowie eine Germania-Gruppe. Prell war Perfektionist, der in einer Vielzahl von Modellstudien das Gesamtwerk präzise vorbereitete. Die Gemälde füllten die Wandpartien ab einer Höhe von 3,65 m bis zur Deckenhöhe von 8,75 m. In die Wand mit Winterallegorie wurde eine Musikloggia eingebrochen, um das Konzert der Künste im Gesamtkunstwerk um das Element der Musik anreichern zu können.

Das Projekt entsprach der neobarocken Herrschaftsauffassung Wilhelms II. Kennzeichnend für den Eklektizismus des Kaiserreiches ist die Verbindung von nordischem Mythenstoff und gestalterischen Elementen der Renaissance und des Barock. Nach dem Ersten Weltkrieg wurde der Palazzo Cafarello enteignet, die Prellschen Wandgemälde abgelöst und in das Auswärtige Amt verbracht, wo sie seit Kriegsende 1945 verschollen sind.

58 Hermann Prell. **Modellstudie für das Wandgemälde »Sommer«**
(Winterriese und Grid), 1898
Kohle, Weißhöhung, 49,3 x 56,5 cm. Stadtmuseum Dresden

59 Hermann Prell. **Sommer**
Farbskizze, Gouache auf Tonpapier, 1895, 48,2 x 83 cm. Stadtmuseum Dresden

➤ Das dramatische Kampfgeschehen mit dem reitenden Sonnengott in der Mitte,
umstrahlt von der Aura gleißenden Sonnenlichts, soll an die großen Gesten des Barock
anknüpfen. Die Anordnung des reitenden Sonnengottes über dem kaiserlichen Thron
der Botschaft ist eine bewusste Akzentsetzung, die Herrschaftsrepräsentation auf
barocke Weise betreibt.

60 Hermann Prell. **Germania-Gruppe**
Palazzo Cafarelli, 1898, Foto. Stadtmuseum Dresden

➤ Die begrenzenden Säulen sind eine Zutat des Photographen, der durch
diese Bildkomposition den majestätischen Eindruck der Gruppe verstärken
wollte. Germania thront mit ihren beiden Begleitfiguren, Sonnengott und
Erdgöttin, gegenüber dem kaiserlichen Thron, so den Zusammenhang
von Kaiser und Reich demonstrierend. In majestätischer Ruhe, das Reich-
schwert auf den Knien, präsentiert Germania sich antik-statuenhaft.

61 Hermann Prell.
Studie zur Begleitfigur: Sonnengott der Germania-Gruppe im Palazzo Cafarelli
Kreide, Deckweiß auf Tonpapier, 1898, 60 x 52,5 cm. Stadtmuseum Dresden

➤ Die Figur wirkt mit der in Spanien entwickelten Helmvariante des Morion eher wie ein Condottieri des 16./17. Jahrhunderts als ein germanischer Sonnengott. Beispiel für die durchaus freie Verarbeitung des nordischen Mythenstoffes durch Hermann Prell.

L *Fischer, Hartwig, Ein Wilhelminisches Gesamtkunstwerk auf dem Kapitol. Hermann Prell und die Einrichtung des Thronsaals in der Deutschen Botschaft zu Rom 1894–1899, Inaug.-Diss., Bonn 1998, S. 48 ff*
Wünsch, Christel, Leben und Werk des Malers und Bildhauers Hermann Prell (1854–1922) unter besonderer Berücksichtigung seines Wirkens in Dresden, Diss.-Masch. Dresden 1994, S. 89 f

Rheinmythen

62 Peter Cornelius. **Hagen versenkt den Nibelungenhort**
Öl auf Leinwand, 1859, 80 x 100 cm. Staatliche Museen zu Berlin, Nationalgalerie

➤ Dem Gemälde liegt eine Tuschzeichnung zugrunde, die Cornelius 1855 für das Rheinland-Album, ein Geschenk der Rheinprovinz zur Silbernen Hochzeit Wilhelms, Prinz
von Preußen (des späteren Wilhelm I.), anfertigte. Im Auftrage des Bankiers J. H. Wage-
ner führte Cornelius die Zeichnung dann 1859 als Ölbild aus.
Wilhelm, als Militärgouverneur für Rheinland und Westfalen in Koblenz residierend,
genoss als Träger liberaler und nationaler Hoffnungen dort einige Popularität. Cornelius schrieb zu diesem Bildmotiv: »Unter dem Nibelungenhort denke ich mir das Sinnbild aller deutschen Macht, Glück und Herrlichkeit, welches alles im Rhein versenkt
liegt und mit ihm dem Vaterland erhalten (bleibt) oder verloren geht.« Der Hort ist
positiv besetzt und steht für Reichtum und Stärke der deutschen Nation, ihre grandio-
sen zukünftigen Möglichkeiten – und all dies geknüpft an die Entwicklung am Rhein!
Links im Bild: Vater Rhein und Loreley.
ʟ *Nationalgalerie Berlin. Katalog der ausgestellten Werke, hrsg. v. Angelika Wesen-
berg und Eve Förschl, Berlin 2001, S. 100 f*
*Volmari, Beate, Am Rhein, Am Rhein, Am Deutschen Rhein, in: Die Nibelungen,
S. 162–165, S. 164*

63   Moritz von Schwind. **Vater Rhein**
      Öl auf Leinwand, 1848, 220 x 456 cm. Museum Narodowe, Poznan

➤   Schwind fasste die Idee zu diesem Bild in der Rheinkrise 1840 als Reaktion gegenüber französischen Ansprüchen auf die linke Rheinseite. Vater Rhein, mit den Worten Schwinds, »die Fidel Volkers spielend und Rheinsagen singend«, wird dagegen ganz in deutscher Kultur und Geschichte ruhend, vorgestellt. Angeregt durch den musizierenden Flussgott, bringen Nixen und Flusszwerge den Nibelungenhort an das Licht des Tages und veranschaulichen damit die Idee der nationalen Kulturpflege als Voraussetzung auch den nationalen Wohlstandes.

Linksseitig: Allegorien der Rheinnebenflüsse: Die Ill mit Straßburger Münster, die Dreisam mit Freiburger Münster und die Murch umarmend, die Wiese mit einem Hebbelschen Gedichtband unter dem Arm, die Schutter, der hintere Rhein mit Hirtenstab und Schweizer Wappen, die Oos mit der Trinkhalle von Baden-Baden, der das Gemälde ursprünglich zugedacht war. Rechts im Vordergrund: der Wolfsbrunnen mit Forelle und Heidelberger Fass, wo Siegfried erschlagen worden sein soll, darüber der Neckar mit Pfälzer und Württemberger Wappen, von Schwind als Verweis auf die Universitäten Heidelberg und Tübingen gemeint, schließlich, vom Neckar umarmt, der Main mit der darüber befindlichen Gruppe von Mosel, Nahe, Sieg mit dem unvollendeten Kölner Dom.

Nach rechts unten schließen Lahn und Donau-Main-Kanal mit der Kehlheimer Befreiungshalle das Bild ab. Dieser führt einen Orientalen an der Hand, um die Verbindung mit dem Schwarzen Meer zu betonen.

Am Ufer präsentieren sich weibliche Symbolfiguren der Städte Speyer und Worms mit ihren Dombauten sowie der Stadt und Bundesfestung Mainz: in Harnisch und mit preußischer und österreichischer Fahne als »Sinnbild des deutschen Bundes«.

Schwind hatte das Bild, je nach den wechselnden politischen Konstellationen umgemalt, anfangs mit österreichischer und preußischer Fahne versehen, die vorübergehend noch 1848 durch die demokratischen Farben Schwarz-Rot-Gold ersetzt wurden, um danach wieder in die Bildkomposition aufgenommen zu werden. Eine spätere Variante »Vater Rhein spielt die Fidel Volkers« (1865) lässt mit dem Nibelungenhort auch einen goldenen Topfhelm mit Königskrone und schwarzem Adler als Helmschmuck aus dem Strom auftauchen: Eine Anspielung auf das Königreich Preußen, bzw. die Hohenzollerndynastie, deren Macht so augenscheinlich auf das Rheinland gegründet ist.

ʟ   *Schulte-Wülwer, Das Nibelungenlied in der deutschen Kunst …, S. 181 f*
     Marianne und Germania 1789–1889. Frankreich und Deutschland. Zwei Welten – Eine Revue, hrsg. v.
     Marie-Louise v. Plessen, Berliner Festspiele GmbH, Berlin 1996, S. 55 f

64 **»Rheingold«. Wagner-Denkmal-Berlin**
Postkarte um 1910. Original: Privatbesitz, Prof. Rolf Grimm, Hemmingen (Fotoreproduktion)

> Vergebens streckt die Rheintochter den Arm nach Alberich aus und
fasst ihn in den Bart. Der Nibelung hält den Hort mit der mittelalterlichen Reichskrone umklammert.
Eberlein folgt in dieser Figurengruppe seines Wagner-Denkmals (s. Kat.
Nr. 50, 51) der verbreiteten Auffassung vom Nibelungenhort als Symbol deutscher Macht und Einigkeit.

[65] Johannes Schilling. **Das Nationaldenkmal auf dem Niederwald**
Holzstich, um 1890, 30 x 21 cm. Preußen-Museum Nordrhein-Westfalen (Fotoreproduktion)

> Zur Einweihung des Niederwalddenkmals hieß es 1883 in einem Fest-
gedicht:
»Das echte Rheingold, das ich barg im Dunkeln,
soll nun im Glanz des jungen Tages funkeln.
Herauf! Herauf! Was ihr solang erstrebt,
Heil Euch, Ihr Glücklichen, Ihr habt's erlebt!
Ihr habt gehoben ihn, ihr habt befreit
den Nibelungenhort der deutschen Einigkeit.
ʟ *Schülte-Wülwer, Das Nibelungenlied in der deutschen Kunst ... ,
S. 187*

67 Fritz von Uhde. **Rheintöchter**
Öl auf Leinwand, 1875, 260 x 210 cm. Curt-Elschner-Stiftung, Thüringer Museum

➤ Uhde hebt sich von den sonst üblichen Darstellungen der Rheintöchter als nackte oder sparsam bekleidete nixenartige Gestalten ab und präsentiert sie als Damen seiner Zeit, die in Samt und Seide schwelgen, umgeben von einer orientalisch anmutenden Gartenlandschaft, und das Werben Alberich hochmütig missachten. Die Alberich nachlässig zugeworfene Rose deutet das Spiel an, das sie mit ihm treiben. Die Frau als »femme fatale«.

66 Rudolf Maison. **Siegfried**
Bronze, 1897, Höhe 48 cm. Hessische Hausstiftung Kronberg, Schlossmuseum Darmstadt

➤ Der Siegfried Maisons als fiktiver germanischer Krieger dargestellt, war Teil seines Entwurfes »Rheingold« für ein Aachener Kaiserdenkmal (1897), der aber nicht realisiert wurde. Die Rheintöchter bringen hier Wilhelm I. die Kaiserkrone dar, »die solange tief unten im Rheine verborgen geruht.«
ʟ *Schülte-Wülwer, Das Nibelungenlied in der deutschen Kunst ... , S. 187 f*

68 Hermann Wislicenus. **Die Wacht am Rhein (Germania)**
Öl auf Leinwand, 1874, 104 x 77 cm. Goslarer Museum

➤ Der Bildtitel bezieht sich auf Max Schneckenburgers Lied »Die Wacht am Rhein«,
das, bereits 1840/41 entstanden, seine größte Popularität seit 1870/71 gewann und fast
den Rang einer Nationalhymne einnahm. Den Blick gegen den Erbfeind gerichtet, spiegelt sich in Haltung und Gesichtsausdruck der Germania eine gewisse düstere Verson-
nenheit. Das Loreleymotiv scheint hier mit eingeflossen zu sein.
ʟ *Marianne und Germania, S. 40*

⁶⁹ **Nibelungenhort, 9 Teile**
Nach dem Entwurf Carl Emil Doeplers für die Ring-Uraufführung in Bayreuth 1876 angefertigt. Messing. Richard-Wagner-Museum Bayreuth

➤ Doepler orientierte sich bei seinen Kostüm- und Dekorentwürfen für den Ring 1876 an Funden der Bronzezeit und gab der Ausstattung eine antiquarisch wirkende Überladenheit. Zwar folgte er Wagners Intentionen im Rückgriff auf die germanische Vorzeit, aber nicht in seinem Verzicht auf schöpferische Vereinfachung, die den idealen Gehalt des Mythos transportieren sollte.
∟ *Zeh, Gisela, Das Bayreuther Bühnenkostüm, München 1973, S. 23 f, 28*

[70] K. von Eiserdecher (andere Zuschreibung an Themistocles von Eckenbrecher). **Meteor**
Öl auf Leinwand, undatiert, 38,5 x 49 cm. Stichting Huis Doorn

➤ Besondere Blüten trieb die Nationalisierung des Schaumweines – hier Sekt und dort Champagner – in der sogenannten Meteoraffäre. Am 25. Februar 1902 lief die Kaiserliche Yacht Meteor in Shooters Island vom Stapel in Anwesenheit des kaiserlichen Bruders Prinz Heinrich und der Tochter des amerikanischen Präsidenten Teddy Roosevelt, die die Schiffstaufe vornahm. Entgegen Berliner Direktiven wurde nun nicht das edle deutsche Rheingold – wie sonst üblich – auf den kühnen Schiffsrumpf verspritzt, sondern ein Luxusgetränk aus dem alkoholischen Arsenal des Erbfeindes: Champagner des Hauses Moët et Chandon. Hier verstand man keinen Spaß: Die Ehre des Reiches mit Champagner besudelt! Dies war eine nationale Frage ersten Ranges! Bestechungsgelder in erheblicher Höhe waren geflossen, um das redliche »Rheingold« der Firma Söhnlein zu verdrängen. Doch die Gerechtigkeit siegte und Söhnlein konnte seine Schadensansprüche gegenüber Moët et Chandon durchsetzten. Zu allem Überdruss entzog der britische König Edward VII. Moët et Chandon nun den Status als Hoflieferanten. Wohl nicht aus Sympathie mit seinem Neffen Wilhelm II. – Eduard war ein erbitterter Feind des Kaisers – sondern eher im Gegenteil! Eine von Willys verdammten Yachten ausgerechnet mit französischem Champagner getauft, diese Weihe hatten die Schiffe von Willys Flotte nicht verdient.
∟ *Eichstedt, Richard, Ein Millionen-Prozeß. Rückblick auf den Moët-Söhnlein-Prozeß, Stuttgart 1904*

71 Franz Stassen. **Rheinlandschaft mit Rheintöchtern und Walhall**
Farblithographie aus »Das Rheingold«, Blatt Nr. 22, 80 x 60 cm. Richard-Wagner-Museum
Bayreuth

➤ Unterlegzeilen: »Traulich und treu – ist's nur in der Tiefe – falsch und feig – ist, was
dort oben sich freut.« Der Schlussgesang der Rheintöchter aus der vierten und letzten
Szene des Rheingoldes offenbart das Unrecht, das in die Fundamente der Götterburg
sozusagen mit eingebaut ist. Die Ansicht von Burg und Strom hat mit romantischen
Rheinansichten nichts gemein.

72 Franz Stassen. **Brudermord**. **Kampf der Riesen Fafner und Fasolt um den Ring**
aus: »Das Rheingold«, Farblithographie, Blatt Nr. 19, 80 x 60 cm. Richard-Wagner-Museum Bayreuth

➤ Rahmenüberschrift: »Furchtbar nun, erfind ich des Fluches Kraft.« Die Worte Wotans aus der vierten Szene des Rheingoldes kommentieren den Brudermord Fafners. Der Ring, der nur durch Alberichs
Verfluchung der Liebe geschmiedet werden konnte und nach Wotans Raub von Alberich verflucht wurde,
ist, wie der Nibelungenhort vorwiegend, bei Wagner negativ besetzt. Anders verhält es sich mit dem
im Naturzustand befindlichen Rheingold, das Gegenstand ästhetischen Spieltriebes ist, nicht von der
Jagd nach Macht und Besitz. Die nationale Sicht auf den Nibelungenhort zur Zeit des Kaiserreiches
dringt zu dieser Bewertung nicht vor.

73 Henri Nistlé. **Rheingoldwerbung**
Lithographie, 1901, 25 x 14,5 cm. Aus: »Jugend«, Jg. 1901. Archiv Henkell & Söhnlein, Wiesbaden (Leihgabe)

➤ Die jugendstilisierte Walküre blickt versonnen auf den neugermanischen Rebensaft der Firma Söhnlein.

74 **Rheingoldwerbung**
Druck auf Papier, 1913, 31,5 x 24,5 cm. Aus: »Jugend«, Nr. 14, 1913. Archiv Henkell & Söhnlein, Wiesbaden (Leihgabe)

➤ Trank man am deutschen Kaiserhof auch Champagner, in der nationalen Propaganda hieß die Antwort auf den **französischen** Champagner: Der **deutsche** Sekt! Schiffstaufen der kaiserlichen Marine wurden selbstverständlich mit deutschem Schaumwein durchgeführt. Seit den 70er Jahren war aufgrund kaiserlichen Befehls hierfür ausschließlich die Marke »Rheingold« des Hauses Söhnlein zu verwenden. Ein anderes Produkt des Hauses mit nationalem Anspruch war die »Kaisermarke«, deren Etikett das Konterfei Wilhelm II. zierte.
ʟ *Eichstedt, Richard. Ein Millionen-Prozeß. Rückblick auf den Moët-Söhnlein-Prozeß, Stuttgart, 1904, S. 7*

[75] **Hals einer Sektflasche**
abgebrochenes Glas, um 1900. Privatbesitz

➤ Fürstin Knyphausen taufte das Linienschiff Ostfriesland mit einer Rheingoldflasche, von der dieses Halsstück das letzte Überbleibsel ist.

76   Hermann Hendrich. **Walkürenritt**
      Öl auf Leinwand, 1908, 151 x 100 cm. Staatliche Museen zu Berlin, Nationalgalerie

➤ Die Walküren werden als Teil des Naturgeschehens, der stürmenden Gewitterwolken aufgefasst. Der Versuch Hendrich Wagners mythische Welt mit den Rheinbildern zu verschmelzen war kein großer Erfolg beschieden.

[77] Hermann Hendrich. **Wotan**
      Öl auf Leinwand, um 1910, 130 x 86 cm, in Holzrahmen mit Runensymbolik. Nibelungenhalle Königs-
      winter

➤ Hendrichs Wotan ist der resignierende Gott der Götterdämmerung, der nach Schuld und Verhäng-nis sein Ende bejaht. Die Nibelungenhalle wurde zum 100. Geburtstag Richard Wagners in Königswinter mit Unterstützung einer Berliner Richard-Wagner-Gesellschaft errichtet. Der Bau, den die Berliner Archi-tekten Hans Meier und Werner Behrendt planten, war und ist zur Aufnahme der Gemälde Hendrichs zu den Wagnerschen Musikdramen bestimmt. Hendrich zählte innerhalb der völkischen Bewegung zu den populärsten Künstlern und gehörte selbst verschiedenen Vereinigungen wie der völkisch-religiö-sen Deutschgläubigen Gemeinschaft an.
L *Hermann Hendrich. Leben und Werk, hrsg. Elke Rohling, im Selbstverlag Werdandi, o.J. Puschner. Die völkische Bewegung im wilhelminischen Kaiserreich, S.229*

DIE ORGANISIERTE WAGNERBEWEGUNG:
VEREIN ODER GEMEINDE?*

Die Wagner-Vereinsbewegung verdankt ihr Entstehen der Initiative vornehmlich eines Mannes: des Musikalienhändlers Emil Heckel in Mannheim sowie der bereitwilligen Unterstützung seiner dortigen Gesinnungsfreunde. Wagners eigene Rolle bestand anfangs kaum in mehr als der eines wohlwollenden Betrachters. Anregung und Begründung dieser Vereinsbewegung geschah von »unten« aus. Sie erscheint schon in ihren Anfängen als bürgerlich-liberale Selbstorganisation, deren Bestrebungen eng mit dem jeweiligen lokalen Rahmen und dem Überschwang dieser Zeit nach der eben erreichten Erfüllung des alten bürgerlichen Traumes von Einheit und Stärke der Nation verknüpft waren.

Wagner hatte der Anbindung seiner Werke an die nationale Thematik im öffentlichen Bewusstsein, oder zumindest in Teilen davon, zielstrebig vorgearbeitet. Anfang 1871 sandte er Bismarck ein Gedicht mit dem Titel: »An das deutsche Heer vor Paris« nach Versailles[1], zur Feier von Sieg und Reichsgründung komponierte er einen »Kaisermarsch«, unter dessen Klängen die siegreichen deutschen Regimenter in Berlin einziehen und vor ihrem greisen Monarchen defilieren sollten. Wagner schrieb hierzu: »Allein dies hätte bedenkliche Änderungen in den längst vorausgetroffenen Dispositionen veranlasst und mein Vorschlag ward mir abgeraten. Meinen »Kaisermarsch« richtete ich für den Konzertsaal ein: Darin möge er nun passen, so gut er kann.«[2]

So wurde dieser, am 8. Mai 1871 im Rahmen eines Konzertes in Berlin aufgeführt. Der Kaiser hatte sein Kommen zugesagt, erschien allerdings erst, ein Ausdruck vornehmer Bescheidenheit, nachdem das Eingangsstück, eben der »Kaisermarsch«, verklungen war. Zum Grafen Waldersee meinte er nachher: »Lesen sie mal diesen Unsinn. Es ist natürlich nichts als Lobhudelei.«[3]

So wenig erfolgreich also Wagners Versuche waren, von der Reichsregierung als »Sänger des Reiches« legitimiert zu werden, umso wirksamer sollten die bürgerlichen Sehnsüchte nach einer deutschen Nationalkultur sein, die an sein Kunstwerk herangetragen wurden. Doch waren diese so stark am Faktum der Reichsgründung orientiert, dass der nationalen Kunst fast nur noch die Aufgabe der Verherrlichung dieses Reiches, seiner künstlichen Verbrämung zufiel.

Vereinzelte Anhänger in Mannheim schlossen sich erst langsam zu einer kleinen Gemeinde zusammen, die sich allerdings erst nach der Reichsgründung an die Öffentlichkeit wagte. Heckel schrieb über diese Zeit der Diaspora: »Auch bei den Freunden der neuen Kunst zeigte sich in jener Zeit in den meisten gesellschaftlich angesehenen Kreisen eine geheime Scheu, sich offen zu Wagner zu bekennen. Die Verunglimpfung seiner Person und die Entstellung seines Zieles, wie sie in einem ungleich geführten Kampfe allenthalben zutage traten, warfen ihren Widerschein auch auf seine Anhänger und benachteiligten deren Stellung im bürgerlichen Leben.[4]

Die anfängliche Zurückhaltung der Honoratioren wurde aus unterschiedlichen Quellen gespeist. Einmal verstieß das Wagnersche Musikdrama gegen die klassische Opern- und Musiktradition, dann boten die manchmal etwas gewagten Sujets Wagners (Ehebruch, Geschwisterliebe etc.) Stoff zu sittlicher Entrüstung. Auch die erst 1869 erfolgte Zweitauflage seines »Judentums in der Musik« (Erstauflage 1850) hatte einen öffentlichen Skandal provoziert und eine Flut von Gegenschriften hervorgerufen. Die fast ausschließlich negative Aufnahme seiner Kampfschrift,[5] war ein deutliches Anzeichen für ein damals noch weitgehend intaktes bürgerlich-liberales Toleranzdenken.

Der faktische Vorgang, der die Vereinsgründung einleitete, gestaltete sich folgender-

* Unter Verwendung von Textteilen von: Veltzke, Veit, Vom Patron zum Paladin. Wagnervereinigungen im Kaiserreich von der Reichsgründung bis zur Jahrhundertwende, Bochumer Historische Studien, Neuere Geschichte Nr. 5, Bochum 1987   **1** Richard Wagners Leben und Werke im Bilde, hrsg. v. Erich W. Engel, 2. Aufl., Leipzig 1922, S. 440   **2** R.W., Gesammelte Schriften und Dichtungen, hrsg. v. Wolfgang Goltner, Berlin-Leipzig-Wien-Stuttgart, o. J., Bd. 9, S. 52 f   **3** Waldersee, Alfred, Graf v., Denkwürdigkeiten, hrsg. v. Otto Meißner, 1. Bd., Stuttgart, Berlin 1922, S. 131   **4** Richard Wagner an Emil Heckel. Zur Entstehungsgeschichte der Bühnenfestspiele in Bayreuth, hrsg. v. Karl Heckel, Leipzig 1899/1912, S. 4, 5   **5** Die Erstauflage war fast unbeachtet geblieben. Bülow schreibt am 25. Juli 1868 an Wagner: »Wie die Sachen stehen, d. h., wie weit die Verjüdelung der Deutschen (ohne Blutvermischung) bereits vorgeschritten ist, möchte ich behaupten, dass die Zahl der Juden, welche mit Deiner Broschüre einverstanden sind, der Zahl der gleichgesinnten Nichtjuden völlig gleichkommt.« Hans v. Bülow, Neue Briefe, hrsg. v. Richard Graf Du Moulin-Eckart, München 1927   **6** Richard Wagner, Gesammelte Schriften und Dichtungen, Bd. 9, S. 317 f: »Mitteilungen und Aufforderungen an die Freunde meiner Kunst«.   **7** R.W. an Emil Heckel, S. 6   **8** S. Schlussbericht über die Umstände und Schicksale, welche die Ausführung des Bühnenfestspiels: Der Ring des Nibelungen« bis zur Gründung von Wagnervereinen begleiteten, R.W., Gesammelte Schriften und Dichtungen, Bd. 9, S. 311–322, S.319 f   **9** Heckel, Karl, Die Bühnenfestspiele in Bayreuth, authentischer Beitrag zu ihrer Entstehung und Entwicklung, Leipzig, o. J. (wohl 1891), S. 17

maßen: Wagner hatte unter dem Titel »Über die Aufführung des Bühnenfestspiels: »Der Ring des Nibelungen« im April 1871 eine öffentliche Aufforderung an die Freunde seiner Kunst ergehen lassen, sich ihm »durch einfache Anmeldung Ihrer meinem Unternehmen förderlich gewogenen Gesinnung ... namhaft machen zu wollen«. Dieses »Unternehmen« zielte auf die Errichtung einer dem herkömmlichen, kommerziellen Theaterbetrieb entzogenen Bühne, die als Kunstforum der besten theatralischen Kräfte Deutschlands, allmählich einen in sich geschlossenen Kunststil ausprägen sollte, der als »original-deutsch« verstanden, der gesamten deutschen Theaterlandschaft ästhetische Maßstäbe setzen sollte. Wagner erhoffte sich die Autorisierung seines Projektes durch »eine für die nationale Sittlichkeit in einer edlen Bedeutung besorgten Reichsbehörde.«[6]

Die Wahl des Zeitpunktes für seinen Appell und dessen Anleihen an die staatliche Form des Kaiserreiches wurde durch die Überlegung mitbestimmt, im Klima allgemeiner nationaler Euphorie nach der Reichsgründung leichter Unterstützung für sein Vorhaben finden zu können.[7]

Das verbreitete Missverständnis seiner Kunst als musischer Verklärung des Reiches hatte er somit selbst nahegelegt; beides war neben taktischer Berechnung auch seiner zeitweiligen Selbsttäuschung über den Charakter des neuen Staates als Manifestation eines metaphysischen »deutschen Geistes« zuzuschreiben, als dessen Schöpfung er sein eigenes Werk begriff.[8]

Das Ergebnis des Aufrufes war allerdings recht kläglich. Nur eine einzige Person meldete sich: Emil Heckel. In seinem Brief vom 15. Mai 1871 an den Meister bat er darum »ihm mitzuteilen, welche Aufgabe zunächst der tätigen Unterstützung der Freunde seiner Kunst harre, da er entschlossen sei, zu dem Gelingen des großen nationalen Unternehmens nach Kräften beizutragen.[9]

Wagner verwies ihn an den jüdischen Berliner Pianisten Karl Tausig, der mit der Gattin des preußischen Hausministers Marie von Schleinitz ein besonderes Modell der Festspielfinanzierung entwickelt hatte: der Vergabe von 1000 sog. Patronatsscheinen à 300 Talern, die zum dreimaligen Besuch der Ring-Tetralogie berechtigten. Heckels Vorschlag, durch Gründung von Wagnervereinen die diese Zertifikate ebenfalls erwerben würden, auch den weniger Begüterten das Erlebnis von Wagners »Ring« zu ermöglichen, wurde angenommen. Am 1. Juni 1871 konstituierte sich der Mannheimer Verein, dessen Mitgliedsbeitrag mit 5 Gulden so angesetzt war, dass 35 Mitglieder, berechnet auf 3 Jahre, einen Patronatsschein erwarben. Der Besuch der Bayreuther Aufführung wurde anschließend ausgelost. Nach dem Mannheimer Muster entstanden dann weitere Vereine innerhalb und außerhalb des Reiches. Bis zu den ersten Bayreuther Festspielen 1876 sollten zwei akademische Wagnervereine: einer in Wien und einer für das Reichsgebiet mit Berlin als Vorort und sechs größere Vereine in Mannheim, Bayreuth, Wien, München, Hamburg und Köln, entstehen, die ein respektables Sammelergebnis von nicht weniger als 10 Patronatsscheinen erreichten, sowie 13 weitere Vereine, die unterhalb dieser Erfolgsmarke rangierten.[10]

Bis zu der Bayreuther Ring Uraufführung 1876 sollten die Vereine die Gelder für 257 $^2/_3$ Patronatsscheine in Höhe von 77 300 Talern erbringen. Von den Vereinen selbst gezeichnet wurden hiervon 190 Scheine und 67 $^2/_3$ an Privatpersonen vermittelt, die z.T. ebenfalls zu den organisierten Wagner-Förderern zählten. Damit hatten die Vereine mehr als die Hälfte aller vergebenen Patronatsscheine überhaupt übernommen (August 1876: 594), wenn auch das Gesamtergebnis für die Festspielfinanzierung keineswegs ausreichte, die erst durch das großzügige Engagement Ludwigs II. gesichert werden konnte.[11]

In der Propaganda für die Wagnersache betonte man in Vereinskreisen einen saturierten Reichsnationalismus oder vertrat, wie im Fall des Berliner Akademischen Richard Wagner-Vereines, einen kulturimperialistischen Standpunkt, der Deutschlands welthistorischen Beitrag in der Entwicklung und Verbreitung staatlicher Organisationen sah. Die von Wagner szenisch neubelebten Dichtungen altdeutscher Literatur seien, so heißt es in einer Vereinsschrift der Berliner Akademiker, »ganz abgesehen von ihrem poetischen und philosophischen Wert, recht geeignet ... die nationale Erkenntnis und Regenerationskraft des deutschen Volkes zu steigern, welche einzigartig in der Weltgeschichte dasteht und von der man die Rettung der staatlichen Ordnung gegenüber der neuenglischen und neufranzösischen Selbstvergötterung erwartet.«[12]

Wagners eigene Position hob sich hier stark von den in den Vereinen gepflegten Anschauungen ab. Schon bei der Grundsteinlegung des Festspielhauses am 22. Mai 1872 legte er den Vereinsvertretern ans Herz, dass sein Werk eine Zukunft anbelange, die »uns in weiten Kreisen betrifft, die weit über das hinaus geht, was man unter bürgerlichem und staatlichem Leben versteht: eine hohe geistige Kultur, ein Ansatz zu dem Höchsten, was einer Nation bestimmt ist.«[13]

Sein Werkverständnis zielte auf eine emanzipatorische kunstreligiöse Utopie, die auf Überwindung bestehender Ordnungen und innere Läuterung sowie Schopenhauersche Weltentsagung ausgerichtet war. In »Religion und Kunst« soll das Nützlichkeitswesen des vom »Willen«, von egoistischen Antrieben geleiteten Staates aufgehoben sein. Die Kunst allein, von Wagner auch als »Lebensheiland« bezeichnet, sei »das göttliche Traumbild«, das die »im Disput der Kirchen und Sekten immer unheimlicher geworden(e) religiöse Offenbarung begreifen kann.«[14]

Wie ein roter Faden ziehen sich die Versuche Wagners durch die frühen Vereinsjahre in diesem Sinne erzieherisch auf den biederen national-liberal geprägten Reichsnationalismus seiner Anhänger einzuwirken und durch die Vereine diese Botschaft nach außen

10 Verzeichnis der ausgegebenen Patronatsscheine, Nationalarchiv der Richard-Wagner-Stiftung Bayreuth, Heckel, Karl, Die Bühnenfestspiele in Bayreuth, S. 43 **11** Veltzke, Veit, Vom Patron zum Paladin, Wagnervereinigungen im Kaiserreich von der Reichsgründung bis zur Jahrhundertwende. Bochumer Historische Studien Neuere Geschichte Nr. 5, Bochum 1987, S. 118 f **12** Deutsche Festspiele in Bayreuth, II. Redaktion des Akademischen Wagnervereins zu Berlin, in: Musikalisches Wochenblatt. Organ für Musiker und Musikfreunde, 2. Jg., Leipzig, 1882, S. 765 **13** Heckel, Karl, S. 28 **14** Richard Wagner, Über Staat und Religion (1864), zit. Nach Kühnel, Jürgen, Weltanschauliche Schriften der Jahre 1864–1882, in: Richard-Wagner-Handbuch, S. 540–588, S. 543 **15** Förster-Nietzsche, Elisabeth Der junge Nietzsche, Leipzig 1912, S. 406 **16** Zur Benachrichtigung 1878, Nationalarchiv der Richard-Wagner-Stiftung Bayreuth **17** Schreiben an Friedrich von Schön, Bayreuther-Blätter April 1882, S. 97–100 **18** Mitteilungen über das Fortbestehen der Vereinigung der bisherigen Bayreuther Patrone an alle Mitglieder des »Bayreuther Patronatvereins«, Bayreuther Blätter 1882 **19** Veltzke, S. 321

tragen zu lassen. Bemühungen, die allerdings wenig von Erfolg gekrönt waren. Ein von Nietzsche im Auftrag Wagners 1872 verfasster »Mahnruf« an das deutsche Volk zur Unterstützung Bayreuths wurde von den Vereinsdelegierten trotz der Befürwortung Wagners als zu pessimistisch verworfen.[15]

Wagners Aufruf nach den Festspielen 1876 einen Bayreuther-Patronatverein ins Leben zu rufen, wurde zwar Folge geleistet, ohne jedoch, wie von ihm gewünscht, die geistige Schulung der Mitglieder als Hauptaufgabe festzuschreiben. Gleichzeitig erhielt der 1877 gegründete Verein das ausschließliche Recht auf Teilnahme an der in Bayreuth zu etablierenden »Stilbildungsschule« und den Besuch der Festspiele. Der Verwaltungsrat der Bayreuther Bühnenfestspiele avancierte zum Vereinsvorstand und war nun dem Verein gegenüber zur Rechenschaftslegung verpflichtet. Hier deutet sich eine zweite Konfliktlinie zwischen Meister und Anhängerschaft an, die zwischen dem souverän über sein Werk verfügenwollenden Genius und dem auf die Sicherung von Rechten bedachten Verein. Die Statuten des Bayreuther-Patronatvereins vom September 1877 formulieren die weitgehendsten Rechte, die Wagner je einem Verein an seinem Werk einräumte. Diese Zugeständnisse sind nur vor dem Hintergrund der bisherigen finanziellen Misere Bayreuths zu verstehen und wurden von Wagner kurz vor der Uraufführung des Parsifal 1882 in einem einseitigen Akt wieder aufgehoben. Bereits 1878 hatte Wagner dem Patronatverein eigenmächtig die neugegründeten Bayreuther-Blätter als Vereinsorgan oktroyiert.[16]

1882 teilte Wagner den Vereinsangehörigen mit, dass sie nun weder eine Stilbildungsschule, an deren Erfolg er nicht mehr glaubte, noch die Bayreuther Festspiele zu finanzieren hätten, sondern nun statt »Patron des Kunstwerks« nur noch »Patron des Publikums« zu sein hätten und Bedürftigen den Festspielbesuch ermöglichen sollten.[17]

Ohne Generalversammlung oder Vorstandsbeschluss wurde auf Wagners Wunsch hin durch eine neunköpfige Vereinskommission von Wagnergetreuen schließlich im Oktober 1882 die Auflösung des Patronatvereins und dessen Ersatz durch eine Abonnentengemeinde der Bayreuther-Blätter erklärt.[18]

Hinter Wagners fait accompli stand nicht nur die Befürchtung von Vereinsansprüchen gegenüber dem Festspielbetrieb sondern auch das Bewusstsein der ideologischen Unbedarftheit der Vereinsmehrheit. Wie wenig hier die Lektüre der Bayreuther-Blätter auf fruchtbaren Boden fiel, illustriert auch die Tatsache, dass die Zahl der Blätterbezieher nach Ersatz des Vereinsabonnements durch die freie Bestellung 1882/83 um mehr als die Hälfte sank.[19]

Obwohl eine starke Zurückhaltung der organisierten Anhängerschaft Wagners gegenüber den kunstreligiösen asketischen Ideen des Bayreuther Meisters nicht zu verkennen ist, macht sich hier bereits die zunehmende Ablösung breiter bürgerlicher Schichten vom geistigen und politischen Liberalismus geltend. Während sich die liberalen Bildungseliten in den 1870er Jahren der Wagnersache gegenüber eher ablehnend oder gleichgültig verhielten, prägten wirtschaftsbürgerliche Kreise das Profil der Wagnervereine.

Die weitgehend passive Vereinsmehrheit konnte bereits in den 1870er Jahren vor der »großen Depression« ihre Sympathien für den politischen Liberalismus mit der Unterstützung des Bayreuther Nationalfestes vereinbaren, das die Züge eines modernen, abstrakt-mythischen Nationalismus trug. Weder ein eng mit der Geschichte der liberalen Bewegung verbundener Historismus noch die Völkerethnologie im Sinne Herders oder die Hegelsche Staatsauffassung, beide ebenfalls zwei tragende Säulen liberalen Nationalbewusstseins, bestimmte diesen neuen Nationalismus, sondern der Rückgriff ins Vor- und Ungeschichtliche.[20]

Eigenmächtige Statutenänderungen Wagners sah man diesem nach, die Bayreuther Blätter akzeptierte man als vom Meister ohne Zutun des Vereins verordnete und diesem nicht verantwortliche Vereinszeitschrift genauso wie deren antisemitische und antiliberale Tendenzen.

Kompromissbereitschaft war da auf der anderen Seite weit weniger vorhanden. Wagner führte 1882 den Bruch mit den Vereinen herbei, nachdem seine politischen und religiösen Ideen dort nicht den rechten Boden gefunden hatten und ersetzte sie durch die Lesegemeinde der Blätter.

Diese organisatorische Trennung von bildungsbürgerlicher Nachfolge des Meisters als Ideologen und einem in dieser Hinsicht unbedarften Vereinsgros wiederholte sich einige Jahre nach Wagners Tod in der Verlagerung bildungsbürgerlicher Potenzen vom neugegründeten Allgemeinen Richard-Wagner-Verein in wagnerianisch inspirierte Gesellschaften und Bünde. So dokumentiert die Geschichte der Wagnerorganisationen den Prozess sozialer Differenzierung innerhalb des deutschen Bürgertums und damit Hand in Hand gehend seiner fortschreitenden Entliberalisierung.

Nach Wagners Tod formierten sich seine Anhänger seit 1883 erneut in einer förmlichen Organisation: dem Allgemeinen Richard-Wagner-Verein, dessen Hauptaufgabe die Unterhaltung eines Fundus zum Erhalt der Bühnenfestspiele sowie der Stipendienstiftung darstellte. Den Beitritt machte der geringe Mitgliedsbeitrag (4 Mark jährlich) und die in Aussicht gestellten Vergünstigungen für den Festspielbesuch attraktiv.

Neu war nur die Zielstrebigkeit, mit der der Ausbau zum Massenverein betrieben wurde. Es galt möglichst breite für nationale und künstlerische Themen empfängliche Bevölkerungskreise heranzuziehen, vorerst auf der Basis eines saturierten Nationalstolzes. Für die Unterweisung der Mitglieder diente dann neben den Bayreuther Blättern der »Bayreuther Taschenkalender« als Vereinsorgan, der auf eine Art Handbibliothek populären Charakters für die Majorität der Vereinsmitglieder angelegt war und vielfach Abbreviaturen des Bayreuther Kulturdenkens enthielt.

Hier wandten sich Hauptexponenten des sog. »Bayreuther Kreises«, der Wagners komplexe geistige Welt zum Evangelium emporhob und »zur germanisch-christlichen Heilslehre[21] verengte« belehrend den Vereinsmassen zu und versuchten den verquasten Ton der Bayreuther Blätter auf ein für breite Kreise genießbares Niveau herunterzutransponieren.

20 Mosse, G.L., Die Nationalisierung der Massen. Politische Symbolik und Massenbewegunger in Deutschland von der Napoleonischen Ära bis zum Dritten Reich, Frankfurt am Main 1978, S. 124   **21** Hanisch, Ernst, Die politisch-ideologische Wirkung und »Verwendung« Wagners in: Richard Wagner Handbuch, S. 625–646, S. 63 f   **22** Seidl, Arthur, Parsifal, in: Bayreuther Taschenkalender 1886, S. 114–149, S. 14 f, 14 f   **23** Schemann, Ludwig, Das Nationale und das Übernationale in Richard Wagner, in: Bayreuther Taschenbuch 1887 (1886), S. 106–121   **24** Glasenapp, Carl Friedrich, Richard Wagner als Revolutionär und der Begriff der Revolution in Wagners Kunstschriften, Bayreuther Taschenbuch 1889, S. 21–34, S. 3 ff   **25** Vorwort der Redaktion, ebenda, S.4–6, S. 5 f

So entwarf Arthur Seidl hier etwa einen Abriss der Wagnerschen »Mitleidsreligion«, der den Parsifal als »arisch-germanischen Urtypus des christlichen Erlösers« ausdeutete, den »Bruch mit dem Alten Testament« forderte und sich zu den blasphemischen Äußerungen verstieg, wie: »Selig alle, die in Wagners Werken ›leben‹, denn sie werden das ›ewige Leben‹ haben.« Vom »Antisemitismus« setzte sich Seidl ausdrücklich ab und wollte seine »rein moralisch und geistige Überwindung des Judentums« als »Antijudaismus« verstanden wissen. Auch die für Münchener Wagneranhänger charakteristische antistaatliche Polemik findet sich in der Seidlschen Exegese, wenn er den Grundsatz aller staatlichen Moral auf ein: »Was Du nicht willst, das man Dir tu', füge ›einem‹ anderen zu« reduziert.[22] Ähnlich äußerte sich Ludwig Schemann in einem Beitrag des folgenden Jahrgangs, der den Lesern die Föderalismusidee von Constantin Frantz sowie dessen antisemitische Ressentiments nahe brachte. Das deutsche Reich, so hieß es da, wäre noch zu sehr mit so manchem Fluche des alten Staates behaftet.[23]

Auch Wagner-Biograph Karl Friedrich von Glasenapp interpretierte 2 Jahrgänge später die »Revolution« Richard Wagners nicht als »Revolution im Staate, sondern aus dem Staate heraus«. Der Wagnerschen Staatskritik wurde jedoch einiges von ihrer Schärfe genommen, wenn Glasenapp den Staat nicht für seine »Barbarei« als verantwortlich betrachtete, sondern diese dem Versagen der »gestalteten Seelenkräfte der Religion und der Kunst« zuschrieb.[24] Erst vor kurzem war nämlich die Zentralleitung an den Berlin-Potsdamer Wagnerverein übergeben worden und die Inthronisation Wilhelms II. erfolgt, auf dessen Wagnerinteresse man nicht wenige Hoffnungen für Bayreuth setzte. Umstände, die eine vorsichtigere Sprache in Staatsfragen nahe legten.

Überhaupt versuchte diese Nummer des Bayreuther-Taschenbuchs bzw. -kalenders im Vorwort eine Synthese zwischen Bayreuther Ideenwelt und Hohenzollerndynastie und bediente sich dabei des Revolutionsbegriffs. Das Haus Brandenburg erschien als »Geschlecht deutscher Revolutionäre«, wie auch der Wagnerianismus »im deutschen Sinne revolutionär« sei, da er es wage, an einer »Bildungs«-Reform teilzunehmen, der »Kulturaufgabe des neuen Jahrtausends«, welche statt auf die Wissenschaft allein, sich auf »Enthusiasmus« als »wurzelhafte Wirklichkeit ... für alle idealen Blüten der Phantasie« stütze.[25]

In dieser Interpretation des Revolutionsbegriffs im Sinne »menschlicher Regeneration« wurden selbst die christlichen Apostel zu »guten Revolutionären«. Auf politischem Felde erfüllte nicht der Tatbestand des Umsturzes den Begriff der deutschen Revolution, sondern die »germanische Reformation«. Immerhin ist die Adaption der Revolutionsvokabel durch die Bayreuther Kulturlehrer bemerkenswert und weist einmal mehr auf die radikalen Potenzen weltverlorener Bayreuther Metaphysik.

Bereits 1880 hatte Hans Paul von Wolzogen, der Chefredakteur der Bayreuther Blätter, in dem Antisemitenblatt »Deutsche Reform« von einer zukünftigen »christlichen Revolution« gesprochen, welche »Freiheit« und »Gleichheit« im Geiste der »Brüderlichkeit« umschlösse[26], und der Antisemit Bernhard Förster äußerte sich im gleichen Jahr zur konservativ-revolutionären Natur des Genius. Konservativ wäre dieser als Hüter und Lehrer der tiefsten Geheimnisse des, dem Volke oft verborgenen eigenen Nationalcharakters, revolutionär in dem Kampf gegen die unwürdigen zeitlichen Formen seiner Kunst.[27]

Förster artikulierte hier ein Verständnis von Konservativismus, dass sich nicht mehr auf das Festhalten konkreter zeitlicher Zustände bezog, sondern sich an imaginären, abstrakt-mythischen Vorstellungen orientierte und damit den revolutionären Bruch mit der jeweiligen Realität erst ermöglichte. Dieses Gedankenmodell Försters entsprach schon teilweise dem der radikalen Neo-Konservativen in Weimar, der »konservativen Revolution«.[28] Nur blieb diese in den Überlegungen Försters dem Genius vorbehalten und erschien auf das Reich der Kunst beschränkt.

Unter der Zentralleitung des Münchner Wagner-Vereins gelang es in den 1880er Jahren stärker bildungsbürgerliche Schichten in den Allgemeinen Richard-Wagner-Verein zu inkorporieren mit dem Schwergewicht auf den beamteten, bzw. künstlerischen Vertretern des Bürgertums.[29] Akademische Vereine entstanden in München 1884, in Berlin (1884/1887), Leipzig (1883/1887), in Tübingen (1885) und Marburg (1885).

Um überhaupt auf längere Dauer lebensfähig zu sein, fassten die akademischen Organisationen den Vereinszweck möglichst weit, wie der Berliner und der Leipziger Akademische Wagner-Verein, dessen Satzungen als Hauptaufgabe festhielten: »Das Verständnis für die deutsche Kunst im Anschluss an die Gedanken und Werke Richard Wagners auf dem Weg wissenschaftlicher Betrachtung zu fördern.«[30] So war von Kunstbetrachtung im »Anschluss«, nicht im buchstäblichen Sinne Richard Wagners, die Rede; eine Formulierung, die die Modifizierung und Weiterentwicklung der Wagnerschen Kunsttheorie erlaubte. Unter den Leipziger Akademikern gab es somit Anhänger, die den Parsifal und seine Weltanschauung ablehnten oder Geschmacklosigkeiten und Unzulänglichkeiten bei Wagner fanden.[31]

Die Vereinsabende der Akademiker vollzogen sich hier nach »studentischer Ordnung«; an den wissenschaftlichen Teil des Abends schloss sich der »Kneipenteil« an. In Leipzig traf man sich auch außerhalb der Vereinssitzungen zu sog. »Kübeleien«, eine Bezeichnung, die über die Hauptaufgabe der Zusammenkunft keinen Zweifel lässt; für die Vortragsabende war der Biertrunk obligatorisch: zeitweise aus kleinen Methörnern, welche die Beziehung zur Mythenwelt Richard Wagners sinnfällig zum Ausdruck brachten, später aus Tonkrügen, die jeweils ein launig ausgewählter Spruch des Meisters und die Vereinsfarben zierten.[32]

Das Mitglied des Leipziger Akademischen Wagner-Vereins Dr. med. Kaestner stellte fest, die Mehrheit der Wagneranhänger sei erst über die »Musik« zu Wagner gekommen und nicht wenige seien auch dort stehen geblieben und hätten es nicht erreicht, »ihn ganz in sich aufzunehmen. Sie kümmern sich nicht um die Dichtung, schwärmen für den ersten Aufzug der Walküre, während sie den zweiten als langweilig zurückweisen, weil er musikalisch für sie nichts bietet und sind erstaunt, wenn sie hören, dass der Konzertsaal für Wagner keine Heimstätte sein kann.«[33]

So war es selbst mit der Gesinnungstreue der Akademischen Wagner-Vereine nicht zum besten gestellt. Das Vereinskonzept der Münchner Wagnergemeinde, erst einen Massenverein wegen materieller Rücksichten herzustellen, um dann durch vereinsbezogenes

26 Wolzogen, Hans, Freiherr von, Aphorismen, in: Deutsche Reform 1880 Nr. 7 Aphorismus 5 **27** Förster, Bernhard, Wagner als Begründer eines deutschen Nationalstils, Bayreuther Blätter 1880, S 113 **28** Mohler, Armin, Die Konservative Revolution in Deutschland 1918–1932, Stuttgart 1950, S.114 f. Sontheimer, Kurt, Antidemokratisches Denken in der Weimarer Republik 1968, S 119 ff **29** Vgl. hierzu Veltzke S. 360 ff **30** Hahn, Vincenz v., Fünfundzwanzig Vereinsjahre, in: Der Akademische Richard-Wagner-Verein zu Leipzig 1887–1912, 1912, S. 69–77, S. 69 **31** Kaestner, Sandor, Das Verständnis für Wagner, ebenda, S. 60–68, S. 68 **32** Hahn, Fünfundzwanzig Vereinsjahre, S. 73 f **33** Kaestner, S. 65 f. Kaestner bemerkt das rückschauend. Inzwischen (1912) sei es vielleicht nicht mehr selten, dass von vornherein der Gedanke des Gesamtkunstwerkes begriffen werde, S. 65 **34** Bayreuther Taschenkalender 1885, S. 103 **35** Bayreuther Taschenbuch 1888, S. 6, Verz. d. Mitgl. d. Allgemeinen Richard-Wagner-Vereins 1888, Nationalarchiv der Richard-Wagner-Stiftung Bayreuth **36** Ebenda 1889–1891 **37** Vgl. hierzu Veltzke, S. 350 ff **38** Sporck an Wolzogen, Urfeld, 11.7.1884, Nationalarchiv der Richard-Wagner-Stiftung Bayreuth **39** Plakat des ARWV, Zweigverein München: Bekanntgabe eines Extrazuges von München nach Bayreuth zu den Festspielen im Juli 1886, Nationalarchiv der Richard-Wagner-Stiftung Bayreuth **40** Karbaum, Michael, Studien zur Geschichte der Bayreuther Festspiele (1896–1976), Regensburg 1976, Teil 1, S. 16, Veltzke, S. 367 f, Anmerkung 43

Schriftgut zur rechten Nachfolge des Meisters zu erziehen, schien gescheitert. Die Zentralleitung hatte es nicht vermocht, den Massenverein in ihrem Sinne zu formen, die Peripherie aufzusaugen.

Das äußere Wachstum des Vereins bis 1890 war jedoch bemerkenswert. Innerhalb von 11/2 Jahren bis 1885 erreichte er die stattliche Zahl von 380 Vertretungen und 24 Zweigvereinen mit ca. 5 000 Mitgliedern und innerhalb eines Jahres ein Vereinsvermögen von 34 090 Mark, darunter an Spenden: 5 232 Mark.[34] Das Vereinsjahr 1887 brachte ein Wachstum um 1 000 Mitglieder auf insgesamt 6.730 für 1888 und den Erwerb der Rechte einer juristischen Person.[35] Für 1889 sind 8 097 Mitglieder ausgewiesen, der bislang höchste und nie wieder erreichte Jahresabschluss in der Geschichte der Wagner-Vereine. In das Vereinsjahr 1890 ging der Allgemeine Richard-Wagner-Verein allerdings mit nur noch 7 270 Mitgliedern, die sich aber bis 1891 wieder auf 7 879 vermehrten.[36] Schon im darauffolgenden Jahr setzte jedoch ein rapider und kontinuierlich anhaltender Mitgliederschwund ein, der in direktem Zusammenhang mit Auseinandersetzungen zwischen Festspielleitung und Vereinswesen stand.

Vereinsentwürfe einer »Richard-Wagner-Stiftung«, die die Bühnenfestspiele finanziell dauerhaft sichern sollte, hatten in Bayreuth für Unruhe gesorgt. Man sah hier Besitzrechte der Wagnerfamilie tangiert und fürchtete Vereinseinflüsse auf die Festspielleitung.[37]

Je mehr die Festspiele sich als prosperierendes Theaterinstitut etablierten, um so weniger mussten Familie und Verwaltungsrat jedoch Rücksichten gegen dem Verein beobachten. Noch zu den Festspielen von 1885 gab es 1 000 Freibillettes für den Verein[38] und 1886 ermäßigte Eintrittskarten (zwischen 12 und 13,50 Mark)[39] bei einem regulären Eintrittspreis von 30 Mark.[40] Später entfielen diese Vergünstigungen und als 1891 eine bis dahin beispiellose Nachfrage nach Festspielkarten einsetzte, versäumte es der Verwaltungsrat gar, die Vereine davon rechtzeitig in Kenntnis zu setzen, so dass viele Vereinswagnerianer für dieses Mal ohne Karten blieben. Der anschließende Eklat sollte dem Verein geistig und materiell das Rückgrat brechen.

Noch vor der obligatorischen Generalversammlung im Juli versandte der Akademische Richard-Wagner-Verein zu Leipzig ein Protestschreiben an alle übrigen Zweigvereine und Ortsvertretungen, welche das Verhalten Cosimas, des Verwaltungsrates, insbesondere von dessen Mitglied und Vorsitzendem des Allgemeinen Richard-Wagner-Vereins, Bürgermeister Muncker (Bayreuth), rügte, dem am ehesten die Benachrichtigung des Vereins obgelegen hätte. Die im Verlauf der Auseinandersetzung gefallene Bemerkung Cosimas, der Verein besitze keinen Anteil an der Verwirklichung der Festspiele, wurde energisch zurückgewiesen.[41]

Nach diesem Zwischenfall verlor der Allgemeine Richard-Wagner-Verein kontinuierlich an Stimmen: von 7879 für 1891 sank seine Mitgliederzahl für das folgende Jahr auf 6721. Die Jahresbilanz 1893 wies nur noch 5560, die von 1894: 4765 Mitglieder aus. 1895 waren es noch 4294, 1896: 3726 Mitglieder.[42] Ein Wagner-Verein, in dem die Mitgliedschaft keine materiellen Vorteile mehr versprach, ja sogar von Nachteil sein konnte, wie im 1891er Festspieljahr, musste für breite bürgerliche Kreise seine Anziehung verlieren. Für selbstbewusste Bildungsschichten gar war ein subalterner Status, wie er den Vereinen von Bayreuth aufgedrängt wurde und durch die Vorgänge von 1891 mit aller Klarheit deutlich geworden war, erst recht nicht akzeptabel. Neue Gesellschaften, wie die Gobineau-Vereinigung und Werdandi boten hier größere geistige Selbständigkeit und Unabhängigkeit von Bayreuth (vgl. Kap. Vom »Parsifal« zur wilhelminischen Kultur- und »Lebensreform«).

Mitgliederrezession und -umschichtung in den Wagnerorganisationen waren allerdings Bestandteil grundlegender Veränderungen innerhalb der bürgerlichen Vereinsbewegung des ausgehenden 19. Jahrhunderts. Aufsplitterung und Mitgliederverluste der alten Assoziationen und die Neuformierung nach engeren sozialen Kriterien kennzeichnen die Vereinslandschaft im wilhelminischen Deutschland. Der Ausbau Bayreuths zum privaten Besitztum, die intendierte Beschränkung der Vereine auf die rechte Gesinnungspflege spiegelt sich in bildungsbürgerlich geprägten Zusammenschlüssen wie der Gobineau-Vereinigung, dem Dürerbund und dem Alldeutschen Verband wider, die sich den »Massen« durch erzieherische und belehrende Schriften zuwandten, ohne sie aber den eigenen Organisationen zu inkorporieren oder diesen entscheidende Mitspracherechte einzuräumen.[43] Der Schrumpfungsprozess des Allgemeinen Richard Wagner-Vereins ist so als Teil einer allgemeinen Krise bürgerlicher Liberalität zu begreifen, in der ihre charakteristische Organisationsform, der »Verein« seinen öffentlich-freiheitlichen Charakter einbüßte oder an Bedeutung verlor und neue, autoritär und elitär zugeschnittene Vereinigungen ihm den Rang abliefen.

In der engeren Wagnergemeinde beschritt man nun mit dem Scheitern der Erziehungsbemühungen innerhalb des Vereins neue Wege. Engagierte bildungsbürgerliche Anhänger wie der desillusionierte Ferdinand Graf Sporck, früher Hauptinitiator des Allgemeinen Richard Wagner-Vereins, verließen den Verein. Ein Teil der heftigen Verfechter der Wagnerschen Kulturlehre, wie der Straßburger Bibliothekar Dr. Meyer, hatte sich gar nicht erst am postwagnerschen Allgemeinen Richard Wagner-Verein beteiligt, andere traten wie der Gobineau-Biograph Ludwig Schemann der neuen Organisation aus alter Verbundenheit zur Wagnersache bei, ohne sich mehr in der Vereinsarbeit besonders zu engagieren. Meyer teilte so 1882 in den Blättern mit, dass sich der Straßburgische Wagnerverein (gegründet 1879) trotz ansehnlicher Mitgliederzahl aufgelöst hätte: mit einer Begründung welche die überwiegende Mehrzahl noch weiter existierender Wagnervereine mitbetraf: »Die Zeit für die durch allerlei Kompromisse organisierten und schließlich doch fast ausschließlich auf ein bloß musikalisches Bekenntnis gestellten Wagner-Vereine« sei vorüber.

41 An die Verehrten Zweigvereine und Ortsvertretungen des ARWV der Akad.R.W.V. zu Leipzig, Leipzig, den 7. Juni 1891, Nationalarchiv der Richard-Wagner-Stiftung Bayreuth **42** Verz. d. Mitgl des ARWV, Nationalarchiv der Richard-Wagner-Stiftung Bayreuth **43** Vgl. Kratzsch, Gerhard, Kunstwart und Dürerbund. Ein Beitrag zur Geschichte der Gebildeten im Zeitalter des Imperialismus, Göttingen 1979, Kruck, Alfred, Geschichte des Altdeutschen Verbandes 1890–1939, Wiesbaden 1954 **44** Meyer, Oscar, Über Wagner-Vereine, Bayreuther-Blätter 8 1882, S. 188 f **45** Vgl. Schemann, Ludwig, Gobineau und die Deutsche Kultur, Leipzig 1934 **46** Vgl. Veltzke, S.399, Anm. 90 **47** Wolzogen, Hans v., Richard Wagner und die Deutsche Kultur 1883, Vortrag vor dem Vereine Deutscher Studenten, Nationalarchiv der Richard-Wagner-Stiftung Bayreuth **48** Meyer, Karl-Alf, Zu Hans von Wolzogens 80. Geburtstag, in: Bayreuther Festspielführer 1928, S. 24–33, S. 29 **49** Z. B. die Bearbeitung eines antisemitischen Grimm-Märchens »Der Jude im Dorn«, vgl. Veltzke, S. 399, Anm. 93 **50** Vogt, Friedrich, Koch, Max, Geschichte der Deutschen Literatur von den ältesten Zeiten bis zur Gegenwart, 3 Bände, Leipzig 1923, Bd. 3, S. 263

Schon die Zusammensetzung der Mitgliedschaft könne dazu verführen, »dass man sich mit der Pflege einer löblichen, doch gründlichen Ernst absichtsvoll vermeidenden Geselligkeit begnügt, wodurch die Gefahr entsteht, dass vor den Augen manches mit den besten Anlagen an uns Herantretenden die großen Ziele der von Wagner ausgehenden Bewegung der Geister verdeckt werden.« Meyer fasste dagegen den Auftrag aller echten Wagnerianer dahin, die Hoffnung zu erwecken nach »edlerer Lebensgestaltung durch eine so dringlich nötige Erneuerung und Reformation der Volkspsyche.«[44] Beide, Meyer und Schemann, meinten dann später, diese Aufgabe besser in der »Gobineau-Vereinigung« (gegründet 1894) dienen zu können, die mit ihrer bildungsbürgerlich-völkischen Akzentuierung[45] sich vornehmlich der Verbreitung von Rasse- und Kunstschriften des französischen Grafen widmete.

Auch die vielen Angehörigen des Bayreuther-Kreises, die dem Allgemeinen Richard-Wagner-Verein verblieben, fanden ihre eigentliche kulturpolitische Heimat nun häufig in Gesellschaften nach Art der Gobineau-Vereinigung.[46]

So lösten kleine bildungsbürgerlich geprägte Zusammenschlüsse von Gleichgesinnten die Epoche übergreifende »Volksvereine« ab. Den »Massen« wandte man sich kaum mehr in gemeinsamen organisatorischen Verbindungen, sondern in »aufklärenden« Publikationen oder Inszenierungen von Volksfestspielen zu.

Noch 1883 hegte Wolzogen den Gedanken, durch eine Wagnersche »Stilbildungsschule« auf den »Volksgeist« moralisch einzuwirken.[47] Durch die Kämpfe um mehr wagnerische Güte im eigenen Vereinswesen ernüchtert, unternahm er es bereits Mitte der 1880er Jahre eine volkstümlich-heitere Kunst für die Volksmassen zu entwickeln, die heroisch-tragische Richard Wagners sollte eher einer Elite vorbehalten bleiben.[48] Neben die organisatorische Distanz von den Massen trat nun auch die planmäßige Trennung der Kunst nach sozialen Abstufungen.

Mit Sporck zusammen schrieb er an volkstümlichen Musikwerken, die einen deutsch-religiösen Antisemitismus unterschwellig etablieren sollten.[49] Worüber man schlecht lehren kann, muss man dichten! Wolzogen steht mit seiner Grundsatzschrift »Die Idealisierung des Theaters« (1884) auch am Anfang der Volksfestspielbewegung, die von Wagnerianern wie Hans Herrig, der ein Lutherfestspiel schrieb, und Friedrich von Schön, der in seiner Heimatstadt Worms den Bau einer Festspielhalle (1889) finanzierte, weitergeführt wurde.[50] Ein anderer Wagner-Anhänger, Friedrich Lienhard, gab der Entwicklung von volkstümlichen Naturfestspielen durch seine Zusammenarbeit mit Dr. E. Wachler, dem Schöpfer des Harzer-Berg-Theaters (1903) Auftrieb.[51] Diese besondere Art von Kunst stand stark unter taktischem Primat. Durch das Ergriffensein von sakralen Chorgesängen und symbolisch interpretierter heroischer Landschaft[52] sollten auch die Zuschauer suggestiv zusammen geschmolzen, nationale Einheit hergestellt und demonstriert werden. Wegen ihres Hintergrundes, des elitären Modells einer Zwei-Stufen-Kunst, war die gleichsam inferiore Volkskunst von vornherein in Gefahr, zur Massenmanipulation zu missraten. Propagandisten der NSDAP sollten Jahrzehnte später die Inszenierungstechnik Wachlers für ihre Zwecke zu nutzen wissen.[53]

Die bessere Schwester dieser Kunst für das Volk, vielfach als »Tempelkunst« bezeichnet, war dagegen das Bildungsmittel für soziale Eliten. Noch vor dem Regierungswechsel im Drei-Kaiser-Jahr erschien ein luxuriös ausgestatteter Prachtband Wolzogens mit dem Titel: »Richard Wagners Heldengestalten«, den der Verfasser Prinz Wilhelm von Preußen widmete. Zum Verhältnis von Volk und Kunst hieß es da: »Steigen auch die schöpferischen Kräfte des nationalen Genius von unten auf, aus den innersten Wurzeln des Volksgeistes – die nachhaltige Förderung und Erhaltung dessen, was der Genius allein seinem Volke schuf, ja auch die tatkräftige Verbreitung des darin zunächst der höchsten Gemüts- und Geistesbildung sich mitteilenden geistigen Kulturwerkes, dies kann nur allmählich von oben her auch jene Schichten des Volkslebens durchdringen, welche vorerst vom persönlichen Erlebnis des idealen Kunstwerkes selbst durch ihr irdisches Los ausgeschlossen scheinen. Helfen aber die »Berufenen«, die »Könnenden« mit den »Auserwählten«, den Künstlern zusammen, so haben wir die Kunst als ideale Kulturmacht für »Alle«.[54]

So ist um die Wende zur letzten Dekade des 19. Jahrhunderts der Gedanke der Bayreuther Festspielkunst als Nationalkunst für die gesamte Nation von den Bayreuther Wortführern bereits in den Hintergrund gedrängt. Die Volksmehrheit soll vorerst nur mittelbar an deren Kulturwirkung teilhaben. Damit wurde eine der entscheidenden Forderungen, die von den engeren Wagneranhängern seit den ersten Anfängen des Vereinswesens vertreten worden war, tendenziell aufgegeben. Der soziale Differenzierungsprozess in den Wagner-Organisationen fand so auch sein Pendant in programmatischen Anpassungen an die epochale Tendenz binnenbürgerlicher Aufsplitterungen.

Mit der Gründung des »Richard Wagner-Verbandes deutscher Frauen« 1909 wird ein neuer Weg im Wagnervereinswesen eingeschlagen. Nicht mehr die Finanzierung der Festspiele, das Pochen auf eigene Rechte oder gar Eingriffe in die Festspielleitung sind jetzt intendiert, sondern auf der Fahne der neuen Vereinigung stehen selbstloser Dienst und Opfer.

Vorausgegangen war 1904 die Initiative des Herausgebers der »Neuen Musik-Zeitschrift« Dr. Siegmund Benedict, bis zum 100. Geburtstag Richard Wagners 1913 eine Million Mark als »National-Dank« zu sammeln und der Richard-Wagner-Stipendienstiftung zuzuführen, die die Aufgabe hatte, wenig bemittelten Kunstfreunden den Festspielbesuch zu finanzieren. Das unbefriedigende Ergebnis (1908: 121 800 Mark) ließ Benedict dann einen Vorschlag der Tochter Cosima Wagners Daniela Thode aufgreifen, einen Frauenverband zu gründen, um die Sammelaktion voranzubringen.

Benedict gewann mit der Leipziger Musiklehrerin Anna Held (1910–1914: erste Schatzmeisterin, gest. 1936) eine zielstrebige Persönlichkeit für die Gründung und den Aufbau des Verbandes, dessen Vorsitz Margarethe Strauß (Gattin eines Kommerzienrates, Magdeburg) bis 1914 und anschließend Marianne Lange (Ehefrau eines Geheimen Regie-

51 Ebenda, S. 263   **52** Ausdrückliches Ziel der Naturfestspiele war es, »beseelte Natur vorzustellen und alte germanische Mythen wieder zu beleben« ebenda, S. 54, 56, Nadler, Josef, Literaturgeschichte des Deutschen Volkes, 4 Bände, 4. Aufl., 1938–1941, Bd. 3, S. 564   **53** Mosse, G. L., Ein Volk, Ein Reich, Ein Führer. Die völkischen Ursprünge des Nationalsozialismus, Königstein/Ts. 1979, S. 93   **54** Wolzogen, Hans v., Richard Wagners Heldengestalten, 2. Aufl., Leipzig 1886, S. X, S. VI: Seiner Königlichen Hoheit dem Prinzen Wilhelm von Preußen in erfurchtsvoller Ergebenheit gewidmet.   **55** Die Protokollbücher des Richard Wagner-Verbandes deutscher Frauen (e.V.) 1909–1949, bearb. v. Günther W. Wilberg, 1. Aufl., Freiburg i. Br. 1993

rungsrates, Hannover) bis 1942 führte. Dem Verband, dessen Satzung zunächst nur, zeitlich befristet bis 1913, die Kapitalzuführung an die Stipendienstiftung festschrieb, gelang es bis 1914 das Stiftungsvermögen auf 750 000 Mark zu erhöhen. In den Genuss der Förderung kamen nicht nur ausübende Künstler, sondern Erzieher im weitesten Sinne, die, gestärkt durch die Bayreuther Eindrücke, ihre heilsame Wirkung weiter tragen sollten. Inzwischen hatte eine Satzungsänderung 1913 der Organisation die zeitliche Beschränkung genommen und einen »idealen« Vereinszweck festgehalten: »Richard Wagners Kunst- und Kulturideen in immer weitere Kreise (zu) tragen«.

Die Wirkmöglichkeiten von Wagners Werk wurden in einer Art Kräftigung des Idealismus und der Betätigung einer erlösenden (mitleidstarken) »Liebe« gesehen, wie die Ansprachen der Vorsitzenden auf den Hauptversammlungen ausdrückten. Dahinter stand der Glaube an die gewaltigen persönlichkeitsprägenden Kräfte von Kunst, die teilweise mit dem Vokabular religiöser Erweckungserlebnisse beschrieben werden.

Der spezifische Beitrag von Frauen für die Wagnersache liege in Empfindungsstärke, Hingabe und Mitgefühl: Ansatzpunkt eines besonderen Selbstbewusstseins der weiblichen Wagnerianer. So heißt es im Protokoll der Hauptversammlung vom 26.4.1913 mit Blick auf Bayreuth: »Unvergängliches wurde hier geschaffen. Dank der Frau, denn Sie hebt er (Wagner, Bem. d. Verf.) zu besonderer Höhe. Darum sollen wir seine Ideale in unser Volk tragen.«

Aus Kreisen von Bildungs- und Wirtschaftsbürgertum stammend, vergewisserte man sich der idealen Grundhaltung in Bayreuthbesuchen, lokalen Musik- oder Vortragsveranstaltungen und in der Pflege eines besonderen Gemeinschaftsgefühls. Seit 1910 stand der Verband unter der Schirmherrschaft von Kronprinzessin Cecilie, seit 1936 zusätzlich von Winifred Wagner.

Umfasste der Verband 1909 ca. 600 Mitglieder mit Ortsvertretungen in Magdeburg, Altenburg, Kassel, Chemnitz, Dresden, München, Nürnberg und Naumburg, so weist die Bilanz für 1914 ca. 4 700 Mitglieder in 40 Ortsvereinen aus.[55]

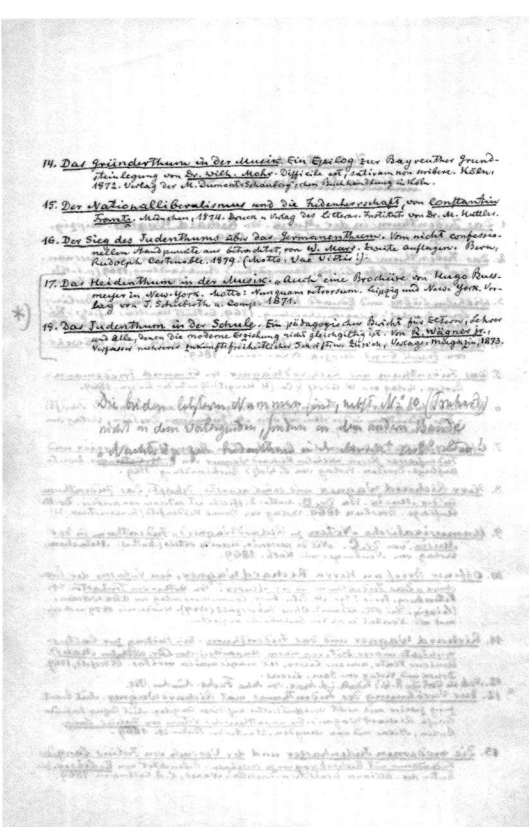

[78] **Richard Wagner, Das Judenthum in der Musik**
Leipzig, Verlagsbuchhandlung v. J. J. Weber 1869 (aus dem Besitz C. Fr. Glasenapps), in: Schriften über Richard Wagner 1869 ff: Das Judenthum in der Musik nebst Gegenschriften. Nationalarchiv der Richard-Wagner-Stiftung Bayreuth

➤ Die Zweitauflage von Wagners »Das Judenthum in der Musik« 1869 provozierte einen öffentlichen Skandal und rief eine Flut von Gegenschriften hervor.

79 **»Inhalt des vorliegenden Bandes« (s.o.)**
Handschriftliche Eintragungen C. Fr. Glasenapps mit zwölf noch 1869 erschienenen Publikationen, die zu Wagners »Das Judenthum in der Musik« ganz überwiegend negativ Stellung beziehen.

[80] **Tannhäuser oder die Keilerei auf der Wartburg**
Große sittlich-germanische Oper mit Gesang und Musik in vier Aufzügen, Hoyerswerda o. J. (1891 oder später). Reuter-Wagner-Museum Eisenach

➤ Die Vorlage gab eine Schrift des Breslauer Arztes Dr. Hermann Wollheim aus dem Jahre 1854 mit gleichem Untertitel ab. »Der Titel steckt voller Spott und Aggressivität. Auf der einen Seite ironisiert er den Stoffbereich der deutschen Sage und Mythologie, den Wagner für sein Bühnenwerk gewählt hat; auf der anderen Seite verdeutlicht er die Skepsis der Zeitgenossen gegenüber der ungewöhnlichen und neuartigen Arbeitsweise des Musikers Wagner. Es musste der damaligen Öffentlichkeit kurios erscheinen sein, »dass ein Komponist nicht nur – neben der Musik – auch den Text seiner Opern selbst schrieb und nicht nur die ersten Aufführungen selbst dirigierte, sondern auch selbst inszenierte, das Bühnenbild mit entwarf und die Besetzung der Rollen bestimmte.«
L *Schneider, Andrea, Die parodierten Musikdramen Richard Wagners. Geschichte und Dokumentation Wagnerscher Opernparodien im deutschsprachigen Raum von der Mitte des 19. Jahrhunderts bis zum Ende des Ersten Weltkrieges, (Wort und Musik. Salzburger Akademische Beiträge) Anif/Salzburg 1996, S. 45 f*

81 Paul Gisbert. **Der Ring der nie gelungen**
Cricilogie äußerst frei nach Richard Wagner's Der Ring des Nibelungen, Berlin o.J. (1876/77). Reuter-Wagner-Museum Eisenach

➤ Die Gesellschaftssatire Gisberts (eig. Paul Pniower) thematisiert die wirtschaftliche Depression seit 1873: Den sog. »Gründerkrach«. Die Wagnerschen Handlungsträger agieren in der Parodie als kapitalistische Unternehmer, Börsenspekulanten, Bankfachleute, kurz als ökonomische Bourgeoisie des ausgehenden 19. Jahrhunderts. Fasolt und Fafner sind »Bauunternehmer« (94); die Götter, die »während der Wachstumsperiode der Gründerjahre einen weit über ihre Verhältnisse gehenden Repräsentationsbau errichten ließen, stehen kurz vor der Pleite. Der hochverschuldete Wodann besorgt sich das fehlende Kapital durch einen Banküberfall auf zwei jüdische Kapitalisten namens Alberich und Mime, Gründer der »Bankfirma Albrecht u. Comp.« (88). Aber alles Versuche Wodanns, Macht und Besitz zu stabilisieren, scheitern: Die Götterdämmerung wird zur »Katzendämmerung«! Die Ring-Parodie verfiel 1879 der bayerischen Theaterzensur wegen sittlicher Anstößigkeiten, die eigentlich schon in Wagners »Ring« auftauchten, und der Rücksicht auf »die israelitischen Confessionsverwandten«.
L *Schneider, Die parodierten Musikdramen Richard Wagners, S. 221 f, 229 f*

[82] Franz Bittong. **Die Meistersinger oder: Das Judenthum in der Musik**
Parodistischer Scherz in einem Akt, Musik … v. Gustav Michaelis, Berlin o.J. (1869). Reuter-Wagner-Museum Eisenach

➤ »Die eigentliche Intention des Stückes ist die Antwort auf Wagners Buch, wo er die Rolle der Juden in der Musik und im modernen Kunstbetrieb attackiert, wo er sich als selbstloses Opfer einer wachsenden Verschwörung des internationalen Judentums darstellt und jüdische Komponisten wie Meyerbeer, Mendelsohn und Offenbach verunglimpft. Wagner … wird als überheblicher Besserwisser und blasierter Sprücheklopfer charakterisiert, der in maßloser Selbstüberschätzung sein eigenes Werk als die einzig wahre Musikform präsentiert, neben der andere Kunst keine Existenzberechtigung hat.«
L *Schneider, Die parodierten Musikdramen Richard Wagners, S. 187*

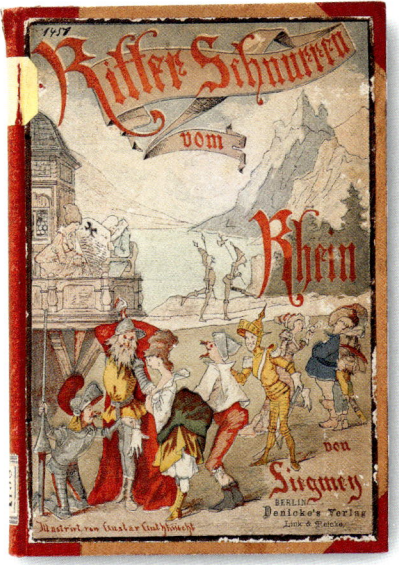

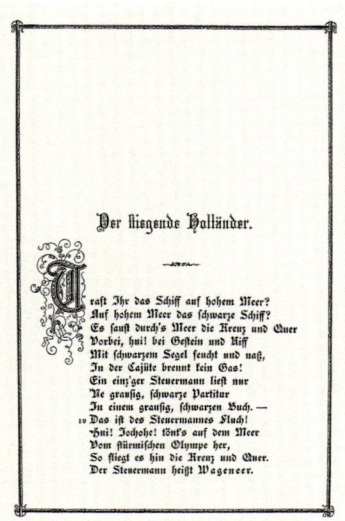

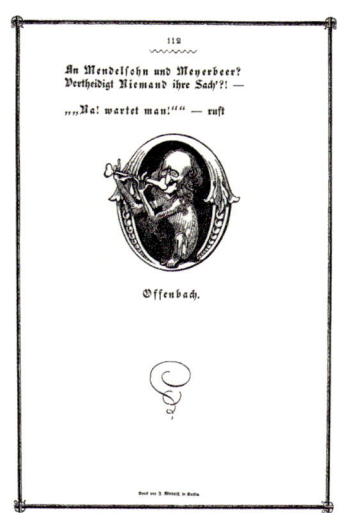

Der fliegende Holländer, in:

83 Siegmey. **Ritterschnurren vom Rhein**
ill. v. Gustav Guthknecht, Berlin 1875, S. 108–112. Reuter-Wagner-Museum Eisenach

➤ Wagner sitzt, seine Schrift »Das Judentum in der Musik« in der Hand, in einem in schwerer See gekenterten Boot, während die oben im Bild sichtbaren Köpfe der jüdischen Komponisten Meyerbeer und Mendelsohn-Bartholdy sturmblasend die Wellen hochpeitschen.
Die Parodie nimmt Wagners künstlerischen Führungsanspruch und seine Diffamierung jüdischer Künstler als künstlerisch unproduktiv kritisch in den Blick und veranschaulicht das Ausmaß der Ablehnung, die Wagner mit seiner antijüdischen Schrift erfuhr.

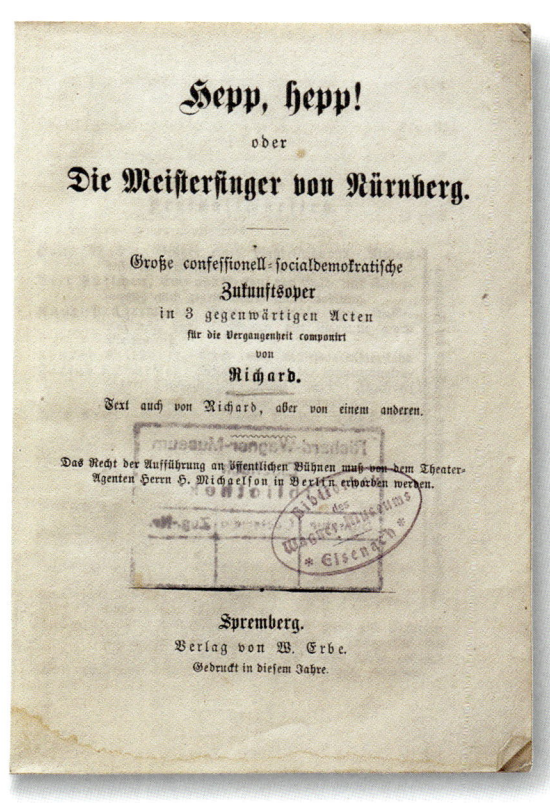

84 **Hepp, hepp! oder: Die Meistersinger von Nürnberg.**
Große confessionell-socialdemokratische Zukunftsoper in 3 gegenwärtigen Acten für die
Vergangenheit komponiert von Richard. Text auch von Richard, aber von einem ande-
ren. Spremberg 1872. Reuter-Wagner-Museum Eisenach

➤ Die Stoßrichtung zielt gegen den Antisemitismus Wagners und gegen die Sozialdemokratie. Die Meistersinger, Mitglieder eines »christlich-germanischen Institutes« nehmen schließlich den Juden »Adam Walther Holzing, gen. Meyersohn« in ihre Reihen
auf, das »Volk« verprügelt den sich antisemitisch gerierenden sozialdemokratischen
Journalisten »Sixtus Aufmesser«. Der Schluss der Parodie, der die Einheit von Traditio-
nalisten und jüdischem Kapital, mit dem sich Adam in die Meistersingerriege und die
Ehe mit Eva Püffchen einkauft, demonstriert, sowie die Ausschließung des Sozialdemokraten als Reichsfeind, spricht für die Zuordnung des Autors in ein klassisch-libe-
rales oder nationalliberales Milieu.

[85] Dr. Wilhelm Mohr. **Das Gründerthum in der Musik**
Ein Epilog zur Bayreuther Grundsteinlegung, Köln 1872. Nationalarchiv der Richard-
Wagner-Stiftung Bayreuth

➤ Für Mohrs liberale politische Grundhaltung spricht folgende Passage »Unsere heutigen Volksvertretungen gefallen ihm natürlich ebensowenig. Er steht in dieser Beziehung vollkommen auf demselben Standpunkt wie unsere Socialdemokraten: Von den
deutschen Parlamenten erwartet Wagner ebensowenig sein Heil, wie Bebel und Lieb-
knecht. Genug dass die Könige ihm tributpflichtig werden und das Volk ihm Beifall
zujauchzt. Nun, wer weiß. Vielleicht erleben wir den Tag, wo die politische Commu-
ne der musicalischen den Weg zum Siege bahnt, wo die deutsche Nation sich ihr defi-
nitives Nationaltheater errichtet und allerorten die alten Schandbuben petrolisiert, um
neue Kunsttempel nach dem Bilde und Gleichnisse Wagners aufzurichten. Dann erst
wird die Nation ihre geistige Auferstehung feiern, und das Werk unseres großen Staats-
mannes auch nach Innen vollendet sein: Die verbündeten Künste, das Wagnerzeichen
an der Stirne, schreiten durch das beglückte Vaterland. Deutschland wird zum ersten
Volk der Erde, und Wagner sein Prophet. Das Gehirn des ›Meisters‹, ist das Gehirn der
Welt und nach seinem Taktierstock tanzen alle Nationen.« (S. 29 f)

86 **Emil Heckel**
Foto: Gebr. Mather, Mannheim (Reproduktion). Original: Nationalarchiv der Richard-
Wagner-Stiftung Bayreuth

➤ Der Mannheimer Musikalienhändler Emil Heckel (1831–1908) gab den Anstoß zur
Gründung von Wagnervereinen und des Mannheimer Wagner-Vereins im Reichsgrün-
dungsjahr 1871.
∟ *Bauer, Hans-Joachim, Richard-Wagner-Lexikon, Bergisch-Gladbach 1988, S. 186*

87 Gräfin Marie von Schleinitz, Halbfigur stehend
Foto: Vianelli, Venedig (Reproduktion). Original: Nationalarchiv der Richard-Wagner-Stiftung Bayreuth

➤ Der Plan, die Festspiele durch Ausgabe von Patronatsscheinen zu sichern, ging auf den Pianisten Carl Tausig (s. Katalog Nr. 89) und Marie von Schleinitz (geb. v. Buch, 1842–1912) zurück, die Gattin des preußischen Hausministers. Wagner hatte Marie (Mimi) von Schleinitz anlässlich eines Konzertes in Breslau 1864 kennengelernt. Gräfin von Schleinitz konnte auf eine ebenso wechselvolle wie skandalumwitterte Familiengeschichte zurückschauen, deren Fülle pikanter Einzelheiten Fürst von Bülow in seinen Memoiren genüsslich entrollt. Im Salon Schleinitz wurde als einzigem Berliner Salon, wie Bülow sich »berlinerisch« ausdrückt, »in Geist« gemacht.
Eine informelle Gruppe um den preußischen Hausminister hatte bereits in den fünfziger Jahren auf eine stärkere Liberalisierung Preußens hingearbeitet, wie etwa auf eine Verbreiterung der alten Adelseliten um liberal-bürgerliche Führungsschichten. War schon dieser Gedanke am englischen Vorbild orientiert, so hing man auch dem Ideal des britischen Konstitutionalismus an, dessen Vertreter im Königshause, das Kronprinzenpaar, als gern gesehene Gäste bei Schleinitz verkehrten.
Ebenso auffallend ist die sympathetische Nähe dieser Kreise zur katholischen Konfession und ihre antibismarcksche Frontstellung. Bismarck betonte in seinen Erinnerungen die Unterstützung des katholischen Konservativismus durch die Kaiserin Augusta und ihren politischen Gefolgsmann Freiherr von Schleinitz.

ʟ *Gall, Lothar, Bismarck. Der weiße Revolutionär, 3. Aufl., Berlin, Wien 1980, S. 186*
Bülow, Denkwürdigkeiten, Bd. 4, S. 304. Bismarck, Otto, Fürst von, Gedanken und Erinnerungen,
3. Bde., Stuttgart, Berlin 1921, 2. Bd., S. 489 f. Veltzke, Vom Patron zum Paladin, S. 21 f

88 Wagneriénnes de France et Wagneriénnes d'Allemagne (Abb. S. 114/115)
Bac., Stich aus: La vie parisienne, fondée par Marcelin, meurs, élégantes, choses du jour ... Eaudouin, directeur, 25. Jg, Nr. 19, 7. Mai 1887, 35 x 55 cm. Reuter-Wagner-Museum Eisenach

➤ Während bei den französischen Wagnerianerinnen das Interesse an Amouren, Luxus und Dekadenz deutlich vorherrscht, auch mit massiven Anspielungen auf lesbische Beziehungen (links oben: Les deux amis), geben sich deutsche Wagnerianerinnen entweder aus ernsthaften künstlerischen oder philosophischen Interessen dem Meister hin, sind deshalb auch hässlicher und langweiliger, oder haben auch erotische Abenteuer im Sinn, die sie hinter vorgetäuschter Tugendhaftigkeit oder Standesdünkel verstecken. Auffallend ist auf der deutschen Seite der hohe Anteil von Adelsvertreterinnen.

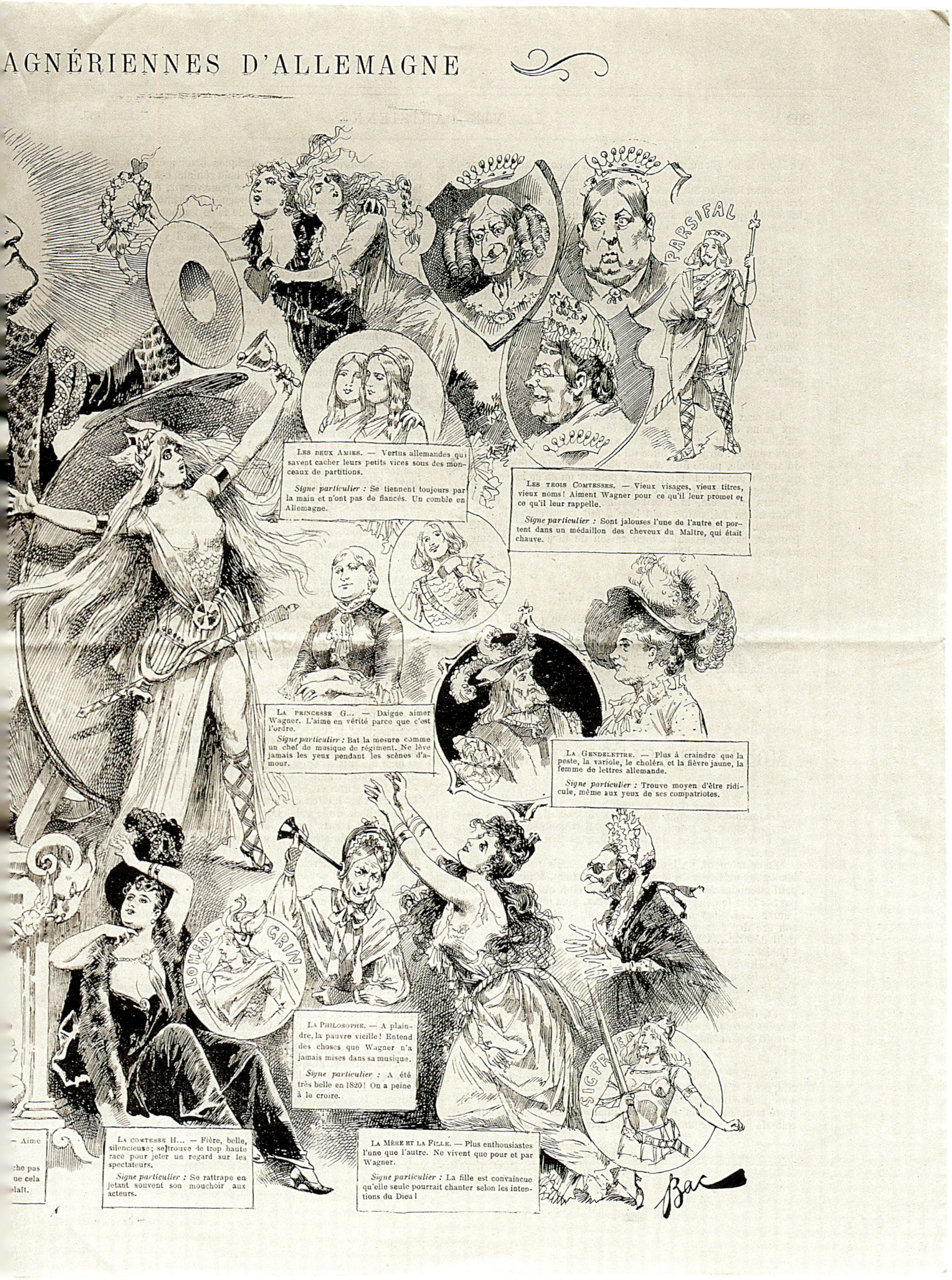

Les deux Amies. — Vertus allemandes qui savent cacher leurs petits vices sous des monceaux de partitions.

Signe particulier : Se tiennent toujours par la main et n'ont pas de fiancés. Un comble en Allemagne.

Les trois Comtesses. — Vieux visages, vieux titres, vieux noms! Aiment Wagner pour ce qu'il leur promet et ce qu'il leur rappelle.

Signe particulier : Sont jalouses l'une de l'autre et portent dans un médaillon des cheveux du Maître, qui était chauve.

La princesse G... — Daigne aimer Wagner. L'aime en vérité parce que c'est l'ordre.

Signe particulier : Bat la mesure comme un chef de musique de régiment. Ne lève jamais les yeux pendant les scènes d'amour.

La Gendelettre. — Plus à craindre que la peste, la variole, le choléra et la fièvre jaune, la femme de lettres allemande.

Signe particulier : Trouve moyen d'être ridicule, même aux yeux de ses compatriotes.

La Philosophe. — A plaindre, la pauvre vieille! Entend des choses que Wagner n'a jamais mises dans sa musique.

Signe particulier : A été très belle en 1820! On a peine à le croire.

La comtesse H... — Fière, belle, silencieuse; se trouve de trop haute race pour jeter un regard sur les spectateurs.

Signe particulier : Se rattrape en jetant souvent son mouchoir aux acteurs.

La Mère et la Fille. — Plus enthousiastes l'une que l'autre. Ne vivent que pour et par Wagner.

Signe particulier : La fille est convaincue qu'elle seule pourrait chanter selon les intentions du Dieu!

Bac

89 Carl Tausig
Stich von Weger, wohl 1871 (Fotoreproduktion). Original: Deutsche Staatsbibliothek Berlin

➤ Carl Tausig (1841–1871), Pianist. Mit Marie von Schleinitz Initiator der Vergabe von Patronatsscheinen und vorläufiger Geschäftsführer dieses Unternehmens.
Wagner war Tausig bereits in Zürich 1858 begegnet und hatte schnell eine warme, aufrichtige Sympathie zu dem Siebzehnjährigen gefasst.
Erstaunlicherweise schien die Tatsache der jüdischen Abkunft Tausig kein Hindernis, sondern eher ein förderndes Element für Wagners Freundschaft zu sein. Das »Judentum in der Musik«, von Wagner als Appell zur Umkehr auch an die jüdische Bevölkerung gerichtet, legte er Tausig ans Herz: »Es wäre wirklich nicht übel, wenn von gescheiten, geistvollen Juden meine Broschüre nur eigentlich ordentlich gelesen würde; aber lesen scheint jetzt kein Mensch mehr zu können. Ich habe nun aber einem wirklich geistvollen Juden alles an die Hand gegeben, dieser ganzen Frage eine große und gewiss segensreiche Wendung, sich selbst aber eine höchst bedeutsame Stellung zu unserer wichtigsten Kulturangelegenheit zu geben.«
ʟ *Gregor-Dellin, Richard Wager, S. 436*
Wagner an Tausig, April 1869, in: Glasenapp, Carl Friedrich v., Das Leben Richard Wagners in 6 Bänden, Bd. 4, Leipzig 1907, S. 277
Bauer, Richard-Wagner-Lexikon, S. 507

[90] Kaiser-Marsch für großes Fest-Orchester von Richard Wagner
Klavier-Auszug zu zwei Händen von Hugo Ulrich, C. F. Peters Bureau de Musique, Leipzig, Berlin, Erstdruck 1871. Nationalarchiv der Richard-Wagner-Stiftung Bayreuth

➤ Wagners euphorische Reaktion auf Sieg und Reichsgründung: Der Kaiser-Marsch war als Einzugshymne für die heimkehrenden Truppen in Berlin gedacht, stieß dort aber auf Ablehnung.
ʟ *Veltzke, Vom Patron zum Paladin, S. 16*

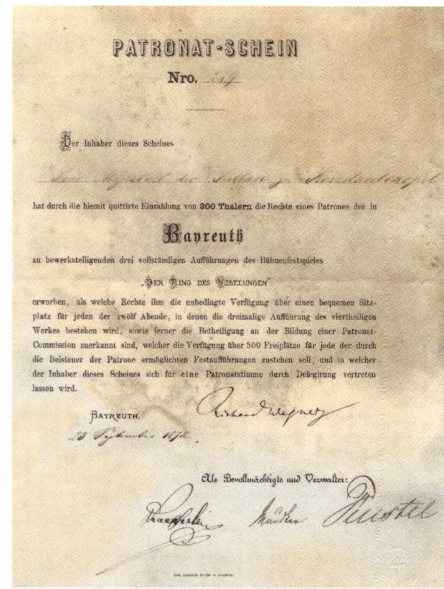

91 **Patronat-Schein Nro. 229 »Seine Majestät der Sultan zu
Konstantinopel«.** Bayreuth, 23. September 1872. Nationalarchiv der
Richard-Wagner-Stiftung Bayreuth

➤   Marie v. Schleinitz soll 10 Patronatscheine unter der Vorspiegelung,
es handele sich um ein Opernunternehmen in Beirut über den türki-
schen Gesandten am Berliner Hof an den Sultan vermittelt haben, so
Bernhard von Bülow in seinen Denkwürdigkeiten. Selbst wenn diese
Geschichte nur gut erfunden sein sollte, trifft sie doch bei den vielen Patro-
natsherren der europäischen Hofgesellschaft insofern den Kern, als die
Motive für die Unterstützung Bayreuths hier meist nicht in einem tiefen Kunstinteresse zu suchen waren.
ʟ   *Bülow, Denkwürdigkeiten, 4. Bd., S. 308*

[92] **Statuten des Wagnervereins in Mannheim,** gegründet am 1. Juni 1871
Zur Förderung der Aufführung des Richard Wagner'schen Bühnen-Festspiels: »Der Ring des Nibelungen«. Druck J. Ph. Walther in Mannheim 1871. Nationalarchiv der Richard-Wagner-Stiftung Bayreuth

➤   Die Statuten sprechen von einem großen nationalen Unternehmen. Unter nationalem Anstrich sollte es allmählich gelingen, die weit verbreitete Ablehnung gegen Wagners Werk aufzubrechen.

[93] Franz Merloff. **Richard Wagner und das Deutschthum**
München 1873. Nationalarchiv der Richard-Wagner-Stiftung Bayreuth

[94] **Patronat-Schein Nro. 85 für Freifrau von Schleinitz**
Bayreuth, 1. Februar 1872. Nationalarchiv der Richard-Wagner-Stiftung Bayreuth

➤   Einer von 6 Patronatscheinen, die Marie von Schleinitz löste.

[95] **Deutsche Festspiele in Bayreuth. I. Redaktion des Akademischen
Wagnervereins zu Berlin**
in: Musikalisches Wochenblatt, Organ für Musiker und Musikfreunde, Leipzig, 2. Jg., 26. April 1872
(Reproduktion)

➤   Wie auch die übrigen Vereinspublikationen schlägt dieser akademische Aufruf das nationale Thema
an, neu ist allerdings seine breite Ausführung und eine hybride Vermessenheit, die zur Überwindung
des auch hier noch vorherrschenden Grundtons nationaler Saturiertheit tendiert. Die Entstehungszeit
der mittelalterlichen Nibelungendichtung etwa wird charakterisiert als Epoche »nie gesehenen Glan-
zes«, als Deutschland »zuerst in festem staatlichen Organismus zusammengeschlossen, die romani-
sche Rasse niederwarf und seinen weltgeschichtlichen Beruf durch Besiegung der Welt erwiesen hatte.«
Parallel hierzu erfährt auch das neue deutsche Imperium eine ähnlich hohe Wertschätzung: »Deutsche
Größe, ein neues, weltbeherrschendes Kaiserreich feiern sie (die Nibelungen, Bem. d. Verf.) heute in
einem welterschütternden Drama.« »Heute, wo die Leitung des vollbrachten Werkes in den Händen
eines gewaltigen Mannes ruht (Bismarck, Bem. d. Verf.), wo der glühende Wunsch nach nationaler
Einheit befriedigt ist, widmet der deutsche Student mit umso froherer Zuversicht seine Teilnahme den
nationalen und idealen Geistesbestrebungen. Auf eine solche geistige Arena rufen daher die Unter-
zeichnenden alle ihre Commilitonen. Wie in Hellas mit der größten staatlichen Blüte, die der Kunst
Hand in Hand ging, so soll auch neben der Auferstehung des Deutschen Reiches dem deutschen Geist
durch ein gewaltiges Kunstwerk ein ewiges Denkmal gesetzt werden. Zum zweiten Male triumphierte
in diesen Tagen der welthistorische Beruf des Germanen auf politischem Gebiete – der geistige Sieg
soll durch die deutschen Festspiele in Bayreuth gefeiert werden ...«

[96] Ernst von Bandel. **Modell des Hermann-Denkmals**
Detmold, Maßstab 1 x 36, Höhe 160 cm, Museumsanfertigung 2001, Künstlerwerkstätten Michael Wollensack und Partner, Rastatt. Preußen-Museum Nordrhein-Westfalen

➤ Führende Wagnerianer versuchten die Denkmalbegeisterung im neuen Reich für ihre Zwecke zu nutzen. Hans von Wolzogen, der spätere Chefredakteur der Bayreuther Blätter, betrachtete so die Bayreuther Festspiele wie auch die Einweihung der Hermann-Statue Ernst von Bandels als »Nachklang der Siegeszeit von 1870 und 1871, indem sie die einheitlich tatkräftige Bekundung des Nationalgeistes und ein gestärktes Bewusstsein von seinem Wesen und Wirken feiern oder darstellen ... Die germanische Gottheit des Krieges und Sieges, die früher schon bei den einzelnen Stämmen unterscheidende Benennungen erfuhr, ging endlich den Sachsen über in die Gestalt des historischen Armins, den Franken in die des mindestens historisierten, epischen Helden Siegfried ... Keinem anderen Nationalhelden galt demnach die Feier auf der Grotenburg, diese Feier des idealen Armin, als wie dem Helden, der an sich schon ideale Gestalt, eine alte, heroisierte germanische Gottheit, auch die Hauptrolle spielt in dem ersten deutschen Bühnenfestspiel für das Theater zu Bayreuth: in Wagners »Ring des Nibelungen«.
L *Wolzogen, Hans-Paul, Feiherr von, Germanische Volksgrundgedichte als Nationalfeststoff, Wien 1876, 3. Jahresbericht des Wiener Akademischen Wagnervereins für das Jahr 1875, S. 5 ff*

97 Franz von Lenbach, **Bismarck in Kürassieruniform**
Öl auf Leinwand (Ölskizze), 1890er Jahre, 148 x 103 cm. Preußen-Museum Nordrhein-Westfalen, Dauerleihgabe der Bundesrepublik Deutschland

➤ Wagners Anhänger betonten häufig die Gemeinsamkeit der beiden »Titanen« Bismarck und Wagner. Obwohl Bismarck ein oberflächliches Interesse an Wagners Werk nicht abging, war seinem eher amusischen Naturell ein tieferer Zugang wohl von vornherein versperrt. Ein längeres Gespräch mit Wagner beeindruckte diesen stark. Seine Hoffnungen auf Bismarcks Unterstützung zur Erlangung eines Reichszuschusses erfüllten sich jedoch nicht. Politisch allerdings und persönlich schien man sich vorübergehend zu finden. Wagner berichtete Heckel später, Bismarck hätte bemerkt, seine Arbeit nach unten bei der Einigung Deutschlands kenne jedermann, aber welche Arbeit da und dort nach oben nötig geworden sei, »bis die Pickelhaube ein Loch bekommen habe und der deutsche Gedanke zum Durchbruch gekommen sei«, davon würden nur wenige wissen. Danach ließen beide, Wagner und Heckel, bei Tisch auf Bismarcks Wohl die Gläser klingen. Diese Episode deutet an, das eine Zusammenarbeit Bismarcks mit Wagner und bürgerlichen Wagnerianern auf dem Boden gemeinsamer nationaler antikonservativer Grundpositionen wohl möglich gewesen wäre, hätte dem nicht die Bismarkfeindschaft der aristokratischen Gönner des Bayreuther Meister entgegengestanden, über die sich selbst Cosima stellenweise entsetzte.
Sicher ist hier nicht gleich an einen »Reichszuschuss« zu denken, aber eine Beteiligung Bismarcks am Patronat, die eine nicht zu unterschätzende Werbewirkung ausgelöst hätte, wäre unter anderen Auspizien durchaus vorstellbar gewesen. Zumal zwei seiner Vertrauten, der Bankier Gerson Bleichröder und Lothar Bucher, Legationsrat im Auswärtigen Amt, und wie Wagner ein ehemaliger radikaler Achtundvierziger, auf ihre Weise der Bayreuther Sache dienten. Bleichröder war Patron und Bucher, der privat mit Wagner verkehrte, hatte Bismarck dessen Hymnus an das deutsche Heer übergeben und das Gespräch der beiden arrangiert.
Bucher stand in brieflichem Kontakt mit Wagners Bankier Feustel und unterrichtete ihn wenige Monate vor den Festspielen von Bismarcks Ansicht, das die Aussichten auf eine erfolgreiche Reichstagspetition jetzt recht günstig ständen. Auch Mimi Schleinitz riet Cosima in diesem Sinne. Wagner wollte sich jedoch nicht zu solch einer Interpellation verstehen. Seine Wünsche gingen in Richtung einer Unterstützung von Kaisers, bzw. Bismarcks Gnaden; an den Reichstag verwiesen zu sein, »empörte ihn tief«. Hier war die Verbitterung Wagners spürbar über eine Nation, die sich in weiten Teilen sei-

nem Kunstwerk verweigerte und in ihren bürgerlichen Repräsentanten, in den Organi-sationen, die seinen Namen trugen, sich hoffnungslos immun zeigte gegen die tieferen Absichten seiner Kunsttheorie.

Bismarck teilte darauf hin, etwa einen Monat später, einem weiteren Befürworter Bay-reuths und Patron, dem Landrat von Jachmann mit, dass er inzwischen das Interesse an den Bayreuther Angelegenheiten verloren hätte, »da man seinen Rat, an den Reichs-tag zu gehen, wo er mit seiner ganzen Kraft für die Sache eingetreten sein würde, nicht befolgt habe.«

Allerdings scheint diese Selbstprognose Bismarcks nicht besonders glaubhaft, da bis-her nichts von solchem Engagement des Reichskanzlers für die Bayreuther Sache spür-bar gewesen war.

ʟ   *Du Moulin-Eckart, Richard, Graf v., Cosima Wagner, Ein Lebens- und Charakterbild, Berlin 1929, S. 563f, S. 545, S. 561, S. 755*

Richard Wagner an Emil Heckel. Zur Entstehungsgeschichte der Bühnenfestspiele in Bay-reuth, hrsg. v. Carl Heckel, Leipzig 1899/1912, S. 56

Cosima Wagner, Tagebücher I., S. 964f, 970

98 **Constantin Frantz**

Foto: Löscher und Petsch, Berlin (Reproduktion). Original: Nationalarchiv der Richard-Wagner-Stiftung Bayreuth

➤   Wagners tatsächliche Ansichten zu Bismarck, Preußen und dem neuen Reich formulierte u. a. sein langjähriger Freund, der Föderalist, Constantin Frantz (1817–1891). In der Juli Nummer 1878 veröffentlichte die Direktion der Bayreuther Blätter seinen »Offenen Brief an Richard Wagner«, allen anderen Beiträgen voranstehend, gewissermaßen als Leitartikel! Er stellte seine Antwort auf Wagners im Februarheft erschienen Aufsatz »Was ist deutsch?« dar, der im preußisch deutschen Reich nun den Inbegriff des »Undeutschen« sah. Eine Stellungnahme, die Wagner von ihm erbeten hatte. Frantz kam nach seinen eigenen Worten dieser Aufforderung gerne nach, ging die Frage jedoch nur von der politischen Seite an: »Ich beabsichtige vielmehr zu zeigen, wie eine wahre deutsche Politik selbst der Kunst verwandt sein wird, indem sie über die Fragen der politischen Macht oder der materiellen Interessen weit hinausgehend, die allgemeinen Aufgaben menschlicher Entwicklung ins Auge fassen und derselben zu dienen, beflissen sein soll. Auf ideale Ziele wäre also solche Politik gerichtet.« Von diesem »metapolitischen« Standort aus erfahren preußische Reichsherrschaft, – Realpolitik und – Militärdominanz ihre rhetorische Züchtigung. Preußen hätte die kleindeutsche Lösung der deutschen Frage angestrebt, da nur dann die betroffen Gebiete für seinen Magen verdaulich gewesen wären.« Eine Politik, der das Verdienst massivsten und – um zugleich berlinisch zu sprechen – unverfrorensten Realismus nicht abzustreiten ist, die sich aber auch damit als von Grund auf undeutsch charakterisiert, indem sie sich ausdrücklich auf ihre egoistischen Interessen beschränkt, alle höheren Aufgaben von vornherein ablehnt«, ist für Frantz die Quelle ständiger Kriegsgefahr: »Das ist auch eine Konsequenz solcher realistischen Politik, das sie Deutschland zur Basis des europäischen Militarismus gemacht hat.«

ʟ   *Bayreuther Blätter, Monatsschrift des Bayreuther Patronat-Vereins, red. v. Hans von Wolzogen, Juni 1878, S. 149–170, S. 150–152, 159*

99   **Friedrich Nietzsche, Carl von Gersdorff, Dr. Erwin Rohde**
Foto um 1870 (Reproduktion). Original: Nationalarchiv der Richard-Wagner-Stiftung
Bayreuth

100 **Dr. Otto Eiser**
Foto: Gebr. Mohr, Frankfurt a. M., um 1870 (Reproduktion). Original: Nationalarchiv
der Richard-Wagner-Stiftung Bayreuth

➤ Friedrich Nietzsche (1844–1900), seine Freunde: Der Kieler Altphilologe Erwin Rohde
(1845–1998), der preußische Kammerherr Carl von Gersdorff (1844–1904) und Dr.
Otto Eiser (1834–1898), Nietzsches späterer Frankfurter Arzt und Mitglied des dortigen Wagnervereins; sie alle waren Förderer der Wagnerschen Kunstbestrebungen.
Rohde besaß neben seiner Vereinsmitgliedschaft noch zwei Patronatsscheine, genau so
wie Gersdorff. Nietzsche und seine Schwester Elisabeth hatten ebenfalls je einen ganzen Schein gelöst. Was sie einte, war eine tiefe Unzufriedenheit mit den inneren Zuständen des Reiches und die Hoffnung auf eine kulturelle Regeneration mit dem Wagnerschen Gesamtkunstwerk im Mittelpunkt. Genährt wurden diese Aussichten auf eine
neue, als spezifisch deutsch verstandene »Kultur« durch das allgemein verbreitete nationale Hochgefühl nach Reichsgründung und Franzosenkrieg.
Doch bald taten sich Gräben auf zum saturierten Reichsnationalismus der Anhän-
germehrheit Wagners. Ein »Mahnruf« Nietzsches zur Unterstützung Bayreuths wurde
so 1873 von den Delegierten der Wagnervereine zu Wagners großer Erbitterung als zu
pessimistisch abgelehnt.
Nietzsche appellierte hier an »die politischen Vertreter deutscher Wohlfahrt in Reichs-
und Landtagen«, die »einen wichtigen Anlass haben, zu bedenken, dass das Volk jetzt
mehr wie je der Reinigung und der Weihung durch die erhabenen Zauber und Schrecken
echter deutscher Kunst bedürfe, wenn nicht die gewaltig erregten Triebe politischer
und nationaler Leidenschaft und die der Physiognomie unseres Lebens aufgeschrie-
benen Züge der Jagd nach Glück und Genuss unsere Nachkommen zu dem Geständ-
nis nötigen sollen, das wir Deutsche uns selbst zu verlieren anfingen, als wir uns endlich wiedergefunden hatten.«
Letztlich formulierte der Aufruf den »Pessimismus der Stärke«, welchen Nietzsche in
seiner »Geburt der Tragödie« ausführte, das Hineinnehmen eines tragischen Weltge-
fühls in die Definition des Deutschtums, das durch die Schopenhauersche Überzeugung vom Leben als Leiden eine Katharsis zum tragischen Heroismus erfährt. Der spätere Bruch Nietzsches mit Wagners wurde von seinen Freunden nicht mit vollzogen.
ʟ *Cosima Wagner, Tagebücher I., S. 544*
Förster-Nietzsche, Elisabeth, Der junge Nietzsche, Leipzig 1912, S. 273, 406
*Förster-Nietzsche, Elisabeth, Das Leben Friedrich Nietzsches, 2 Bde., Leipzig 1897, 2.
Bd., S. 221 f*

101 E. Listner. **Ludwig Schemann**
nach José Ramon Zaragoza, Öl auf Leinwand, 93,5 x 90 cm, o.J. Richard-Wagner-Museum Bayreuth

➤ Der Übersetzer und Biograph Gobineaus sowie Mitbegründer der Gobineau-Vereinigung (seit 1894), die aus dem Bayreuther Kreis hervorging, Ludwig Schemann (1852–1938), war eine Schlüsselfigur für die Popularisierung der Rasselehren des französischen Grafen.
Schemann: Die »Wagnerbewegung« sei berufen, »ein neues Leben auf allen geistigen Gebieten« zu schaffen. »Da schwinden die abgeblassten Gegensätze von konservativ und liberal, orthodox und freisinnig, klassisch und modern, pessimistisch und optimistisch, und es gilt nur noch, ob deutsch oder undeutsch, ernst und weihevoll in Leben und Denken oder flach und frivol, idealistisch oder materialistisch.«
Schemann sollte sich später von Bayreuth entfernen und – sicher unter dem Einfluss Gobineaus – bekennen, er vermöge nicht an die Regenerationsidee (Wagners) zu glauben. »Man mag darin ein weiteres Indiz dafür sehen, dass die Rasselehre des Franzosen nicht ohne weiteres mit dem Bayreuther Antisemitismus identifizierbar war« (Châtellier). Schemann war ein wichtiges Bindeglied für den Übergang eines idealistisch kulturphilosophisch affizierten Antisemitismus in ein rassebiologisches Stadium.
ᴸ *Schemann, Ludwig, »Die Gral- und Parzifalsage in ihren hauptsächlichsten dichterischen Verarbeitungen, III. Die Bedeutung des »Parsifal« für unsere Zeit und unser Leben, Bayreuther Blätter 1879, S. 106–116. S. 109, 114*
Châtellier, Hildegard, Wagnerismus in der Kaiserzeit, in: Handbuch zur »Völkischen Bewegung« 1871–1918, hrsg. v. Uwe Puschner, Walter Schmitz, Justus H. Ulbricht, München u.a. 1996, S. 575–612, S. 599

[102] Statut des Allgemeinen Patronat-Vereins zur Pflege und Erhaltung der Bühnenfestspiele zu Bayreuth
Original: Nationalarchiv der Richard-Wagner-Stiftung Bayreuth
Bayreuther Blätter. Monatsschrift des Bayreuther Patronat-Vereins, unter Mitwirkung Richard Wagners, red. v. Hans v. Wolzogen, Titelblatt. 1. Jg. 1878, Original: Nationalarchiv der Richard-Wagner-Stiftung Bayreuth
Reproduktion und Collage.

➤ Die Statuten des Allgemeinen Patronat-Vereins vom September 1877 formulieren die weitgehendsten Rechte eines Vereins an Wagners Werk, die dieser je zugestanden hat. Im Dezember 1877 erhebt Wagner die Bayreuther Blätter ohne Autorisierung durch eine Generalversammlung zur Vereinszeitschrift und 1882 teilt er dem Verein mit, er habe nur noch Patron des Publikums (Ermöglichung des Festspielbesuchs für Bedürftige) statt »Patron des Kunstwerks« zu sein. Die Bayreuther Blätter sollten das »geistige und moralische Band« der neuen Vereinigung sein, die keinen organisierten Vereinscharakter mehr besitzen sollte. Das bedeutete das Ende für den Patronat-Verein. Der Abonnentenkreis der Bayreuther Blätter sank im kommenden Jahr (1883) um mehr als die Hälfe (648). Der Leipziger Rudolf Zenker, einer der Initiatoren des Patronat-Vereines: Die Bayreuther Blätter würden » von den Frauen mit wenigen Ausnahmen, und dem weitaus größten Teil der Männer nicht begriffen«.
Die bedeutendsten Schriften Wagners, die den Rahmen des Reformblattes bestimmten waren: »Was ist deutsch?« (Bayreuther Blätter 1878), »Religion und Kunst« (Bayreuther Blätter, Oktober 1880) und als »Ausführungen zu« »Religion und Kunst«: »Erkenne Dich selbst« (Bayreuther Blätter, Februar. März 1881) und »Heldentum und Christentum« (Bayreuther Blätter, September 1881). Bereits in den Titeln zeigt sich die Akzentverschiebung von ästhetischer Reflexion zu religiöser Spekulation an, die jetzt das Zentrum der Gedankenwelt des gealterten Wagner einnahm.
ᴸ *Veltzke, S. 311f*

103 Freiherr Reinhart von Seydlitz. **Richard Wagner**
Öl auf Leinwand, aus: Engel, S. 629 (Reproduktion)

➤ Freiherr Reinhart von Seydlitz (geb. 1850), Maler, Kunstwissenschaftler und Literat, langjähriges Mitglied des Münchner Wagnervereins, steht mit seiner Reaktion auf die Antisemitenpetition Försters für
eine puristische Wagnernachfolge: »Als Germane gegen die Wasserpest
des Semitentums aufzutreten, halte ich für meine erste Pflicht ... Aber
als **Christ** gegen die Juden fechten zu sollen, ist denn doch eine ent-
würdigende Zumutung! ... Auf Geldbeutel gesetztes Gesindel, von
Stöcker und Konsorten angeführt – dazu soll ich **meinen Namen** lei-
hen?? Wir Germanen sind eben verjüdelt, d.h. dem Fluche Alberichs
verfallen ... Begeben wir uns von diesem üblen Dornengestrüpp, in
dem uns immer wieder von Klingsors Zauberpracht und Lust träumte,
endlich wieder auf einen idealen Boden ...«
ʟ *Seydlitz an Wolzogen, 19.11.1880, Nationalarchiv der Richard-Wagner-Stiftung Bayreuth*

[104] Wilhelm Marr. **Der Sieg des Judenthums über das Germanenthum**
Vom nichtconfessionellen Standpunkt aus betrachtet Vae victis, 2. Aufl., Bern 1879.
Nationalarchiv der Richard-Wagner-Stiftung Bayreuth

➤ Marrs Erstauflage »Der Sieg des Judenthums ...« erschien bereits 1873 und baute
auf der Rasselehre Gobineaus und seiner Ansicht, dem unausweichlichen Niedergang
durch Rassenvermischung auf. Marr (1813–1904) gründete 1879 die erste rein antisemitische Organisation: Die »Antisemiten-Liga«. Marrs Vorschlag, Wagners »Das Judentum in Musik« zu verlegen, wurde von diesem nicht angenommen (vgl. Kap. 6).
ʟ *Bergmann, Werner, Völkischer Antisemitismus im Kaiserreich in: Handbuch zur
»Völkischen Bewegung« 1871–1918, hrsg. v. Uwe Puschner, Walter Schmitz, Justus
H. Ulbricht, München u.a. 1996, S. 449–463, S. 450f*

[105] Bernhard Förster.
**Richard Wagner in seiner nationalen Bedeutung und seiner Wirkung auf das
deutsche Culturleben**
2. Auflage der Parsifal-Nachklänge, Leipzig 1886. Reuter-Wagner-Museum Eisenach

➤ Nachdruck einer Artikelserie in den Bayreuther Blättern. Dr. phil. Bernhard Förster
(1843–1886), mit Nietzsches Schwester Elisabeth verheiratet, war Hauptinitiator der
Antisemitenpetition von 1880, die zum erstenmal die Antisemiten verschiedener Lager
zusammenschloss. Wagner verweigerte hierfür seine Unterschrift. In der parteipolitischen antisemitischen Bewegung vermisste er das Bewusstsein der Notwendigkeit erst
der eigenen ethischen Reinigung als Lösung der jüdischen Problematik. Bernhard Förster gründete mit Max Liebermann von Sonnenberg 1881 den eher konservativen Deutschen Volksverein, der Wagner zu stark an der Machtpolitik Bismarcks orientiert war.
Förster rief dann in Paraguay die Kolonie Neu-Germanien ins Leben und endete dort
im Selbstmord (vgl. Kap. 6).
ʟ *Kurzbiographie (Werner Bergmann) in: Handbuch zur Völkischen Bewegung, S. 905f*

106 Fritz Schaper. **Richard Wagner**
Büste Gips, 1885, Höhe 75 cm. Reuter-Wagner-Museum Eisenach

➤ In der Ausstellung mit dem Zitat Wagners: »Was nicht erkannt wird,
darauf wird losgeschlagen, und schlagen wir uns damit selbst, so vermeinen wir, der andere hätte uns geschlagen. Wer erlebte dies nicht
wieder, wenn er mit jener Lehre im Sinn etwa der heutigen Bewegung
gegen die Juden zuschaut.«
ʟ *Erkenne Dich selbst, in: Richard Wagner, Gesammelte Schriften und
Dichtungen, Leipzig 1888, Bd. 10, S. 264–274, S. 272*

Der Bayreuther Kreis

107 Adolf von Hildebrand. **Cosima Wagner**
Gipsbüste in Terrakotta, getönt, 1899, Höhe 64,5 cm. Richard-Wagner-Museum Bayreuth

➤ Im Mittelpunkt des Bayreuther Kreises stand als Leitfigur Wagners Witwe Cosima (1837–1930). Zu Lebzeiten Wagners verstärkte sie dessen religiös-mystischen Tendenzen und dogmatisierte nach dessen Tod die Interpretation seines Werkes. Nicht als literarische Wortführerin, sondern als Hüterin des geistigen Erbe ihres Mannes, als »Herrin von Bayreuth«, bildete sie im Hintergrund der publizistischen Wirksamkeit dieses Kreises eine entscheidende Autorität, selbst dann noch, nachdem sie 1906 die Festspielleitung an ihren Sohn Siegfried übertragen hatte.

Zentrales Publikationsorgan dieses Kreises, der die Auslegung, die Verbreitung und Anwendung der Lehren des Bayreuther Meisters auf verschiedenste Lebensgebiete zu besorgen hatte, bildeten die Bayreuther Blätter (1878–1938).

Zum engeren Kreis gehörten neben Cosima sechs Persönlichkeiten, von denen Heinrich von Stein (1857–1987) als früh verstorbener Literat und Erzieher Siegfried Wagners von Cosima kultisch überhöht wurde und der Kunsthistoriker und Schwiegersohn Cosimas Henry Thode (1857–1920) als Vertreter einer Kulturtheorie, die künstlerische Hoch-Zeiten aus der Intensität religiöser Suche begründete und hier in der Nachfolge Wagners gesehen wurde. Weiter zählten zum Kern des Kreises: Carl Friedrich Glasenapp, Hans v. Wolzogen, Ludwig Schemann (Kat. Nr. 102) und Houston Stewart Chamberlain (s. u.). Sie alle einte die Überzeugung von den gewaltigen erzieherischen Möglichkeiten der Kunst, besonders der Wagnerkunst, auch als Ansatzpunkt einer grundlegenden geistig-moralischen Erneuerung.

ʟ *Schüler, Winfried, Der Bayreuther Kreis. Wagnerkult und Kulturreform im Geiste völkischer Weltanschauung, Münster 1971, S. 78–127*

Châtellier, Hildegard, Wagnerismus in der Kaiserzeit, in: Handbuch zur »Völkischen Bewegung« 1871–1918, hrsg. v. Uwe Puschner, Walter Schmitz, Justus H. Ulbricht, München u.a. 1996, S. 575–612, S. 591–605

108 Franz Stassen. **Schmuckblatt für Carl Friedrich Glasenapp**
Farbzeichnung, Berlin 1908, 47,5 x 38,0 cm. Richard-Wagner-Museum Bayreuth

➤ Inschrift: »Titurel's Genossen seinem teuersten Herrn Staatsrat Carl Fr. Glasenapp.
In Verehrung und Liebe. Berlin, 11. August 1908. Franz Stassen«
Das Blatt zeigt die germanische Weltenesche Ygdrasil, davor die Figur Wotans mit
zerbrochenem Speer, die untergehende überlebte alte Ordnung verkörpernd und die
Gestalt des Gralskönigs Titurel mit der (intakten) heiligen Lanze, die zukunftswei-
send bis in den Blattrahmen hinein ragt und die Erlösungsidee des Parsifal andeutet.
Im oberen Mittelfeld: Als Sinnbild idealistischer Orientierung und utopischer Ausblick:
Ein blauer Sternenhimmel über steil emporsteigenden Felsenkronen. Für den in Riga
wirkenden Dozenten für deutsche Sprache und Literatur, Carl Friedrich Glasenapp
(1847–1915), der Bayreuth als Wächter der reinen Lehre mit schwärmerischer Verehrung anhing, ist das Bild des Gralsritters (Titurels Genosse) durchaus angemessen.
Seine monumentale Wagnerbiografie in 6 Bänden (Das Leben Richard Wagners in 6
Büchern. 3. Ausg. Leipzig 1894–1911), sein Wagner-Lexikon (Stuttgart 1883), seine Wagner-Enzyklopädie (2 Bde., Leizpig 1891) formulierten und verbreiteten die Grundlage
eines dogmatischen Wagnerbildes.

109 Schreibtischstuhl Carl Friedrich Glasenapps
Eichenholz mit Schnitzdekor, Leder, 81 x 57 x 57 cm. Nationalarchiv
der Richard-Wagner-Stiftung-Bayreuth

➤ Der Stuhl vereinigt mit seinen Stilelementen germanischer Mythologie und Kunst (Drachenkopflehne, Flechtbandornamentik im Rücken
wie dem Fries fortlaufender Kreuze unterhalb der Sitzfläche die Haupt-
richtungen von Wagners mythischer Welt.

110   **Hans Paul von Wolzogen, um 1880**
      Foto: Hans Brand, Bayreuth (Reproduktion). Original: Nationalarchiv der Richard-Wag-
      ner-Stiftung Bayreuth

111   Franz Stassen. **Ehrenbürgerbrief der Stadt Bayreuth für Hans v. Wolzogen**
      Farbige Zeichnung, 1922, 58 x 45 cm. Richard-Wagner-Museum Bayreuth

      ► Inschrift: »Der Stadtrat Bayreuth hat am 24. Mai 1922 ... Herrn Hans Paul Freiherrn
      von Wolzogen, der seit 45 Jahren als getreuer Mitarbeiter am Werke Richard Wagners
      und als Künder und Verbreiter seiner erhabenen Gedanken hier weilt und wirkt das
      Ehrenbürgerrecht der Stadt Bayreuth und die goldene Bürgermünze verliehen. Der
      Stadtrat: Preu«
      Im oberen Bildteil: Neogotisches Wurzelwerk mit aufgelegtem Medaillon mit Fest-
      spielhaus und Kopfportrait Richard Wagners, dazu die Textzeilen: »Ihr wisst, das nur
      dem Reinen vergönnt ist sich zu einen den Brüdern, die zu höchsten Rettungswerken
      des Grales Wunderkräfte stärken (Parsifal, 1 Aufzug): O Treue! Herre, Holde Treue«
      (wohl aus Wolframs Parzival) auf zwei Schriftbändern. Getragen wird dieser grafische
      Block mit Wurzelfüllung von einer romanischen Portalnische, die statt der in der mittel-
      alterlichen Sakralarchitektur üblichen biblischen- oder Heiligen-Gestalt nun die Figur
      eines gerüsteten Gralsritters zeigt mit Gralskelch, Taube und Nimbus unter dem Kreuz
      im Giebel. Die Bildaussage ist eindeutig. Das Fundament Bayreuths ruht in Gralsdienst,
      Mitleidsreligion, religiöser Mystik und Hans v. Wolzogen (1848–1938), personifiziert
      im Gralsritter, erscheint als ihr treuer Gefolgsmann, als Stütze Bayreuths.
      Nichts beschäftigte den Herausgeber der Bayreuther Blätter (1878–1938) so sehr wie
      religiöse Fragen. Hier folgte er »seiner ungezügelten Neigung zum Romantisieren, Mysti-
      fizieren und Ideologisieren« (Schüler). Durch die Philosophie Schopenhauers und das
      Erlebnis der Wagnerschen Kunst, insbesondere des »Parsifal«, zum christlichen Glau-

ben zurückgeführt, arbeitete er in einer Vielzahl von Schriften an einer völkischen
Reform des Christentum, ohne allerdings, wie radikale Vertreter der völkischen Szene,
das Alte Testament aufzugeben. Obwohl er den Rassegegensätze überwindenden Kern
der christlichen Botschaft herausstellt, wird dieser als Ausfluss »ariogermanischen Geistes« interpretiert und verfestigt sich vor allem nach 1900 ein Denken in rassebiologi-
schen Kategorien. Wolzogen, dessen Widerspruch zwischen dem Zutrauen in einen
allvermögenden Idealismus und dem Glauben an rassische Determinaten für den Bayreuther Kreis geradezu typisch war, hielt den Kontakt zur breiten völkischen Szene und
bereitete den engen Schulterschluss Bayreuths mit diesem ideologischen Spektrum
nach dem Ersten Weltkrieg vor. Sein ausgeprägter Antisemitismus – eingebettet in
kulturphilosophische Betrachtungen – kam mit leisen Schritten daher. Dies erleichterte
das Vordringen antijüdischer Denkweisen in bildungsbürgerlichen Kreisen.

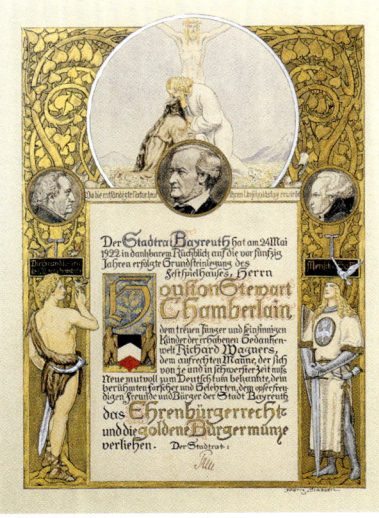

112 Franz Stassen. **Ehrenbürgerbrief der Stadt Bayreuth an Houston Stewart Chamberlain**
Farbige Zeichnung, 1922, 58 x 45 cm. Richard-Wagner-Museum Bayreuth

➤ Inschrift: »Der Stadtrat Bayreuth hat am 24. Mai 1922 ... Herrn Houston Stewart Chamberlain, dem treuen Jünger und feinsinnigen Künder der erhabenen Gedankenwelt Richard Wagners, dem aufrechten Manne, der sich von je und in schwerster Zeit aufs Neue mutvoll zum Deutschtum bekannte, dem berühmten Forscher und Gelehrten, dem opferfreudigen Freunde und Bürger der Stadt Bayreuth das Ehrenbürgerrecht und die goldene Bürgermünze verliehen. Der Stadtrat: Preu«.

Das mittige Textfeld umgeben zwei Bäume – links mit Siegfriedfigur und Waldvögelein, rechts mit der Gestalt des Gralsritters Lohengrin – während sich ihr Geäst im oberen Bildteil miteinander verzweigt, überlagert von einem dominanten Medaillon mit Christus in Kreuzigungsposition und der darunter knienden Kundry von Parsifal tröstend und liebevoll umarmt. Bis auf Kundry verkörpern alle Gestalten – auch der gekreuzigte Christus – das Idealbild des blondhaarigen germanischen Ariers. Siegfried ist die Texttafel: »Die Grundlagen des 19. Jahrhunderts«, Lohengrin die mit der Aufschrift »Mensch und Gott« zugeordnet. Dem Medaillon, in der Darstellung eine Art Umkehrung christlicher Pietàszenen, ist das Schriftband »da die entsündigte Natur heut' ihren Unschuldstag erwirbt« (Parsifal, 3 Aufzug) unterlegt. Drei kleine Medaillons in der oberen Bildhälfte zeigen die Köpfe Goethes, Wagners und Kants und erinnern damit an die entsprechenden Biographien Chamberlains (G.: 1912, W.: 1895, K.: 1905).

Houston Stewart Chamberlain (1855–1927), Engländer von Geburt, begeisterter Verehrer deutscher Kultur, Gatte der Wagnertochter Eva (seit 1908) war der Angehörige des Bayreuther Kreises mit der größten Breitenwirkung. Sein Hauptwerk »Die Grundlagen des neunzehnten Jahrhunderts«, seit 1899 in zahlreichen Auflagen erschienen, entwickelte sich zu einem sensationellen Bucherfolg. Chamberlain bot eine »christ-germanische Gesamtschau« (Châtellier) in weltgeschichtlichem Massstab, die den Arier als Kulturschöpfer und Stifter wahrer Religiosität schlechthin vorstellte, den Juden nach dualistischer Manier als Gegenbild präsentierte. Gobineaus pessimistischen Ausblick einer fortschreitenden und unaufhaltsamen Rassevermischung vormals reiner Rassen ersetzte Chamberlain durch die optimistische Vision einer zukünftigen Entwicklung reiner Rassen (die in der Vergangenheit nie existiert hätten) durch die immer stärkere, planvolle Herausbildung nationaler Eigenarten und leistete damit Züchtungsideen der Rassehygieniker Vorschub.

Im Unterschied zu Wolzogen lehnt er die traditionellen kirchlichen Organisationen und Lehren ab und versucht eine reine Christuslehre herauszuarbeiten, die die Fesseln jüdischer Gesetzesreligion abgestreift habe. Chamberlains Vorstellung einer »unkirchlichen Kirche«, in der die Gläubigen sich nicht in praktizierten Dogmen, sondern im Gebet, »inbrünstigen Religionshandlungen« und Kunsterlebnissen finden sollen, nimmt Gedanken des späten Wagner über das Verhältnis von Religion und Kunst auf. Ein lange schwelender Streit um die Beziehung seiner »Grundlagen« zum geistigen Vermächtnis Wagners zwischen ihm und Henry Thode als Interessenvertreter Cosimas wird mit seiner Heirat und dem Umzug nach Bayreuth beigelegt. Chamberlain entwickelt sich zum entschiedenen Vertreter des preußisch-deutschen Machtstaates und während des Ersten Weltkrieges zum Parteigänger völkisch-politischer Organisationen. 1923 feiert er Hitler als eine Art nationalen Messias – allerdings inzwischen dauerhaft ans Bett gefessel mit wenig Kontakt zur Außenwelt – und gibt ihm damit in bildungsbürgerlichen Kreisen die Weihen zum künftigen Führer Deutschlands. Chamberlain besitzt entscheidenden Einfluss für die völkische Anbindung Bayreuths in dieser Zeit.

Das Blatt Stassens bezieht sich mit Siegfriedgestalt und »Grundlagen«-Thema auf die Rassespekulationen Chamberlains, die Parsifal-Pietà auf Chamberlains germanisches Christentum. Die betreffende Szene im »Parsifal«, der »Karfreitagszauber« thematisiert die durch Christus gleichsam miterlöste Natur und die Erlösung Kundrys durch die Taufe. Gleichwohl erstaunt die betont liebevolle Gestik Parsifals gegenüber Kundry, die nach dem Verständnis der Zeit als Verkörperung des Ewigen Juden aufgefasst wird. Stassen deutet hier die mögliche Erlösung auch für den »Juden« an und stellt mit Lohengrin und seiner Losung: »Mensch und Gott« »dem Prinzip der Rasse (der Grundlagen-Siegfried) das Prinzip der christlichen erlösenden Liebe gegenüber. Tendenziell wird diese Darstellung der Chamberlainschen Position, seinem eher biologistischen Rassebegriff nicht gerecht und ist möglicherweise als eine Art erzwungener Repatriierung Chamberlains zu den Regenerationsideen Wagners zu werten.

113 Josef Hinterseher. **Houston Stewart Chamberlain**
Marmorbüste, Paris 1909, Höhe 55 cm. Richard-Wagner-Museum Bayreuth

➤ In der Ausstellung mit dem Chamberlain-Zitat präsentiert: »Die Reinheit der Rasse
ist immer erst das Sekundäre, das Primäre ... , welches der Zuchtwahl die Grundlage
zu großen Erfolgen bietet ... die Kreuzung!«
Chamberlain glaubte, wie er Cosima im November 1893 mitteilte, » dass über einige
Ausführungen im X. Bande (der Ges. Schr. R. Wagners) der Schatten der Gobineauschen
Lehre wie eine dunkle Wolke liegt« (1). Kernpunkt seiner Kritik bildete der Begriff der
Reinheit einer Rasse, bei Gobineau Ausdruck des Verlustes eines unwiederbringlichen
Zustandes in mythisch-fiktiven Urzeiten. »Man scheint sich vorzustellen,« so die Kritik im gleichen Brief, »eine ‚reine Rasse‘ wäre einmal vom Himmel heruntergefallen
und degeneriere jetzt progressiv und unrettbar durch Mischung usw.« Chamberlains
angebotene Alternative musste sich auf die formierenden Rassenideologien geradezu
revolutionär auswirken, indem er den alten Begründungshorizont aus mystischen Spekulationen um naturwissenschaftliche Methodik auf der Basis eines am Darwinismus
orientierten biologischen Materialismus erweiterte. In Umkehrung des historisch-pes-
simistischen bestimmten Begriffes verlegte Chamberlain die »reine Rasse« in die
Zukunft.

Rassenmischung galt bei ihm nicht mehr als Ausdruck der Dekadenz sondern als Mittel der Rassezucht. »Die Reinheit einer Rasse ist immer erst das Sekundäre; das Primäre, dasjenige welches der Zuchtwahl die Grundlage zu großen Erfolgen bietet, ist nicht Reinheit des Blutes, sondern im Gegenteil Kreuzung« (2). Der Erfolg menschlicher Zuchtwahl, ein »Grundgesetz, welches mir mit voller Sicherheit aus der Geschichte hervorzugehen scheint«, beruhte geradezu auf Blutmischung, der Voraussetzung für das Entstehen außerordentlicher Rassen (3). Chamberlain glaubte, dass die Wirksamkeit politisch forcierter Selektionsmechanismen, die »sorgfältige Ausscheidung alles Minderwertigen« den Aufstieg historischer Völker entscheidend beeinflusst hätte. »Das Aussetzen schwächlicher Kinder ist ein weiteres und war jedenfalls eines der segenvollsten Gesetze der Griechen, Römer und Germanen; harte Zeiten, welche nur der stämmige Mann, das ausdauernde Weib überlebt, wirken in ähnlichem Sinne« (4). Eine kulturhistorische Betrachtung, welche die schon vor 1914, überall aufsprießende Rassenhygiene und Eugenik, deren Entwicklung sich bis in die NS-Euthanasiepolitik fortsetzt, für sich in Anspruch nehmen konnte.

Das Ziel des rassistischen Zukunftsentwurfs war die Stärkung und Ausbreitung der germanischen Rasse, von der Chamberlain behauptete, sie erlebe in den Deutschen des Kaiserreiches eine Periode höchster geschichtlicher, aber auch kulturell-schöpferischer Machtentfaltung. »Körperliche Gesundheit und Kraft, grosse Intelligenz, blühende Phantasie, unermüdlicher Schaffensdrang« stellten die wesentlichen Merkmale germanischer Existenz dar, während Freiheit, Treue und Pflicht die zentralen Charaktereigenschaften ausmachten (5). Physiologische und charakterliche Eigenschaften waren genetisch aneinander gekoppelt und letztlich der bürgerliche Leistungsmensch das utopische Züchtungsziel. Aber das rassistische Zukunftsprojekt war durch den »Typus des Antigermanen« (6) ständig bedroht.

Vielleicht auch unter Anlehnung an marxistische Vorbilder verstand Chamberlain Geschichte im Wesentlichen als eine Geschichte von Rassenkämpfen, nach der insbesondere die deutschen Germanen sich in erbitterten Kämpfen ihres Hauptfeindes zu erwehren hatten: den Juden.

Allerdings setzt Chamberlain die Wagnersche Linie fort und verfällt nicht in blinden biologischen Materialismus. Der Kampf zwischen Germanen und Juden wird um die Kulturhoheit und damit um die Gestaltung der Zukunft geführt. Trotz aller Skepsis wollte Chamberlain eine wirkliche Assimilation jüdischer Menschen nicht ausschliessen. › Es < ist > sinnlos«, schreibt er, » einen Israeliten echtester Abstammung, dem es gelungen ist, die Fesseln Esra's und Nehemia's abzuwerfen, in dessen Kopf das Gesetz Mose und in dessen Herzen die Verachtung Andrer keine Stätte mehr findet, einen ‚Juden' zu nennen. < ... > Ein reinhumanisierter Jude ist aber kein Jude mehr, weil er, indem er der Idee des Judentums entsagt, aus dieser Nationaliät, deren Zusammenhang durch einen Komplex von Vorstellungen, durch einen ‚Glauben' bewirkt wird, ipso facto ausgetreten ist.« (7)

Mit dieser scheinbar humanen Einstellung setzte sich Chamberlain von der vulgärbiologischen und rabiaten Haltung der Antisemitenparteien zwar ab, machte das Vorurteil aber auch gerade dadurch salonfähig.

(Joachim Kinder)

L *(1) Paul Pretzsch (Hrsg.), Cosima Wagner und Houston Stewart Chamberlain im Briefwechsel 1888–1908   (2) s.o., S. 361   (3) s. Houston Stewart Chamberlain, Die Grundlagen des XIX. Jahrhunderts, München 1907 (8. Aufl., Volksausgabe), S. 327 f   (4) s.o., S. 328   (5) s.o., S. 628   (6) s.o., S. 627   (7) s.o., S. 545*

114 Wilhelm II. Widmungsphoto an H.S. Chamberlain
»Zur Erinnerung an Liebenberg, Wilhelm I.R. 28. Octo-
ber 1901«
gerahmt, 20 x 14 cm (ohne Rahmen). Nationalarchiv
der Richard-Wagner-Stiftung Bayreuth

➤ Wilhelm II. und Houston Stewart Chamberlain lern-
ten sich auf Betreiben des Kaisers Ende Oktober 1901
beim Fürsten Eulenburg in Liebenberg persönlich kennen. In einem Brief an Cosima vom 31. Oktober 1901
berichtet Chamberlain, wie er »im kleinsten Kreise, um
den gut altdeutschen Tisch mit der Lampe in der Mitte,
die Kaiserin mit einer Handarbeit, der Kaiser Bilder und
Bücher vorzeigend oder mir das Wort übergebend
< … > einen beglückenden Einblick gewonnen habe
in das Familienleben der Hohenzollern.« An diesem
Abend kam jedoch nicht nur Weltanschauliches und
Privates zur Sprache. Wilhelm II. griff ganz im Sinne
von Bayreuth auch die »lex specialis« für die Auffüh-
rungsrechte am Parsifal auf. Der Kaiser habe betont,
konnte Chamberlain befriedigt berichteten, er werde
niemals erlauben, dass »Parsifal auf einer anderen
Bühne aufgeführt werde.«
Aber auch der Kaiser war zutiefst beeindruckt. Am 31.
Dezember 1901, noch ganz unter dem Eindruck der
Lektüre der Grundlagen und vielleicht der ersten Begegnung schrieb Wilhelm II. an Chamberlain:
»Und nun musste all das Urarisch-Germanische, was
in mir mächtig geschichtet schlief, sich allmählich in
schwerem Kampf hervorarbeiten < … >. Da kommen
sie, mit einem Zauberschlage bringen Sie Ordnung in
den Wirrwarr, Licht in die Dunkelheit; Ziele wonach
gestrebt und gearbeitet werden muss, Erklärung für
dunkel Geahntes, Wege, die verfolgt werden sollen zum
Heil der Deutschen und damit zum Heil der Menschheit! < … > Fürwahr, danken wir ihm dort oben, dass
Er es mit uns Deutschen noch so gut meint, denn Ihr
Buch dem deutschen Volke und Sie persönlich mir
sandte Gott, das ist bei mir ein unumstößlich fester
Glaube.«
(Joachim Kinder)
ʟ *(1) zitiert nach: Paul Pretzsch (Hrsg.), Cosima Wagner und Houston Stewart Chamberlain im Briefwechsel 1888–1908, Leipzig 1934, S. 620*
*(2) zitiert nach: Alex Bein, Die Judenfrage. Biographie
eines Weltproblems, Stuttgart 1980, Bd. II., S. 189*

[115] Houston Stewart Chamberlain.
Die Grundlagen des XIX. Jahrhunderts
2 Bde., 1. Bd.: 1. Hälfte, München 1899

Houston Stewart Chamberlain

116 Houston Stewart Chamberlain. **Die Grundlagen des neunzehnten Jahrhunderts**
2 Bde., 2. Bd.: 2. Hälfte, Ungekürzte Volksausgabe, 28. Aufl., München 1942. Privatbesitz

> ➤ In national-konservativen Kreisen stießen die Arbeiten des späteren Wagner-Schwiegersohnes trotz zahlreicher Vorbehalte auf große Zustimmung. Insbesondere das 1898 in Wien geschriebene, zweibändige Hauptwerk (bis 1919: 100.000 verkaufte Ex.) fand in zahlreichen Auflagen große Verbreitung. Trotz seines rassistisch-antisemitischen Grundtenors und einer pseudowissenschaftlichen Argumentation fand das Buch großen Anklang.
Am 25. November 1900 schrieb die Baronin von Spitzemberg (1843–1914), die im Milieu der Berliner Hofgesellschaft verkehrte, über die Wirkung von Chamberlains Hauptwerk in ihr Tagebuch: »Ein paar Worte muss ich in diesen Blättern einem Buche widmen, in das ich mich diesen Sommer vertieft habe und das für mich eine wahre Offenbarung war, Chamberlains »Grundlagen des 19. Jahrhunderts«. Keine Seite fast, da man nicht widersprechen möchte, verwundert fragen wenigstens, ist es so, kann es so sein; keine aber auch, wo man den glänzenden Gedanken, der genialen, männlichen, schwungvollen, geistreichen Auffassung nicht zujubeln muss! Und seltsam – wo man hinkommt, ist das Buch gelesen, hat begeisterte Anhänger, allerdings auch solche, die es oberflächlich, unwissenschaftlich, phantastisch nennen, ein Urteil, das ich völlig begreife vom Standpunkt der landesüblichen, hochwissenschaftlichen und streng logischen Beurteilung aus. Das Werk wimmelt von gewagten Hypothesen, unbewiesenen Voraussetzungen; aber es gibt soviel zu denken, reißt hin, macht mutig, begeistert die Seele, vernichtet alle graue Theorie, alle Nörgelei – ist das in unserer matten, kühlen, skeptischen Zeit nicht genug des Lobes?
(Joachim Kinder)
L *aus: Rudolf Vierhaus (Hrsg.), Das Tagebuch der Baronin Spitzemberg. Aufzeichnungen aus der Hofgesellschaft des Hohenzollernreiches, Göttingen 1960. Foto aus: Schroeder, Leopold von. Houston Stewart Chamberlain. Ein Abriss seines Lebens. München 1918, nach S. 64*

[117] Houston Stewart Chamberlain. **Die Zuversicht, München 1915**
Privatbesitz

> ➤ Anlass für diesen Aufsatz war der Kriegseintritt Italiens im Mai 1915. Chamberlain deutete den I. Weltkrieg als Kulturkrieg gegen eine Bedrohung, die sich über alle Schützengräben hinweg erstreckte. Ein »Dämon der Niedertracht« – Juden wurden nicht ausdrücklich genannt, die Kriegszensur erlaubte es nicht – habe die Völker der Welt unterjocht und in einen Konflikt mit unabsehbaren Konsequenzen getrieben.
»Deutschlands Feind ist nicht dieses oder jenes Volk, sondern ein Ring von völlig seelenlosen, herzlosen, ehrlosen Geschäftsjobbern, welche die Unterjochung der ganzen Menschheit unter den einen Mammon beschlossen haben; < ... > um Deutschland wegzuräumen, haben sie von langer Hand alles vorbereitet und < ... > fast alle Völker der Erde in Wahnsinn gejagt. Diesem Teufelsgezücht gegenüber steht Deutschland als Gottes Streiter: Siegfried wider den Wurm, Sankt Georg, der Drachenbezwinger.« Auch Deutschland wandelte nach Chamberlain bereits seit Jahren »am Rande des Abgrunds«, da »die Hochschätzung des Geldes < ... > die wachsende Macht des undeutschen Teils der Presse, die systematische Untergrabung der Verehrung des Königtums, des Heeres, der christlichen Überzeugungen« die innere Geschlossenheit des Volkes untergraben habe. Doch war Chamberlain der festen Überzeugung, das »dieser Krieg als Deutschlands Errettung aus tödlicher Gefahr« in die Geschichte eingehen würde.
Chamberlains Glaube an einen siegreichen Ausgang für Deutschland beruhte jedoch nicht auf der Überlegenheit deutsch-germanischer Rasse. »Deutschland kämpft fürs Christentum!« war die Devise, die seine Zuversicht ausdrücken sollte. Sein idealistisch-deutschtümelnder Aufsatz verstieg sich zu der Behauptung, dass Deutschland »ein Werkzeug Gottes, ein unentbehrliches, ein unersetzliches Werkzeug Gottes« geworden sei. Die Armeen der europäischen Gegner, insbesondere der Engländer, dagegen, aufgefüllt mit »Bauchaufschlitzern, Verstümmlern, Augenausstechern« aus den überseeischen Kolonien, verglich er mit dem »Heer des Antichristen«.
(Joachim Kinder)

[118] Bayreuther Taschen-Kalender für das Jahr 1886
hrsg. v. Allgemeinen Richard Wagner-Verein, 2. Jg, München 1885.
Nationalarchiv der Richard-Wagner-Stiftung Bayreuth

119 Bayreuther Taschenbuch mit Kalendarium für das Jahr 1889
»Bayreuther Taschen-Kalender«, hrsg. v. Allgemeinen Richard Wagner-
Verein, 5. Jg., Berlin 1888. Nationalarchiv der Richard-Wagner-Stiftung
Bayreuth

➤ Schulungsmaterial für den Allgemeinen Richard Wagner-Verein mit
Grundsatzbeiträgen. Im Taschen-Kalender 1886 beschreibt Arthur Seidl
Parsifal als »arisch-germanischen Urtypus« des christlichen Erlösers,
fordert den »Bruch mit dem alten Testament« und bekennt: »Selig, alle,
die in Wagners Werken »leben«, denn sie werden das »Ewige Leben«
haben. Vom Antisemitismus setzt sich Seidl ab und redet einer »rein
moralische(n) und geistige(n)« Überwindung des Judentums als »Antijudaismus« das Wort. In der Ausgabe zum Kalenderjahr 1889 beschreibt
Hans von Wolzogen im Vorwort das Haus Brandenburg als »Geschlecht
deutscher Revolutionäre« und adaptiert den Revolutionsbegriff. Der
Allgemeine Richard-Wagner-Verein wuchs von seiner Gründung 1883–
1889 auf 8.097 Mitglieder an und war mit seinem geringen Jahresbei-
trag von 4 Mark und in Aussicht gestellten Vergünstigungen für den
Festspielbesuch auf ein breites Publikum ausgerichtet.

Wagnerianer in Kamerun.

Wie die Blätter berichten, hat sich in Kamerun, um einem dringenden Bedürfnisse abzuhelfen, ein afrikanischer Richard Wagner-Verein in's Leben gerufen.

Der europäerfreundliche Tippo-Tipp hat uns einige Typen und Scenen aus den vom Vereine arrangirten Theatervorstellungen und dem kamerunischen Publicum zur Verfügung gestellt, welche wir hiemit unseren hiesigen Wagnerianern widmen.

Tannhäuser.   Rheingold.   Lohengrin.

Herausgeber und Verleger Josef Frisch.   Verantwortlicher Redacteur Theodor Zajacskowski.   Druck von L. Bergmann & Comp. in Wien.

120 Wagnerianer in Kamerun

in: Der Floh, hrsg. v. Josef Fritsch, 21. Jg., Nr. 2, Wien, 2. Jänner 1889 (Rückseite), Lithografie, 47,5 x 31,5 cm. Reuter-Wagner-Museum Eisenach

➤ Der Karikaturist nimmt den Werbeimpetus der Wagneranhänger aufs Korn. Die Aufführungen der afrikanischen Darsteller von Tannhäuser, Rheingold und Lohengrin scheinen den deutsch-österreichischen Wagnerianern im unteren Bildteil einigen Verdruss zu bereiten. Tatsächlich existierte ein Wagnerverein in Kamerun, der sich aus Angehörigen der deutschen Zivilverwaltung und der deutschen Schutztruppe zusammensetzte.

121 Die Baireuther Kunstfirma

in: Der Floh. Politische, humoristische Wochenschrift, hrsg. v. Josef Fritsch, 28. Jg., Nr. 31, 1896, Titelblatt gez. v. Fr. Graetz, kol. Lithografie, 36 x 29 cm. Reuter-Wagner-Museum Eisenach

➤ Unterlegzeile: »Nach dem Ableben des Firmenchefs führt die selige Witwe das von ihrem Gatten begründete Geschäft in Compagnie mit ihrem Sohn schwungvoll fort.«
Cosima Wagner als weiblicher Lohengrin, gezogen von einem Schwan mit menschlichen Gesichtszügen, der wohl ihren Sohn Siegfried verkörpern soll. Der die Hände bewundernd zusammenlegende und verklärt nach oben schauende Frosch (rechts unten) steht für den kritiklosen Wagnerianer.
Auseinandersetzungen zwischen Cosima Wagner und dem Verwaltungsrat der Festspiele auf der einen Seite und dem Allgemeinen Richard Wagner-Verein auf der anderen, um die direkte Finanzierung der Festspiele und die ungenügende Berücksichtigung der Vereinswagnerianer bei der Vergabe von Festspielkarten 1891 führen zum Bruch. Nun setzt ein anhaltender Mitgliederschwund ein von 7 879 (1891) auf 3 726 (1896).

122   A. Bartossek. **Richard Wagner**
Büste, Holz, 1942, Höhe 47 cm. Stadttheater Minden

➤ Die Büste ließ der Mindener Ortsverein des »Richard Wagner-Verbandes deutscher Frauen« anlässlich seines 30-jährigen Jubiläums
1942/43 anfertigen und schenkte sie der Stadt Minden. Seit dieser Zeit
steht sie im Wandelgang des Stadttheaters.
ʟ *Jahresbericht des Richard Wagner-Verbandes deutscher Frauen e.V.
1943, Archiv des Mindener R.W.V.*

123 **Eugenie Hoppe und G. Hattenhauer im »Biedermeier-Duett«** Albert Böhme, Postkarte um 1912
Archiv des Mindener R.W.V.

➤ Der Mindener Verband, gegründet 1912/13, zählte 1914 37 Mitglieder, 1923: 190, 1929: 146 Mitglieder, 1932: 78 und 1941: 188 Damen in seinen Reihen. Man pflegte hier eine intime, fast familiäre
Atmosphäre mit gemeinsamen Teenachmittagen mit musikalischen Darbietungen, die weit über Wagners Werk hinausgingen und allgemeinere musikkulturelle Bedürfnisse befriedigten.
So heißt es im Jahresbericht von 1929, der musikalische Teenachmittag sei ein voller Erfolg gewesen
und habe gezeigt, »wie sehr es der Verband versteht, im intimen Kreis gute Kunst zu üben und Liebe
und Interesse dafür zu wecken.« Auch ein lokaler Pressebericht vom 2.3.1914 attestiert dem Mindener Verband für seinen »Wagner-Abend« im Evangelischen Vereinshaus »ein schön(es), intim(es) Fest«,
bedauert aber die »Beschränkung auf einen so exklusiven Kreis«. Zum das Konzert beschließenden
Trauermarsch der Götterdämmerung bemerkt der Rezensent nicht ohne Ironie: »Ernst im Marschtritt,
zogen noch einmal Neid und Hass und Liebe der Wälsungen vorbei. – Die Damen blieben beisam-
men, auf der silbernen Brücke des Teelöffels schritt man von Sterbemotiven wieder zum Leben.«
Zu dem vertrauten Umgang, den man untereinander pflegte, trug die langjährige Kontinuität im Vorsitz (von 1915–1944) durch die Sängerin Eugenie Hoppe sicher nicht wenig bei. Die Intimität, das Leben
und Weben im gleichgesinnten Kreise scheint für den Richard-Wagner-Verband deutscher Frauen nicht
untypisch gewesen zu sein. Hieraus zog er seine Kraft und gewann sein besonderes Profil.
ʟ *Jahresberichte des Richard Wagner-Verbandes deutscher Frauen (E.V.), Archiv des Mindener R.W.V.*
Presseausschnitt ohne Herkunftsvermerk, Bleistiftdatierung 2. III. 1914, Archiv des Mindener R.W.V.

EXKURS:
FRÜHER PARTEIANTISEMITISMUS, WAGNER UND WAGNER-ANHÄNGERSCHAFT[1]

Die Genese des politischen Antisemitismus im Kaiserreich fällt mit in die Ära existenzieller Erschütterungen des deutschen Liberalismus. Die wirtschaftliche Rezession seit 1873 und Bismarcks Bruch mit den Nationalliberalen gegen Ende des Dezenniums schufen ein Klima antiliberaler Kampfstimmung, in dem sich die antijüdische Propaganda als wirksame Waffe erwies. Sowohl konservative Parteikreise und zeitweise auch das Zentrum versuchten mit der Bekundung antisemitischer Animositäten massenwirksame Politik zu treiben[2], wie auch kulturreformerische Außenseiter, etwa Lagarde oder die Zirkel um Wagner und Nietzsche, ohne eigentliche politische Heimat, die Gelegenheit ergriffen, auf der Welle des Antisemitismus zu reiten und sich von dieser aus ihrer unbequemen Abseitsstellung heraustragen zu lassen. Auch bot die antijüdische Verschwörungstheorie eine griffige Erklärung für das eigene Leid der Isolation und lokalisierte den Gegner. So trugen die antisemitischen Bestseller der siebziger Jahre den Stempel aufgehäufter Bitterkeit ihrer Autoren, die Narben langjähriger Erfahrungen von Nichtbeachtung und Vereinzelung.

Wilhelm Marr, der erste deutsche Rasseantisemit, führte ein erfolgloses Journalistendasein, bis er 1873 eine Broschüre veröffentlichte, die als erster sensationeller antisemitischer Bucherfolg die Reihe der antisemitischen Verkaufsschlager einleitete. Ihr Titel, »Der Sieg des Judentums über das Germantentum – Vom nicht-confessionellen Standpunkt aus betrachtet. Vae Victis«, war bereits deutlich pessimistisch akzentuiert, und ihr Inhalt gipfelte in der Annahme der Endgültigkeit des jüdischen Triumphes.[3] Vom antikapitalistischen Standpunkt aus wird das neue Reich Bismarcks als »Neupalästina« verworfen, und selbst die Parteikonservativen, trotz ihrer Ressentiments gegen die dominierenden Wirtschaftskräfte der Neuzeit, als jüdisch durchsetzt verurteilt.[4] 1879 trat Marr dann als Gründer der ersten förmlichen, die antisemitischen Zielsetzung zum Hauptzweck erhebenden Organisation in Erscheinung. Seine »Antisemiten-Liga« war mit ihrer Zeitschrift, der »Deutschen Wacht« vornehmlich publizistisch tätig. Ihre Mitglieder unterwarfen sich der hierarchischen Einteilung in »Berufene« und »Erwählte« und wurden programmatisch nur durch das gemeinsame Band der Judengegnerschaft zusammengehalten.[5]

Marr hatte bereits vor den ersten Festspielen Beziehungen zur Wagnersache angeknüpft. Das »Verzeichnis der ausgegebenen Patronatscheine« weist ihn als Bayreuther Patron mit einem ganzen Patronatsbeitrag à 300 Thaler (Nr. 23) aus.

1879/80 korrespondierte er nachweislich mit Wagner und Wolzogen. Im Februar 1879 übersandte er Wagner seinen »Sieg des Judentums«, nunmehr in der 10. Auflage. Cosima quittierte den Eingang der Broschüre in ihrem Tagebuch mit der Bemerkung, dass sie Ansichten enthalte, »die, ach, Richards Meinung sehr nahestehen«.[6] Die Briefe an Hans von Wolzogen, den Chefredakteur der Bayreuther Blätter, zeigen wiederum Marr als Wagneranhänger, der es mit dessen Kunst ernstlich meinte. So schreibt er rückblickend: »Wie blutete das Herz vor Harm und Ingrimm, als ich 1873 den Meister verleitete, Konzerte zu geben für Bayreuth. Aber es musste ja sein.«[7] Es mag sein, dass Marr seinen Anteil an diesem Entschluss Wagners überschätzte, zumindest erhellt hieraus seine Verbundenheit mit den Bayreuther Kunstbestrebungen. Dieses Interesse an Bayreuth erweiterte sich dann an anderer Stelle zu einer tiefergehenden Wahlverwandtschaft: »Wollen Sie ihre Ideale – die auch die meinigen sind und es schon seit einem Vierteljahrhundert waren, verwirklichen ..., so scheuen Sie die Strapazen des Kriegers nicht.« Der künstlerische Verfall, den Marr hier behauptet, erhält ein halbes Jahr später das Ausmaß eines unaufhaltsamen Untergangs. Selbst Oberammergau sei nun entweiht, zum Ort komödiantischer Selbstdarstellung

1 Der Exkurs ist die überarbeitete und gekürzte Fassung des Kapitels 2.4 in: Veltzke, Veit, Vom Patron zum Paladin. Wagnervereinigungen im Kaiserreich von der Reichsgründung bis zur Jahrhundertwende, Bochumer Historische Studien, Neuere Geschichte Nr. 5, Bochum 1987 **2** Massing, Paul, W., Vorgeschichte des politischen Antisemitismus, F. a. M. 1959, S. 4, 5 **3** Pulzer, Peter, Die Entstehung des politischen Antisemitismus in Deutschland und Österreich 1867–1914, Gütersloh 1966, S. 44 **4** Massing, S. 7, 8 **5** Pulzer, S. 44, Fricke, Bd. 1 S. 37 **6** Cosima Wagner, Die Tagebücher, Bd. III: 1878–1800, ed. u. komm. v. Martin Gregor-Dellin u. Dietrich Mack, München, Zürich, 2. Aufl. 1982, S. 309 (28.2.79) **7** Marr an Wolzogen, Berlin 1.12.79, Nationalarchiv der Richard-Wagner-Stiftung Bayreuth **8** Marr an Wolzogen, Hamburg 16.8.1880, Nationalarchiv der Richard-Wagner-Stiftung Bayreuth **9** Ebenda **10** Ausführungen zu Religion und Kunst I. Erkenne Dich selbst, in R.W., Ges. Schriften und Dichtungen, Lpzg. 1888, Bd. 10, S. 264–274, 264, vgl. S. 272 **11** Ebenda, S. 274 **12** Large, David Clay, Ein Spiegelbild des Meisters? Die Rassenlehre von Houston Stewart Chamberlain, in: Richard Wagner und die Juden, hrsg. v. Dieter Borchmeyer, Ami Maayani, Susanne Vill, Stuttgart 2000, S. 144–158, S. 154, R.W., Heldentum und Christentum, in: R.W. Mein Denken, S. 400–409, S. 407

geraten. »So gibt es keinen Stillstand in der Welt, und wir kugeln in die Götterdämmerung der Kunst hinein. Wofür schlägt man sich eigentlich? Herr, ich glaube für das Ding, das der ›kategorische Imperativ‹ heißt.«[8] Marrs Briefpartner wird diesen burschikos-platten Umgang mit dem Allerheiligsten des deutschen Idealismus wohl ebenso wenig goutiert haben wie sein schon etwas boshaftes Gedankenspiel mit dem Bayreuther Untergang: »Fast möchte man bedauern, dass in ihr Theater in Bayreuth der Blitz nicht eingeschlagen hat. Ich dachte dabei an die Alten: 'Die jedes Haus. in das der Blitz schlug ein, für ein dem Zeus geweihtes gehalten.' Aber selbst der Himmel hat die Poesie verloren.«[9]

Marr bietet ein interessantes Beispiel für die Wiederholung der Weltanschauungsstruktur Bayreuths auf niedrigerem Niveau. Pessimismus, Transzendenz und Aktivismus mischten sich hier mit fanatischem Rasseantisemitismus, der zur Wagnerschen Frage des »Erkenne dich selbst« nicht mehr vorstieß und in Bayreuth Befremden erregte. Wagner hatte 1880 im gleichnamigen Aufsatz für die Blätter ein distanziertes Verhältnis zur antisemitischen Bewegung bekundet, hinter der er zwar einen guten höheren, gewissermaßen metarassischen Trieb als wirksam vermutete, deren zeitgenössischer Zustand ihn aber abstieß: »Was nicht erkannt wird, darauf wird losgeschlagen, und schlagen wir uns damit selbst, so vermeinen wir, der andere hätte uns geschlagen. Wer erlebte dies nicht wieder, wenn er mit jener Lehre im Sinne etwa der heutigen Bewegung gegen die Juden zusieht.«[10] »Der Jude« wurde von Wagner gerade nicht in diesem Sinne als Sündenbock verwendet, sondern erschien ihm nur als Speerspitze tiefhinabreichender Verderbnis. Propagierten radikale Antisemiten die Ausschaltung der Juden mit der Verheißung einer auf dem Fuße folgenden Besserung aller Lebensbereiche, lautete die Formel Wagners genau umgekehrt: erst die allgemeine ethische Katharsis, dann würde »der Jude«, oder das, was jüdisch an ihm sei, von selbst verschwinden.[11] Wagner verweigerte sich von diesen unterschiedlichen Vorgaben her einer Mitarbeit in antisemitischen Organisationen und Aktionen, obwohl eine solche aus antisemitischen Parteikreisen häufiger an ihn herangetragen wurde. Anders als bei manchem seiner Jünger und völkischen Anhänger war »Rasse« für ihn, obwohl biologistisch vorhanden, keine Determinante, welche die »Erlösung« des Juden ausschloss. In seiner Spätschrift »Heldentum und Christentum« (1881) sollte er so das einzige Heilmittel für alle Rassen – angesichts der von Gobineau übernommenen Fiktion allgemeiner Rassenvermischung und -entartung – im erlösenden Blut Christi erblicken.[12]

1879 bemühte sich Marr, Wagner und dessen Kreis für die Mitarbeit an seiner »Deutschen Wacht« zu gewinnen. Allerdings war diese Avance schon so mit galligem Unterton vermischt, dass ihr Erfolg wohl Marr bereits selbst äußerst zweifelhaft erscheinen mochte. In dem betreffenden Brief an Wolzogen[13] beehrte er ihn mit der Anrede als »Herr und Kriegskamerad«, um gleich darauf die Rechtmäßigkeit dieses Titels wieder in Frage zu stellen: »Sie, meine Herren, sind die glücklich situierten Halbgötter des Idealismus. Wir anderen schlagen uns, müssen uns schlagen mitten im »Knoblauch-dampf«. In immer neuen Wendungen, die den Unmut des vulgär-politischen Routiniers gegen die vornehme Reserve der Bayreuther formulierten, forderte Marr ihre Waffenbrüderschaft für den Kampf in den politischen Niederungen. Für den Fall, dass Wagner ablehnte, charakterisierte Marr etwas blumig die dann eintretende Situation: »Wir sind dann um eine herrliche ›Waffengattung‹ in diesem Kriege ärmer! Und – gönnen Sie dem bitteren Humor das Wort! – müssen nach ›Trommeln und Pfeifen‹ marschieren, statt nach harmonischen Instrumenten!« Macht den Sturm harmonisch! Jetzt ist der Moment da, wo ›Ihr Halbgötter‹ steigen könnt, wenn Ihr auch eine Spanne Zeit Menschen werdet und das Volk zu Euch hinaufzieht! Ich fürchte, Sie sind der Welt in Bayreuth so sehr entrückt worden und ahnen den politischen und gesellschaftlichen Aufschwung nicht, der im Werden ist.«

Marrs »odre de bataille« für ein gemeinschaftliches Vorgehen mit Bayreuth bestand in dem Vorschlag, Wagner solle ihm das Verlagsrecht für sein »Judentum in der Musik« überlassen, erst zum auszugsweisen Abdruck in der »Deutschen Wacht«, dann zum Separatdruck. 39 $\frac{1}{7}$ % des Bruttoertrages wäre er dann bereit, dafür nach Bayreuth abzuführen. Wagner wurde nicht gewonnen. Seine frühe antisemitische Broschüre erlebte nach 1869 bis zur Aufnahme in die postume Gesamtausgabe keine neue Auflage mehr. Bemerkenswert bleibt jedoch das Interesse Marrs an der Kunst, insbesondere der Kunst Wagners, das nicht nur durch die Aussicht auf eine werbende Wirkung, die vom Namen des Bayreuther Meisters ausgehen würde, zu erklären ist. Die Kunst schien ihm eine Möglichkeit, die antijüdische Bewegung zu veredeln und stärker zusammenzuschließen. Statt gemeiner Querpfeifer- und Tambourmusik sollten die Antisemiten nun als »harmonischer Sturm« unter dem klingenden Spiel der Bayreuther Halbgötter marschieren.

Ein vulgärer Aktionismus und der Hang zu eskapistischen Kunstwelten brauchten sich eben nicht auszuschließen, sondern ergänzten sich idealtypisch, falls ihnen ein tief gestörtes Verhältnis zur Wirklichkeit zugrunde lag. Auch der sogenannte »Radauantisemitismus« besaß so seine musisch-ideale Kehrseite. An diesem Bedürfnis konnte Bayreuth nicht vorübergehen, erstrebte man doch hier die sittliche Hebung hin zu den ätherischen Zonen, in denen man selbst schon webte und lebte. Wagner blieb zwar weiterhin exemt, Wolzogen aber widmete sich der Zusammenarbeit mit Parteiantisemiten: konservativen und radikalen, trotz weitreichender Unterschiede in ihren politischen Ordnungsvorstellungen.

So leisteten sich Wolzogen und die »Deutsche Reformpartei« vom radikalen linken Flügel des deutschen Parteiantisemitismus gegenseitig publizistische Schützenhilfe und warben die Bayreuther Blätter für Otto Glagaus »Kulturkämpfer«, der einen antiliberal und antiparlamentarisch akzentuierten Antisemitismus vertrat und seinerseits der Bayreuther Sache mehrere Artikel widmete. Im Gegensatz zu Glagau verfochten die Sektionen der Deutschen Reformpartei (gegr. 1880) vielfach die Theorien des Berliner Nationalökonomen Eugen Dühring, dessen staatspolitisches Ideal ein Sozialismus mit autarker Nationalwirtschaft als Ausdruck eines allgemeinen Volkswillens bildete. Massendemokratische Vorstellungen

13 Marr an Wolzogen, Berlin, 1.12.79, Nationalarchiv der Richard-Wagner-Stiftung Bayreuth
14 Mosse, Georg, L., Ein Volk, Ein Reich, Ein Führer. Die völkischen Ursprünge des Nationalsozialismus, Königstein,/Ts. 1979, S. 144 f **15** Wawrzinek, Kurt, Die Entstehung der deutschen Antisemitenparteien 1873–1890, Berlin 1927, S. 48, 52 **16** B. Bl. 1882, S. 127; Stein war Erzieher Siegfried Wagners, später Dozent an der Berliner Universität. Schüler, S. 94 f **17** Aus der Verstandeskultur der Gegenwart, B. Bl. 1883, S. 67, Schüler, S. 147 **18** Deutsche Reform, Organ der Deutschen Reformpartei, Mitredakteur: Egon Waldegg, Dresden 1880, Nr. 7

gingen bei ihm eine Allianz mit einem antichristlichen, germanischen Mystizismus und biologischem Rassismus ein.[14]

Die Beziehung Wolzogens zur Deutschen Reformpartei war bereits vorbereitet in der Person Ernst Schmeitzners, der 1878 den ersten Jahrgang der Blätter verlegte, in Chemnitz einer Ortsvertretung des Patronatvereins vorstand und dort zur gleichen Zeit einen »Reformverein« leitete, der bis 1882 der Deutschen Reformpartei angeschlossen blieb, dann aber sezessionierte. Seine Kontakte zu führenden Wagneranhängern hielt er auch danach weiter aufrecht. Heinrich v. Stein, Mitarbeiter der Bayreuther Blätter und Prinzenerzieher in Wahnfried belieferte die »Internationale Monatsschrift«, das Organ der von Schmeitzner ins Leben gerufenen »Alliance antijuive universelle«, eine Art antisemitischer Internationale[15], mit seinen Beiträgen, wie auch die Bayreuther Blätter für die neue Monatszeitschrift warben.[16]

Das Parteiblatt der Deutschen Reformer, die »Deutsche Reform«, wurde den Lesern der Bayreuther Blätter in Notizen und Anzeigen auf den Außenumschlägen der Wagner-Zeitschrift empfohlen[17], und Wolzogen veröffentlichte dort mehrere Beiträge im Jahrgang 1880. Im Feuilleton erschienen hier über mehrere Nummern hinweg »Aphorismen von Hans Freiherr von Wolzogen«, die diesen Titel in ihrer breiten Ausführung eigentlich kaum verdienen. Sie beginnen mit den, aus der Feder des Blätterredakteurs wohlbekannten, allgemein gehaltenen Wendungen seines ätherischen Idealismus und enden, immer konkreter werdend, in Vorschlägen zur Judenpolitik, die in ihrer Ausdrucksschärfe vom sonst für Wolzogen so bezeichnenden hymnisch-kryptischen Tonfall abstechen. Die folgenden Auszüge seiner Aphorismen stellen den Baron von einer Seite vor, die der Wagnerforschung bislang verschlossen war. Aphorismus 1 setzt noch ganz im gesucht predigthaften Stil der Bayreuther Blätter ein: **Aphorismus 1:** »Bedächten es die Menschen doch vor allem, dass es weder in Weltgeschichte noch im einzelnen Menschenleben darum sich handelt, dass etwas Großes oder Gutes erreicht werde, sondern nur: dass etwas Großes oder Gutes getan sei. Jene Maxime ist jüdisch, indem sie ihr Ziel in das Endliche setzt ... Dagegen ist die andere Maxime die echt menschliche.«

Aphorismus 5 präzisiert die christliche Freiheit, die der zerrissenen geschichtlichen Welt als einzig befriedigender Ausweg offen stehe. Abgesetzt von der jüdischen Auffassungsweise, die das Christuswort: »Mein Reich ist nicht von dieser Welt« niemals zu fassen vermocht habe, erläutert Wolzogen das Wesen wahrer Religiosität: »Der Religion sei es nicht gegeben, »die Welt zu verbessern und ein paradiesisches Diesseits herbeizuführen, sondern aus der Welt hinauszuführen und dieses Dasein des Wahnes und Leidens als solches erkennen zu lassen.« ... »Das Reich der Sittlichkeit ist dem Reiche der Geschichte fremd. Es entwickelt sich mit blutiger Not unter den dämonischen Kämpfen der geschichtlichen Kräfte, im einzigen tröstlichen Hinblick auf die göttliche Gnade, welche, solange es »Geschichte« gibt, für die Menschenseele das eine bleibt, was Not tut.«[18]

Ob die Leser der »Deutschen Reform«, in ihrer Mehrzahl dem selbständigen Handwerk und Handel angehörend, ein aufnahmebereites Publikum für Wolzogens wohltönende Theologie darstellten, ist stark zu bezweifeln. Vielleicht erklärt diese Diskrepanz zu den handgreiflicheren Interessen der Partei auch die Verzögerung des Abdrucks weiterer Wolzogen-Worte, mit dem erst 38 Nummern später fortgefahren wird. Ton und Inhalt haben sich nun verändert, die Beschaulichkeit ist weitgehend Anklage und harschen Worten gewichen. Die bevorzugten Angriffsziele sind Judentum, moderne Wissenschaft, liberale Theologie und preußischer »Militarismus«, hinter denen der Jude als Hauptgegner erscheint:

Aphorismus 8: »Wie glänzend ist die Außenseite unserer wissenschaftlichen Institutionen. Und wenn man nur ein weniges tiefer blickt und nach Menschlichkeit sucht, so ist diese nirgends zu finden. Der Mensch wird zum Wisser verbildet, um Staatsnützer zu werden, oder falls er Jude ist: Judennützer und Christennutzer. Die natürlichen Gefühle der Menschlichkeit werden dabei durch das brutale Nützlichkeitsprinzip verjudeter Wissenschaftlichkeit ... erstickt.« »Der moderne Akademismus ist der Untergang des deutschen Idealismus.« Wie zwei Jahre zuvor Lagarde, forderte auch Wolzogen eine Erneuerung des Christentums durch dessen Trennung von den Rudimenten jüdischer Gesetzesreligion.[19] Aphorismus 9: »Das Heil der Religion liegt nicht in ihrer Versöhnung mit der Wissenschaft sondern nur in der Loslösung des Christentums vom Judentum. – Auf demselben Wege gelangen wir zum Heil der deutschen Nation.«

Ein weiterer Stein des Anstoßes ist Wolzogen der Preußenstaat, dessen einseitig militärische Orientierung den jüdischen Einfluss auf die zivilen Sektoren des Reiches verhängnisvoll begünstigt hätte. Aphorismus 10: »Der preußische Militärstaat gleicht einem treuen und starken Hunde, der zähneweisend vor dem Hause Deutschlands sitzt, um alles Feindliche von außen wirksam abzuwehren, und es frägt sich nur: wovon? Denn im Hause selbst, das überdies nur erst ein Notbau zu sein scheint, befindet sich mehr Elend als Schätze, und ein eigentlicher Eigentümer ist kaum zu nennen, daher sich der Hund leicht als solcher betrachten darf. Inzwischen aber führt ein seltsamer Mieter als Vizewirt ihm die Geschäfte, der den Gewinn in die eigene Tasche steckt und den treuen Wächter hungern lässt, das Elend im Innern vermehrt und selbst nicht einmal die Miete (alias Börsensteuer) zahlen will. So ist der Hund schließlich nur noch zur Bewachung dieses Vizewirts da, den er lieber hinausbeißen sollte, anstatt nach außen so grimmig zu drohen.«

In diesem Bild des dräuenden Hofhundes klingt die für weite Teile des frühen theoretischen Antisemitismus im Kaiserreich so bezeichnende Preußenanimosität an, wie sie sich bei Constantin Frantz und Richard Wagner findet und zumindest in Form der Staatsverachtung, die von ihnen allen geteilt wird, auch bei Paul de Lagarde[20]. Sie alle sind die Vertreter eines »vorliberalen Antisemitismus«[21], der vom Kummer um den Verlust eines imaginären christlich-monarchischen, agrarischen Zeitalters bestimmt ist. Ihre Erfahrungen mit der Vorreiterrolle Preußens im Prozess wirtschaftlicher und politischer Modernisierung Deutschlands ließen sie ihren Unmut auf den steigenden Preußenaar konzentrieren, zwischen dessen Fortschrittsschüben, rationaler Staatlichkeit und militärischem Zuschnitt man nun Zusammenhänge herzustellen wusste; in der Sicht dieser Kulturkonservativen erschienen jene Faktoren abgewertet zu liberalem Judenregiment und beschränktem Nützlichkeitsstandpunkt.

Auch Wolzogen führte in seiner Karikierung preußischer Militärmacht die angebliche jüdische Fronherrschaft zurück auf die Blindheit des preußischen Hofhundes, der trotz

19 In Lagardes »Deutsche Schriften« (1878), Moose, George, l., Ein Volk, Ein Reich, Ein Führer. Die völkischen Ursprünge des Nationalsozialismus, S. 41 f   **20** Schemann, Ludwig, Paul de Lagarde, Ein Lebens- und Erinnerungsbild. Leipzig, 2. Aufl. 1920, S. 215 ff   **21** Pulzer, S. 55   **22** Deutsche Reform, 1880, Nr. 45, Aphorismus 11

der ihm attestierten subalternen Tugenden, Treue und Stärke, ein wenig schmeichelhaftes Symbol darstellt. Hinter den Drohgebärden des Hundes verbarg sich die Kritik des Wagnerkreises an der militärischen Rüstung des Reiches, wie sie Wagner etwa in seiner Schrift: »Religion und Kunst« formuliert hatte. Die Spitzen gegen Preußens »Militarismus« und »Staatsnützlichkeit« als Selbstzweck, der naheliegende Schluss auf seine Brauchbarkeit nur als Wächter, nicht als Herr des Hauses, und endlich die Charakterisierung des Reiches als »Notbau« lassen die Position Frantzens hinter Wolzogens Allegorie hindurchscheinen.

Thematisiert schon der letzt Aphorismus die wünschenswerte Ausweisung der Juden aus dem Reiche, so führen die **vier nachfolgenden Aphorismen** die antisemitischen Zukunftsziele noch weiter aus. Ob die Juden »durch früheren Zwang oder natürliche Anlage« zur Handelstätigkeit geführt worden seien, gelte »bei der socialökonomischen Betrachtung der Zustände gleichviel: es kommt da einzig auf die jetzt wirkenden Faktoren an, worunter der Faktor des lukrierenden Judentums der gefährlichste ist. Man sollte den Juden die Beschäftigung auf den Gebieten, wo sie gefährlich sind, wie in Geldgeschäften, Volksbildung, Journalistik verbieten, dagegen nur die produktiven Zweige freigeben und abwarten, ob sie überhaupt etwas schaffen können; wenn nicht: so taugen sie eben überhaupt nicht in unserem Staatskörper. Nur zum Geldaufsaugen und um das juristische und geistige Regiment über das Volk zu führen, darf eine fremde Race in Deutschland nicht geduldet werden. Sie muss arbeiten, gleich dem Deutschen, wenn sie gleichberechtigt mit dem Deutschen gelten soll. Würde sie auch selbst dadurch niemals deutsch werden können, so soll doch nicht Deutschland durch ihre unproduktive Lukrationstätigkeit jüdisch werden. Das wende Gott!«[22]

Neben Berufsbeschränkungen erwog Wolzogen bereits eine koloniale Lösung der Judenfrage: »Warum, wenn die Juden als »produktiv« gelten wollen, gehen sie nicht in Scharen auf die Kolonisation von Afrika, Asien, Südamerika, wo sie doch keinerlei mittelalterlichen Unterdrückungen ausgesetzt wären? Warum lassen sie die Arbeit der Kolonisation durch Germanen besorgen, um nachher dann nur bequem den Rahm der Nutzung abzuschöpfen? In Europa sitzen fünf Millionen Juden ganz überflüssig, denn dort ist Überbevölkerung der Fluch einer bereits ablebenden Kultur. In dem jungfräulichen Afrika, dem Kulturlande der Zukunft, wo Arbeitskräfte für Kultivierung des reichen Bodens so nötig und so weiter Raum für produktive Niederlassung frei liegt: da zählt man nur 80 000 Juden, lediglich Handelsleute an den Küsten, gerade soviel wie etwa in der einzigen Stadt Wien. Zahlen reden wie sehr auch Juden schreien!«

In den Vorschlägen Wolzogens ist der ganze Katalog damals denkbarer judenfeindlicher Staatsmaßnahmen enthalten, von Berufsverboten bis zur Ausweisung, angelegt ist auch bereits die gezielte Zwangsauswanderung in außereuropäische Kolonisierungsgebiete. Inhalt und Ausdruck sind von denen der Radauantisemiten vom Schlage eines Wilhelm Marr oder Hermann Ahlwardt nicht mehr zu unterscheiden. Lediglich der **Schlussaphorismus** versucht dann wieder den Zirkel zu schlagen zwischen dem Unvereinbaren, zwischen seelischer Erlösung und physischer Herauslösung, zwischen christlich-transzendenter Ethik und antisemitischer Sanktion. So entsteht eine Mesalliance in Bedeutung und Stil. »Die Juden kennen keine Unsterblichkeit. Ihr ganzer Sinn ist auf das Diesseits gerichtet. Dafür ist ihnen die dereinstige Herrschaft der Welt verliehen, womit sie aber sich selbst betrügen und sozusagen: die Katze im Sack gekauft haben. Denn diese Welt ist das ewig nichtige, vergängliche Konglomerat aus Schein und Wahn, wie es unser Christentum uns erkennen gelehrt hat ... Der Jude lebt vom Trug der Welt, der Christ von der Gnade Gottes. Mögen jene immerhin dereinst ihren glänzenden Welttrug erobern.« Die Aphorismen Wolzogens schließen mit dem Appell, das Bekenntnis Tat werden zu lassen: »Wir wollen keine Juden sein.«[23] Hier klingt wieder, wie am Schluss von Aphorismus 11, das »Erkenne Dich selbst« des Meisters an, welches auf Selbstreflexion und Läuterung gerade der Nichtjuden abzielt und eine imaginäre jüdische Wesensart als übertrag- und beeinflussbare Größe begreift. So ist der Gegenbegriff des »Juden« nicht der »Arier«, sondern der »Christ« im Sinne der Bayreuther Metaphysik und Weltverneinung.

Jedoch scheint Wolzogens Allianz mit den Radauantisemiten doch keine harmonische Verbindung gewesen zu sein. Selbst im Verhältnis zwischen Otto Glagaus gemäßigtem »Kulturkämpfer« und Bayreuther Wagnerkreis zeigten sich Sprünge. Glagau, ebenfalls Journalist wie Marr, hatte nach dessen Bucherfolg die antisemitische Kampagne 1874 mit einer Artikelserie fortgesetzt, die unter dem Titel: »Der Börsen- und Gründungsschwindel in Berlin« in dem beliebten literarischen Unterhaltungsblatt »Die Gartenlaube« erschien. Von 1880 bis 1889 gab er eine eigene Zeitschrift, den »Kulturkämpfer« heraus, der auf den gebildeten Mittelstand als potentielle Leserschicht zielte.[24] Die Bayreuther Blätter empfahlen ihren Abonnenten Glagaus Monatszeitschrift in kurzen Notizen und der Kulturkämpfer seinerseits veröffentlichte mehrere Beiträge über Bayreuth.[25] Die insgesamt positive Berichterstattung enthielt jedoch hie und da Spitzen gegen Wagner und Wolzogens Blätter mit ähnlicher Tendenz wie sie die Animosität Wilhelm Marrs gegen die »Halbgötter des Idealismus« kennzeichnete. »Hans v. Wolzogen schmiegt sich so innig an Richard Wagner, ist so ganz in ihm aufgegangen, dass er auch ziemlich des ›Meisters‹ Stil angenommen hat. Eine sichtliche Nachahmung dieses absonderlichen, krausen, schwerfälligen, abstrakten und weisheitsvollen Stiles, der immer weit mehr sagen zu wollen scheint, als er wirklich sagt, tritt auch bei anderen Mitarbeitern der Bayreuther Blätter hervor, die sich in der Hauptsache aus Mitgliedern der Bayreuther Gemeinde recrutieren.«[26]

Diesem nachsichtigen Belächeln Bayreuther Aktivitäten entsprachen allerdings auch tiefere Unterschiede in den weltanschaulichen Grundlagen, ohne dass diese jedoch offen ausgetragen würden. Eine Besprechung des Wagner-Aufsatzes »Erkenne Dich selbst« verfälschte dessen universale Erlösungsgedanken, indem sie behauptete, jener richtete sich ausschließlich an Deutsche und Christen und nicht etwa an die Juden.[27]
Auch der Bayreuther Hausphilosoph Arthur Schopenhauer erfuhr im »Kulturkämpfer« eine satirisch-harsche Aburteilung. In Form einer Wiedergabe englischer Pressetexte wurde schärfste Polemik seitenlang genüsslich ausgebreitet und nicht ohne Pikanterie vor die Besprechung Wolzogens und seiner Blätter gesetzt. Der Schopenhauersche Pessimismus, so hieß es da, sei nur wenig mehr als eine Art von vulgarisiertem Buddhismus. In seiner Verneinung jeglicher historischen Religionsform sei er nur eine besondere Spielart des Atheismus und entspräche dem materialistischen und skeptischen Zeitgeist.[28]

Der Herausgeber des Kulturkämpfer genoss im Gegensatz zu den Exponenten der Deutschen Reformpartei während seiner antisemitischen Karriere die Unterstützung konservativer agrarischer Kreise[29]. In der Wagnerbewegung waren beide Strömungen vertreten, der

23 Deutsche Reform 1880, Nr. 48, Aphorismus 12, 14   **24** Massing, S. 9, 232   **25** Schüler, S. 250   **26** Der Kulturkämpfer, Zeitschrift für öffentliche Angelegenheiten, hrsg. V. Otto Glagau, 4. Jg. Juni 1883, S. 83, Hans v. Wolzogen und die Bayreuther Blätter, S. 430–438, S. 436   **27** Ebenda 1882, Nr. 49, Erkenne Dich selbst, S 32–35, 33   **28** Ebenda 1883, Nr. 83, S. 436–430, vgl. S. 430   **29** Wawrzinek legt das für die 70er Jahre nahe (S.9), Massing spricht von hohen Beamten und einflussreichen Politikern als Mitarbeiter des Kulturkämpfers. (S. 232)   **30** Wawrzinek, S. 67–70, Deutsche Antisemitenchronik, S. 22   **31** Musik und Kultur, Festschrift zum 50. Geburtstag A. Seidls, Regensburg 1913, S. 9. Verzeichnis der Mitglieder des Allgemeinen Richard Wagner Vereins 1884, Nationalarchiv der Richard-Wagner-Stiftung Bayreuth   **32** Beiträge zur Geschichte der antisemitischen Bewegung Jahre 1880–1885, bestand in Reden, Broschüren, Gedichten, hrsg. v. Max Liebermann v. Sonnenberg, Berlin 1885, S. 46–48

»konservative« wie auch der »demokratische« Flügel des Antisemitismus. Zu den Anhängern des letzteren zählte auch Oswald Zimmermann, der seit 1881 die »Deutsche Reform« redigierte und später als einer der wenigen antisemitischen Parteimänner den Sprung in den Reichstag schaffte. Die von ihm in der zweiten Hälfte der achtziger Jahre neubegründete Dresdner Reformpartei stand der »Antisemitischen Volkspartei« unter Otto Böckel nahe, die den »konservativen« antisemitischen Flügel durch eine ausgesprochen demokratische Akzentuierung verärgerte. Sie forderte das Allgemeine und Gleiche Wahlrecht auch auf Landesebene, ungeschmälerte Rede- und Pressefreiheit und tat sich durch starke Angriffe gegen Konservative hervor.

Zimmermann übernahm 1887 die »Deutsche Wacht« Wilhelm Marrs, welche dann die bereits aufgegebene »Deutsche Reform« als Parteiorgan ablöste.[30] So gehört Zimmermann in den Traditionsstrang eines »linken« Rasseantisemitismus, der sowohl in seinem politischen Programm wie seinem fixen Biologismus, dem Bayreuther Denken zuwiderlief. Trotz der hier gehegten antiparlamentarischen Vorstellungen und metaphysischen Erlösungsidee unterstützte Wolzogen Zimmermann publizistisch, wie dieser einen kulturreformerischen Aufsatz für die Blätter lieferte. Zimmermann war zudem 1884 Mitglied der Zentralleitung des »Allgemeinen Richard Wagner-Vereins«. An seiner »Deutschen Wacht« fand Arthur Seidl, 1883 Gründer des Tübinger akademischen Wagnervereins, später aktives Münchener Wagner-Vereins-Mitglied, im Jahre 1883 Arbeit als Feuilletonredakteur.[31]

Waren die Beziehungen Wolzogens zu Marr, Glagau, Schmeitzner und Zimmermann eher sachlicher Natur, so besaß er zu den Försterbrüdern ein persönliches Verhältnis. Freundschaftliche Bande gar verknüpften ihn mit Bernhard Förster. Dieser engen Beziehung entsprach eine tiefere geistige Verwandtschaft. Über das Ergriffensein durch Wagners Kunst und Lehre hinaus teilten die Gebrüder mit dem Baron auch das Bemühen um Einfluss in den verschiedenen antisemitischen Flügeln. Bernhard Förster, Berliner Gymnasiallehrer, initiierte 1880 eine Petition an den Fürsten und Reichskanzler mit dem Ziel, Juden von bestimmten Staatsstellungen (Regierungs-, Richter- und Volksschullehrerstellen) auszuschließen und auf diese Weise wieder unter Fremdenrecht zu stellen.[32]

Unter der Fahne demonstrativ herausgekehrten Christentums gelang es, unterschiedliche antisemitische Strömungen in einer Aktion zusammenzuschließen, ja, den Antisemitismus überhaupt erst zur Massenbewegung zu machen. Insgesamt erbrachte die rege betriebene Agitation ein ansehnliches Ergebnis von 225 000 Unterschriften. Darunter die Namen konservativer Gutsherren, Pfarrer, Handwerker und Kaufleute. Von der sonst kaum vertretenen Professorenschaft wäre der Name Friedrich Zöllners zu nennen, ein frühes Beispiel für die Wohlverträglichkeit von Antisemitismus und Okkultismus. Zöllner, Astrophysiker an der Leipziger Universität, entwickelte anhand seiner Erfahrungen mit dem amerikanischen Medium Slade eine Theorie intelligibler vierdimensionaler Wesen, die ihn in Gegensatz zu seinen Standesgenossen brachte und den Anlass zu heftigsten Auseinandersetzungen bot. Da Zöllner sich im Gefühl seiner Isolation besonders eklatante Ausfälle gegen seine Kollegen leistete, wurde von Seiten der Leipziger alma mater ein Disziplinarverfahren gegen ihn eingeleitet, vor dessen Abschluss er verstarb. Nicht nur seine Untersuchungen zur Vierdimensionalität bereicherten die wissenschaftliche Diskussion, in seinem umfangreichen Hauptwerk: »Über die Natur der Kometen« (1872) war daneben noch eine Fülle erstaunlicher Erkenntnisse zu finden, die auf Schopenhauers Philosophie aufbauten und dem »Materialismus« seiner Wissenschaftsdisziplin Paroli boten; so unternahm er es etwa zu beweisen, dass »die Unsittlichkeit ebenso wie die Eitelkeit des Charakters eine fortschreitende Rückbildung der Verstandesfunktionen bewirkt« hätte. Die Einbettung seines kosmischen Spiritismus in Schopenhauersche Metaphysik und ein undogmatisches Christentum, seine Frontstellung gegen die exakte Wissenschaft und den Liberalismus ihrer Vertreter führte ihm auch Schüler aus dem Wagnerischen Lager zu. Bernhard Förster stand in persönlichem Verkehr mit ihm und schrieb einen Nachruf auf den Astrophysiker in den Bayreuther Blättern, und Moritz Wirth, einer der Gründer des Leipziger Akademischen Wagner-Vereins, setzte den Kampf seines Lehrers fort für die Anerkennung der vierten Dimension. Später war er ein führendes Mitglied der »Deutsch-Socialen« in Leipzig.[33]

Weitere bildungsbürgerliche Antisemiten, die die Petitionen unterstützten, waren etwa vier Kollegen Försters: Dr. phil. Ernst Henrici, Dr. Hans Jungfer, Mitglied im Försterschen Wagnerverein[34], Prof. Dr. Brecher und Dr. Ernst Sieke, wie Förster am vornehmen Friedrichsgymnasium tätig.[35] Auch Hofprediger Stöcker unterschrieb und eine ganze Reihe seiner Amtsbrüder. Das allgemein gehaltene Bekenntnis der Petition zum Christentum erlaubte Vertretern des orthodoxen Protestantismus ebenso die Teilnahme wie Anhängern einer zu Schopenhauerscher Mitleidsethik abstrahierten christlichen Religiosität, während es dem Berliner Privatdozenten Eugen Dühring, der eine Renaissance altgermanischen Götterglaubens heraufzuführen beabsichtigte[36], die Mitarbeit verbot. Die Unterschrift Stöckers lag zudem in der Konsequenz seines Zwei-Kreismodells einer christlichen Volkskirche.[37]

Den inneren Kreis bildete die »Positive Union« von Hofprediger Kögel, die streng kirchliche Positionen gegen modernen Zeitgeist und liberale Theologie verteidigte, der äußere, in dem Stöcker wie im inneren sein Aufgabenfeld erblickte, sollte dagegen den Kampf im Feindesland suchen und dabei von der Einhaltung enger Orthodoxie dispensiert sein. Das Gemeinsame dieser »Laienkirche« lag in einem möglichst weitgesteckten christlichen Selbstverständnis; das Endziel jedoch war das Aufsaugen der äußeren durch die innere Peripherie.

Stöcker hatte zur Verwirklichung seines christlichen Missionsgedankens den Gang in die Parteipolitik gewagt und 1878 die »Christlich-Sociale Arbeiterpartei« begründet, die den deutschen Arbeiter aus den Händen der gottesleugnerischen Sozialdemokratie befreien sollte. Das Fiasko der Partei bei den Reichstagswahlen 1878 ließ Stöcker und seine Anhänger auf eine neue Zielgruppe umschwenken und nunmehr als »Christlich-Soziale-Partei« die Rückführung des Kleinbürgertums in den Schoß christlicher Glaubenswahrheit betreiben. Hierbei benutzte er die antisemitische Agitation als taktisches Hilfsmittel, das seine Wirkung auf die angesprochenen Schichten nicht verfehlte. Erst die Judenreden Stöckers

33 Wirth edierte z. B. Zöllners Nachlass, Dt. Antisemitenchronik 1880–1894, S. 170; Zöllner (1834–1882), 1872: ord. Prof.; Brockhaus, 1887, Bd. 16 **34** Vgl. Verz. der Mitglieder d. ARWV 1884, Nationalarchiv der Richard-Wagner-Stiftung Bayreuth. **35** Sieke, Ernst, Die Judenfrage und der Gymnasiallehrer, Ein Beitrag zur Richtigstellung der öffentlichen Meinung, Berlin 1880, S. 2, 13 **36** Mosse, Ein Volk, Ein Reich, Ein Führer, S. 144 **37** Greschat, Martin, Das Zeitalter der Industriellen Revolution. Das Christentum vor der Moderne, Mainz 1980, S. 213 f **38** Wawrzinek, S. 28, 33 f **39** ders. S. 37 **40** Pulzer, S. 43, 84 f, Massing, S. 43, 81 f **41** Wawrzinek, S. 37, 38 **42** Hartung, Fritz, Deutsche Geschichte 1871–1919, Leipzig 1939, S. 75 f, 83, 97 **43** Oertzen, Junker, S. 309

entfachten die Glut des Berliner Antisemitismus und führten hier zur Inangriffnahme der Bismarckpetition und zur Bildung weiterer Antisemiten-Organisationen.[38]

Wie in Försters Sammlungsaktion fanden sich auch in Stöckers »Berliner Bewegung« die verschiedenen Tendenzen des Berliner Antisemitismus unter einer Dachorganisation zusammen. Hier wie dort stand neben dem konservativen Hofprediger, der sich gegen eine biologische Auffassung der »Judenfrage« wandte[39], der Rasseantisemit Ernst Henrici, der als Führer der »Sozialen Reichspartei« (gegr. 1881), dem späteren »Sozialen Reichsverein«, eine Reihe einschneidender sozialpolitischer Maßnahmen forderte: die Einführung des zehnstündigen Arbeitstages und die Abschaffung aller direkten Steuern für Unterschichten.[40] Dieses Programm rückte Henrici in die Nähe der SPD, die auch für einen allgemein normierten Arbeitstag eintrat, während Stöcker sich nur zur Forderung eines nach Fachgenossenschaften modifizierten Normalarbeitstages verstand. Im übrigen betonte Henrici seine antikonservative Gesinnung, die auch in der Proklamation einer Zentralisierung des Reiches zum Ausdruck kam.[41]

Das Kreismodell Stöckers mit der in ihm liegenden Tendenz zu taktischem Bündnis und Abstraktion der tragenden Ideen weist so gewisse strukturelle Ähnlichkeiten zur Gliederung des Wagnerianismus auf: in beiden Fällen die Trennung von Zentrum und Peripherie sowie das Eingehen fragwürdiger Bundesgenossenschaften auf der äußeren Linie mit der Gefahr, sich selbst zu verlieren. Mochte auch die Spannbreite der wagnerianischen Amalgamierungen weiter gesteckt sein, da diesen Tendenzen hier ein grundsätzlicher Pessimismus und Rückzug in abstrakte Weltenferne entgegenkam, bei beiden zeichnen sich doch vergleichbare Konturen ab. Es ist ein Konservativismus in der Krise, der Ende der 1870er Jahre zu einer starken Ideologisierung mit unterschiedlichen Schattierungen führte.

Während Bismarck sich auf der Bühne der großen Politik für seine antiliberale Zoll- und Wirtschaftspolitik auf ein Bündnis von rechten Nationalliberalen, Zentrum Konservativen stützte, die damit wieder in den Rang einer Regierungspartei gelangten und bei den Reichstagswahlen 1878 den höchsten Stimmanteil ihrer Geschichte (26,6 %) erreichten, Puttkamer den Liberalen Falk 1879 in der preußischen Kulturpolitik ablöste und den Abbau der Kulturkampfgesetze einleitete, überhaupt in den Reichsministerien ein Revirement zugunsten der Konservativen einsetzte[42], entstand im konservativen Lager ein politisches Klima, das der Entwicklung von Legitimationstheorien schon seit jeher günstig gewesen war: eine Mischung von begrenztem Pessimismus, erstarktem Selbstbewusstsein und aufkeimender Hoffnung.

So beförderte Bismarck paradoxerweise selbst das Wiederaufleben des programmatischen Konservativismus seiner alten Feinde, der Gebrüder Gerlach und F.J. Stahls, im zeitgemäßen Gewand der »Stöckerei«, die in Altkonservativen wie Hans v. Kleist, einem der schärfsten Widersacher Bismarcks, treue Anhänger fand.[43]

Wie sehr diese Altkonservative Fraktion auch mit dem Entstehen der Berliner Antisemite-norganisationen verknüpft war, berichtet Stöcker selbst, wenn er den Anstoß zu diesen Verbandsgründungen in einer Volksversammlung des »Vereins altkonservativer Männer« liegen sieht, auf der er als Redner sprach.[44]

Unter dem Druck einer historischen Entwicklung, deren Zeichen für die alten Adelseliten genauso auf Sturm standen wie für die Vertreter konservativ-ständischer Ideen überhaupt, fanden sich die Gegner der »Offenen Gesellschaft« unter dem Dach gemeinsamer abstrakter Exzerpte ihres Gedankenguts und plakativer Feindbilder zusammen.

Das zweifelhafte Verdienst, die heterogenen Elemente dieser Koalition zum ersten Mal in einer großen gemeinsamen Unternehmung, der Judenpetition, geeint zu haben, kommt Dr. Bernhard Förster zu, dessen geistige Wurzeln, Schopenhauer und Wagner, ihn in ihrer Realitätsverachtung am ehesten hierzu befähigten. Stöcker, der zwar ähnliches mit seiner »Berliner Bewegung« anstrebte, erreichte jedoch keine vergleichbare Breitenwirkung.

Ein sprechendes Beispiel für die taktische Zweigleisigkeit Stöckers im Dienste seiner christlich-antisemitischen Sammlungspolitik ist die Art seiner Kontaktaufnahme zu Hans v. Wolzogen. 1880 übersandte er dem Freiherrn seine Schriften zur Judenfrage mit der Mitteilung, dass er in dessen Publikationen »den kräftigen Puls christlicher Idealität« fühle, ihm aber nicht in der christlichen Auffassung der Wagnerschen Kunst folgen könne. An den Parsifal-Aufführungen im Sommer 1882 nahm er wegen der darin enthaltenen Abendmahlsszene, die er als Profanierung empfand, nicht teil. 1894, als er bereits vom Hofpredigeramt entlassen und zum enfant terrible seiner deutsch-konservativen Parteifreunde geworden war, hatte er seine Bedenken so weit überwunden, dass er sich zum Besuch einer Parsifal-Vorstellung entschließen konnte. Neben dem Kontakt zu Wolzogen unterhielt er brieflichen Verkehr mit Cosima Wagner und Prof. Henry Thode[45], Kunstwissenschaftler und Schwiegersohn Cosimas.

Mit Wolzogen unterschrieb auch der ehemalige Verleger seiner Blätter und Herausgeber übrigen Bayreuther Schriftgutes, Ernst Schmeitzner, Parteiantisemit und Wagner-Vereinsvorsitzender. Ebenso Hans von Bülow, geschiedener Mann Cosimas, und Intendant der Herzoglich-Meinigenschen Hofkapelle, schon vor der Petition lange Jahre überzeugter Antisemit und Antiliberaler mit typisch schopenhauerisch-pessimistischem Einschlag.[46]

Nur Wagner unterzeichnete nicht, trotz der mehrmaligen Vorstellungen Bernhard Försters. Von der Aussichtslosigkeit dieser Unternehmung, die, wie er richtig annahm, nicht auf Bismarck rechnen konnte, überzeugt,[47] nahm Wagner zudem Anstoß an den »lächerlich devoten Ausdrücken« und der »bedenklich kundgegebenen Sorge« der Bittschrift.[48] Auch ein weiterer Aufruf Försters zur Gründung einer antisemitischen Zeitung[49] fand seine Ablehnung, die er seinen Berliner Anhänger mit den Worten wissen ließ: »Sehen Sie, ob Sie in Fürst Bismarcks Kram passen – und Sie scheinen in den Kram zu passen, denn Sie adoptieren sein ganzes Programm.[50]

Tatsächlich sollte die neue Zeitung für ein expansives Rüstungsprogramm eintreten, um dem deutschen Heer den ersten Platz unter den europäischen Armeen zu sicher, den weiteren Ausbau der Bismarckschen Zoll- und Steuerreform sowie den zusätzlichen Abbau der Privatwirtschaft analog zur Bismarckschen Verstaatlichung der Eisenbahnen publizistisch unterstützen. Damit befand sich Förster in krassem Gegensatz zu Antimilitarismus und Antistaatlichkeit seines »verehrten und lieben Meisters« und dessen Perhorreszierung Bismarcks.

44 Oertzen, Dietrich v., Adolf Stöcker, Lebensbild und Zeitgeschichte, 2 Bde., Berlin 1910, Bd. 1, S. 238, so Stöcker in seinen Aufzeichnungen   45 Oertzen, Adolf Stöcker, Bd. 1, S. 278   46 Hans v. Bülow, Neue Briefe, hrsg. v. Richard Graf Du Moulin-Eckart, München 1927, S. 37, 463 f   47 Wolzogen, Lebensbilder, S. 96   48 Cosima Wagner, Die Tagebücher, Bd.III., S. 564 (6. Juli 1880)   49 Die »Deutsche« Zeitung kam nicht zustande; unter gleichem Namen gründete Friedrich Lange 1896 ein antisemitistisches Organ. Degener, H. L. A., Wer ist's, 1909, unter: Lange   50 Cosima Wagner, Die Tagebücher, Bd. IV., S. 672 (22. Jan. 1881)   51 »Hochverehrter Herr...« o. D., Nationalarchiv der Richard-Wagner-Stiftung Bayreuth   52 Verz. d. Mitgl. D. ARWV 1884–1887, Nationalarchiv der Richard-Wagner-Stiftung Bayreuth   53 Seydlitz an Wolzogen, München 19.11.80, Nationalarchiv der Richard-Wagner-Stiftung Bayreuth   54 Programm des Deutschen Volksvereins, in: Beiträge zur Geschichte der antisemitischen Bewegung, S. 79–82

Wagner verweigerte sich der Försterschen Union, um so mehr engagierte sich Hans v. Wolzogen. Seine Unterschrift erschien neben denen v. Bülows, Schmeitzners und Zöllners bereits auf einem Werbepamphlet für die Petition[51], und seine Aphorismen in der »Deutschen Reform« gaben deren judenfeindliches Programm wieder.

Wolzogen warb bei wagnerianischen Gesinnungsgenossen um Unterstützung der Bittschrift, wie aus dem Antwortbrief Freiherr v. Seydlitz', Münchner Wagner-Vereinsmitglied und von 1884–1887 dort im Vorstand tätig[52], hervor geht.[53]

Im Zuge der durch die Förster-Petition entfachten antisemitischen Aufbruchstimmung bildeten sich verschiedene judenfeindliche Organisationen, deren erste die schon angesprochene »Soziale Reichspartei« bzw. der »Soziale Reichsverein« Henricis war. Ihrem vergleichsweise progressiven politischen Charakter stand eine zweite Vereinigung eher konservativen Zuschnitts gegenüber, der »Deutsche Volksverein«, den Förster zusammen mit Max Liebermann von Sonnenberg, Königlich preußischem Gardepremierleutnant a.D., im Frühjahr 1881 begründete und der versuchte mittelständische Gruppen anzusprechen, die von Stöckers Christlich-Sozialer Partei nicht erfasst wurden. Der Verein bekannte sich zur Bismarckschen Sozialpolitik, für deren Fortführung er plädierte, zur Wiederherstellung »leistungsfähiger Korporationen« im Handwerk und deren Übertragung auf die Arbeiterschaft, wie zur Erhaltung eines »gesunden« Bauernstandes. Ausdrücklich verstand er sich nicht als religiöser, sondern »sozialpolitischer Verein auf nationaler Grundlage«. Seine ständischen sozialreformerischen Forderungen waren eingebunden in das Bekenntnis zur religiösen Gesinnungspflege und einem nicht näher ausgeführten deutschen Idealismus als Palliativ gegen den überhand nehmenden Individualismus. In der Betonung der Pflicht des Staates den genauesten Ausdruck des Volkslebens zu bilden, zeichnet sich bereits das Bild eines ständischen Staates ab, der Ersatz des Parteiparlamentarismus durch die wiederhergestellten ständischen Gremien. Die Zielgruppen des Volksvereins waren agrarische Schichten, alter Mittelstand und Angehörige des Kunstsektors. So hieß es in seinem Programm, der Verein erblicke »die wesentlichen Grundlagen des Volkswohlstandes und demgemäß auch der ganzen wirtschaftlichen und sozialen Existenz eines Volkes in der Kunst, im Gewerbe und in der Landwirtschaft«. Die Bekämpfung des Judentums und seiner »unvolkstümlichen Tendenzen« war ein weiterer Programmpunkt.[54]

Försters Organisation trägt so ebenfalls den Stempel der antisemitischen Ausweichlösung: des Reduits in die Beschwörung abstrakter Werte zur Sammlung der Unzufriedenen aller antiliberalen Lager. Wem die ausgesprochen christliche Akzentsetzung des Hofpredigers nicht zusagte, mochte immerhin noch »Religiosität der Gesinnung« akzeptieren.

Ein weit gestecktes Programm[55] sollte heterogene Elemente vereinen, bodenständiges Handwerk und Bauerntum mit Schichten zusammenschließen, denen der Geruch des fahrenden Volkes anhaftete. Auch zum sozialreformerisch-radikaleren Sozialen Reichsverein bestanden Querverbindungen.

Im Berliner Zentralverein des Bayreuther Patronat-Vereins fanden sich die politischen Exponenten beider Organisation zusammen, in der »Berliner Bewegung« war man mit Stöcker vereint und Liebermann beobachtete in seinen Vereinsreden ein freundschaftliches Wohlwollen gegenüber dem »Sozialen Reichsverein«. Seine Begründung für dieses kooperative Verhalten kann in ihrer politisch defizitären Aussage als exemplarisch für die gesamte antisemitische Bewegung gelten: »Die Herren müssen sich die Bewegung nicht so vorstellen, als ob sie von irgendeiner zentralen Stelle aus künstlich gemacht würde und man an dieser Stelle die Fäden in der Hand hätte. An allen Ecken und Enden ist die nationale Bewegung mit elementarer Gewalt losgebrochen und lodert in hellen Flammen auf. Allmählich werden die einzelnen Flammen wie bei dem Dach eines brennenden Gebäudes die dazwischen liegenden Teile miterfassen, zerfressen und dann zu einer großen gewaltigen Flamme zusammenlodern.«[56]

Auch Liebermann propagierte einen abstrakten Nationalismus, der seine Nahrung aus dem Gedanken »erlösender Wiedergeburt« im Baldur-Mythos zog.[57] Liebermann, der nicht zu den eigentlichen Wagneradepten zu rechnen ist und wie auch Zimmermann nur einige Jahre der organisierten Wageranhängerschaft angehörte[58], besaß eine gewisse geistige Nähe zu Bayreuth und bildet ein gutes Beispiel dafür, wie stark die antisemitische Bewegung nach einer weltflüchtigen Spiritualität wie der Bayreuther verlangte. Auch ein ausgesprochener Radauantisemit wie Hermann Ahlwardt, von Bayreuth verabscheut, der am äußersten Flügel der antikonservativen Antisemiten stand, bekannte sich zur »Stärkung der künstlerischen Kraft des Volkes« als Hauptprogrammpunkt, den er aus Langbehns Bestseller: »Rembrand als Erzieher« übernahm und lobte die Publikationen des Deutschamerikaners Dr. Schläger im »Kyffhäuser« und in den Bayreuther Blättern, wo dieser die Wagnerschen Regenerationsideen ausführte.[59]

Eine Bewegung, die so wie die antisemitische aus Frustration und Pessimismus geboren war, bedurfte der Segnung mit überirdischen Weihen, wie sie Bayreuth zu vergeben hatte, und der »Erlösung« zu einem unbedenklichen politischen Aktivismus, wie er hieraus erst entspringen konnte. Sicher waren nicht alle Antisemiten Wagnerianer, aber durch Männer wie Marr und B. Förster wurde ein politischer Stil vorgeformt, der die Bayreuther Metaphysik mit einschloss und unter den Gegnern der Moderne Schule machte.

B. Förster sammelte als erster die Antisemiten fast aller Lager hinter seinem Petitionsunternehmen, das vor allem auch unter der Studentenschaft starken Widerhall fand und dort zur Gründung der »Vereine Deutscher Studenten« bzw. des »Kyffhäuser-Verbandes« führte, der seine Hochburgen in Berlin, Leipzig und Halle besaß. Die Hallenser legten besonderes Gewicht auf die Feier nationaler Gedenktage, um ihr Ziel, die Belebung des deutschen Nationalgefühles, zu erreichen. Nicht von ungefähr wurden in ihren Reihen daher Vorträge über Richard Wagner und »Idealismus und Materialismus« gehalten. In der studentischen Bewegung fanden aber auch Anhänger Dührings und Stöckers ihren Platz[60], so dass die Heterogenität der Überzeugungen auf der Grundlage abstrakt-idealer Exzerpte, hier wie bei den übrigen Antisemiten, ein entscheidendes Charakteristikum des antimodernen organisierten Protestes bildete.

55 Auch die Forderung nach Kolonialismus und geregeltem Auswanderungswesen taucht auf. **56** Beiträge zur Geschichte der antisemitischen Bewegung, S. 78 **57** Das altgermanische Fest der Sommer-Sonnenwende und das christliche Johannisfest, Rede des Herrn Liebermann von Sonnenberg bei dem Johannisfeste des »Deutschen Volksvereins« zu Berlin 1881, in: Beiträge zur Geschichte der antisemitischen Bewegung, S. 83–88, S. 85 **58** Im Berliner Verein Carl Schäffers von 1884–1886; wahrscheinlich auch schon zu Zeiten des Patronatsvereins dort Mitglied; Verz. d. Mitgl. D. ARWV 1884–1886, Nationalarchiv der Richard-Wagner-Stiftung Bayreuth, nach 1900: Mitglied der R.W.-Gesellschaft für germanische Kunst und Kultur **59** Hermann Ahlwardt, entlassener Schulrektor; war ant. sem. RT-Abg. in den 90er Jahren; ders., Der Verzweiflungskampf der arischen Völker mit dem Judentum, Berlin 1890, S. 242 **60** Die Vereine Deutscher Studenten, Neun Jahre akademische Kämpfe, hrsg. v. Dr. phil. Hermann v. Petersdorff, Lpzg. 1883, S. 10, 20 f, 61 **61** Wolzogen, Hans, Paul, Freiherr v., Richard Wagner und die deutsche Kultur. Ein Vortrag. Dem Verein Deutscher Studenten zu Leipzig gewidmet, Lpzg. 1883, S. 15 f **62** Aufmuth, Ulrich, Die deutsche Wandervogelbewegung unter soziologischem Aspekt. Studien zum Wandel von Gesellschaft und Bildung im 19. Jahrhundert, hrsg. v. Otto Ruegg, Göttingen 1979, S. 103, 157 **63** Wawrzinek, S. 34, 35, 38 **64** Verz. d. Mitgl. D. ARWV, 1884–1889, Nationalarchiv der Richard-Wagner-Stiftung Bayreuth **65** Schüler, S. 142 **66** Fritsch, Theodor, Antisemitenkatechismus, Lpzg. 1891, S. 292 f

Wolzogen sprach ganz im Sinne dieser Tendenz einige Jahre später vor der Leipziger Kyffhäuser-Sektion über: »Richard Wagner und die deutsche Kultur«, indem er Wagners abstrakt-ideale Definition deutschen Charakters, Deutsch sein bedeute, eine Sache um ihrer selbst willen zu treiben, als Kern einer spezifischen »Kultur der Jugend« vorstellte.[61]

Bei dieser Wolzogen-Rede handelt es sich um ein frühes Zeugnis einer Verbindung von entmaterialisiertem Idealismus und Jugendkultur, wie sie später für den geistigen Habitus der deutschen Jugendbewegung konstitutiv sein sollte.[62] Försters Petition wurde am 13.4.1881 dem Reichskanzler eingereicht und kam am 22. und 24.11. vor dem preußischen Landtag zur Verhandlung, der sie jedoch ablehnte; bei den Regierungsparteien, Konservativen und Zentrum, traf sie immerhin auf wohlwollende Anerkennung.[63]

Bernhards Bruder Paul, wie dieser Gymnasiallehrer, war von entscheidender Bedeutung für die weitere Entwicklung des deutschen Antisemitismus. Auch in seinem Falle ist von einer starken Prägung durch den Wagnerschen Ideologiekomplex auszugehen. Er nahm die antijüdischen Anregungen des Meisters ebenso auf wie dessen vegetarische und tierschützerische Bestrebungen. Im antisemitisch akzentuierten Berliner Wagner-Verein gehörte er von 1884 bis 1886 dem Vorstand an, war die beiden folgenden Jahre einfaches Mitglied und 1889 Angehöriger der »Ortsvertretung der Bayreuther Blätter«[64], wo er mit einigen Beiträgen in Erscheinung trat.[65] Setzte Bernhard Förster mit seiner Petition den ersten Höhepunkt der antisemitischen Bewegung, so hatte Paul Förster an der zweiten, von Sachsen ausgehenden Welle des Antisemitismus, Mitte der 1880er Jahre, starken Anteil. Mit Liebermann, Th. Fritsch u. a. versuchte er, wie vordem sein Bruder Bernhard, die Antisemiten unterschiedlicher Provenienz zu vereinigen, was 1886 in der »Allgemeinen Deutschen Antisemitischen Vereinigung« vorübergehend gelang.[66] Ihr gehörte auch der »hessische Bauernkönig«, Dr. Otto Böckel, an, der mit seiner antisemitischen Partei zum linken Flügel der antijüdischen Kampagne zählte, 1887 aber die Antisemitische Vereinigung bereits wieder verließ.

Auch ein zweiter Versuch P. Försters und Liebermanns, den Zusammenschluss der Antisemiten in ihrer »Deutsch-Sozialen Partei« zu erreichen, scheiterte auf dem Bochumer

Parteitag 1889 an den einschneidenden programmatischen Differenzen. Förster aber hatte sein Bemühen um die Harmonisierung der antisemitischen Eruption zu der Überzeugung geführt, kein Programm, sondern die Führer-Gefolgschaftsidee in den Mittelpunkt eines künftigen Antisemitenzusammenschlusses zu stellen.[67] So erweist sich die Ausbildung strenger Hierarchien in einer späteren Phase völkischer Formierung fast als Verlegenheitsmaßnahme, nachdem eine greifbare politische Programmatik als Bindeglied weithin schon preisgegeben war.

Auffällig ist jedoch, dass die linientreuen und aktiven deutschen Wagner-Organisationen, die akademischen Vereine in München und Leipzig, wie der Münchener allgemeine Verein keine nennenswerte Verbindung zum Parteiantisemitismus oder Beteiligung an der Försterischen Eingabe aufwiesen, so dass sich der öffentliche antijüdische Aktionismus auf der Ebene der Vereine wieder einmal als Berliner Marginalie darstellte. Im Münchner Wagner-Verein, unter dem Vorsitz des Grafen Sporck, wirkten treue Wagneranhänger aus den ersten Jahren der Festspielförderung, Freiherr v. Baligand, Freiherr v. Seydlitz und Heinrich Porges, Mitarbeiter an den »Bayreuther Blättern«, Kapellmeister und Leiter des »Chors des Münchner Richard Wagner-Vereins«, späteren »Porges-Vereins« (gegr. 1883). Dieser war wie Hermann Levi, der erste Parsifaldirigent und ebenfalls Münchner Vereinsmitglied, jüdischer Abstammung, erfreute sich aber im Hause Wagner[68] und bei Wolzogen hoher Wertschätzung, der ihn nicht eigentlich als »Juden«, sondern als »Galiläer« betrachtete.[69] Sporck bemühte sich nicht nur um ein hohes künstlerisches Niveau des Vereins, sondern auch um das propagandistische Weitertragen des Wagnerischen Begeisterungsfunkens. Unter seiner Ägide schrieb der Archäologiestudent Bruno Sauer hitzige Wagnerkampfartikel in der »Süddeutschen Presse« und wirkte an den Münchner Hochschulen für die Gründung eines akademischen Wagner-Vereins[70].

Sporck, Baligand und Seydlitz waren durchaus nicht frei von antisemitischen Ressentiments. Der böhmische Graf hatte bereits 1872 persönliche Beziehungen zu Wagner geknüpft und sollte 1883 die Wagner-Vereinsbewegung im »Allgemeinen Richard Wagner-Verein« wiederaufleben lassen[71]. In München führte er das Dasein eines begüterten Privatiers, der so genügend Muße fand, sich den Vereinsgeschäften zu widmen. Als förmliches Erweckungserlebnis beschreibt er seine Lektüre des 1880 erschienenen Wagneraufsatzes »Religion und Kunst«[72], der sich als theoretische Exposition zum Parsifal liest. Die Kunst erscheint hier als Platzhalter einer asemitischen, von Weltpessimismus und Mitleidsethik durchdrungenen Zukunftsreligion, für die sie jetzt schon als glaubensspendende Utopie fungiert. Die Radikalität der Staats-, Zivilisations- und Militarismuskritik, die Wagner in diesen Zeilen übt, erlaubt es einem strengen Anhänger eigentlich kaum noch in den Raum der Parteipolitik oder parlamentarischer Entscheidungen vorzustoßen. Zwar zieht sich der antisemitische Vorwurf als ein beherrschendes Leitmotiv durch den jahrzehntelangen Briefwechsel Sporcks mit Wolzogen, doch hinderte jenen ein tiefsitzender Pessimismus, wohl nicht zum wenigsten genährt durch seine Vorliebe für den Frankfurter Misanthropen, die in der Korrespondenz immer wieder durchscheint, sich auf parteipolitischem Felde irgendeine »heilsame« Wirkung erhoffen.

Das Zentrum dieser trüben Weltsicht ist die Vorstellung einer allgemeinen geistigen »Verjudung«, die sich auch gegen die eigene Person richtet. So urteilte Sporck über die Blätter: » Der Gerechteste fällt binnen 30 Tagen 210 mal auf die Judennase. Wird er da durch das neue Stück der Bayreuther Blätter nicht wieder aufgerichtet, so steht er nicht mehr

67 Wawrzinek, S. 66 f, 73 ff **68** Schüler, S. 133 f **69** Wolzogen, Lebensbilder, S. 96 **70** Kerschensteiner, Marie, Georg Kerschensteiner, Der Lebensweg eines Schulreformers, München, Düsseldorf 1954, S. 96 **71** Schüler, S. 139; Münchener Neueste Nachrichten, 18.2.1918 **72** Sporck an Wolzogen, 26.6.1884, Nationalarchiv der Richard-Wagner-Stiftung Bayreuth **73** Sporck an Wolzogen, 16.7.1887, ebenda **74** Vgl. etwa: Sporck an Wolzogen, 22.2.90, ebenda., 6.8.93, Nationalarchiv der Richard-Wagner-Stiftung Bayreuth **75** Seydlitz an Wolzogen, 19.11.80, Nationalarchiv der Richard-Wagner-Stiftung Bayreuth **76** Ordensgesetze, revidiert durch die Hauptversammlung am 1. Dez. 1877; München, 1877; ebenda, revidiert durch die Hauptversammljugen am 22. und 25. Juni 1885, München 1885 **77** B. B1. 1878, S. 139–141 **78** Wagner verehrte dem Orden z. B. ein Notenblatt mit dem Gralsmotiv aus seinem Parsifal, Österlein, Nicolaus, Katalog einer Richard Wagner-Bibliothek, 4 Bde., Lpzg. 1882–1895, Neudruck Wiesbaden 1970, Bd. 1, S. 195 **79** Smolian, Arthur, Werden und Widerfahrnisse eines Wagnerianers, in: Illustrierte Zeitung, Berlin, Nr. 3446, 15. Juli 1909, S. 120

auf.«[73] Sporck kultivierte seine Abstinenz in politicis und erwartete Abhilfe eigentlich nur aus den Gefilden der Kunst.[74] In den folgenden Jahren wird er so gemeinsam mit Wolzogen an Dichtungen mit antisemitischer Tendenz arbeiten und nach der Inthronisation Wilhelms II. versuchen, mit Eulenburg Einfluss auf die Berliner Bühnen zu gewinnen. Ähnliche Grundpositionen werden in Freiherr v. Seydlitz` ablehnender Stellungnahme zur Antisemitenadresse deutlich. Wolzogen teilte er mit: »Als Germane gegen die Wasserpest des Semitentums aufzutreten, halte ich für meine erste Pflicht, gerade wie ehedem meine Vorfahren gegen die »Ungläubigen« kämpften. Aber als Christ gegen die Juden fechten zu sollen, ist denn doch eine entwürdigende Zumutung! ... Auf Geldbeutel gesetztes Gesindel, von Stöcker und Konsorten angeführt – dazu soll ich meinen Namen leihen?? Wir Germanen sind eben verjüdelt, d. h. dem Fluche Alberichs verfallen ... Begeben wir uns von diesem üblen Dornengestrüpp, in dem uns immer wieder von Klingsors Zauberpracht und Lust träumte, endlich wieder auf einen idealen Boden, auf dem, auf welchem uns die Semiten nicht mehr stechen werden, weil sie nicht so hoch fliegen können – dann sind wir die Plage los. – Aber etwas lächerlicheres als das knabenhafte Geschrei dieser unklaren Antisemiten gibt`s gar nicht.«[75] So realistisch Seydlitz auch die Beweggründe der meisten Petenten einschätzen mochte, den Hintergrund seiner Wertungen bildete, wie bei Sporck, die moralisierend-pessimistische Grundstimmung und der Rückzug in ein »ideales« Refugium.

Auch der zweite Münchener Verein pflegte den Wagnerischen Erlösungsgedanken, wie schon dessen selbstgewählte Bezeichnung: »Orden vom heiligen Gral« andeutet. Dieser relativ kleine Verein (Mai 1878: 23 Mitglieder) besaß eine streng hierarchische Struktur mit Novizen-, Knappen- und Ritterschaft. Über die Aufnahme in den Ritterstand entschied eine Art von Ritterreifeprüfung, die den Knappen zu sieben geheimen Thesen des Ordens über das Wesen der Kunst examinierte, die dieser nach seiner Initiation in der Öffentlichkeit zu vertreten hatte.[76]

Bereits am 19.11.1872 begründet, zählte der Orden größtenteils Studenten zu seinen ordentlichen Mitgliedern[77], und hob sich von den meisten übrigen Vereinen durch eine ausgesprochen harmonische Beziehung zu Richard Wagner ab.[78] Die »Gesetze« waren auf die Pflege der »Reformideen« und Werke des Meisters ausgerichtet und ausdrücklich auf Wagners Stilbildungsschule; seine künstlerischen Veranstaltungen boten zumindest bis Ende 1877 schwerpunktmäßig Auszüge aus den »Meistersingern«. Engelbert Humperdinck gehörte den Gralsrittern an[79], wie auch Hugo Dinger, später Professor für Dramaturgie in Jena und schon zu Zeiten des Allgemeinen Richard Wagner-Vereins der Literaturwissenschaft-ler Wolfgang Golther.[80]

Einer der beiden Vorsitzenden des Ordens, Oscar Merz, mit dem böhmischen Grafen seelenverwandt, teilte auch dessen antijüdische Antipathie. Wie Sporck bediente er sich einer extensiven antisemitischen Metaphorik, in seiner Korrespondenz mit Wolzogen erscheint Hermann Levi etwa als »Ben Attila« und der angestrebte aber nicht realisierte Ausschluss Levis aus der Münchner Zentralleitung des Allgemeinen Richard Wagner-Vereins versteckt sich hinter der Wendung: »Diesmal wird der Jude nicht verbrannt.«[81]

In Weltanschauungsfragen konnte der Orden als besonders zuverlässig gelten. Nach-dem der »Offene Brief« von Constantin Frantz in den Blättern einige Aufregung in Berlin verursacht hatte, stellten sich die Ritter des Grals als treue Prätorianer hinter »die tiefern-ste Beantwortung« des »erfahrenen Politikers« und huldigten dem Meister in Bayreuth ange-sichts der als bevorstehend angenommenen Auflösung des Berliner Wagnervereins.[82]

Nicht nur Frantzens Angriffe gegen Juden und Liberalismus bekamen so Schützenhil-fe aus München, auch seine heftigen Auslassungen gegen Bismarck und Borussia wurden vom Orden gedeckt. In München hatte sich eine andere Art der Wagner Nachfolge ausge-bildet als bei der preußischen Rivalin, unbedingter und puristischer. A. Smolian, Wiesba-dener Kapellmeister und Ortsvorstand des dortigen Wagner-Vereins, hatte dem Orden wäh-rend seiner Münchener Studienzeit vorübergehend angehört und sprach von »sich ganz einseitig nur auf Wagner verpflichtenden Rittern«.[83]

Der Orden brach als erste Wagner-Vereinigung mit der liberalen Organisationsstruktur übriger Wagner-Vereine. Der »Verein« beansprucht nur begrenzten Einsatz, der »Orden« fordert die ganze Person. Er tendiert zur Ausformung seiner eigenen Welt nach spezifi-schen Regeln und Riten. Wagners weltfeindlicher Spiritualismus bedurfte einer Ersatzwelt und diese in einer Ordenskongregation zu sichern, war nur konsequent angesichts ihrer gläsernen Künstlichkeit. Der Glaube an die Allmacht der Kunst bildete das geistige Zentrum der Gralsbruderschaft und bestimmte auch führende Persönlichkeiten des Münchener Wag-ner-Vereins, wie Sporck und Seydlitz. Zu Wagners Begräbnis stiftete der Münchener Zweig-verein einen Kranz, dessen Schleife die Schlussworte des Parsifal: »Erlösung dem Erlöser« als Aufschrift trug[84], und so erhellt, wie stark selbst der allgemeine Verein in der Isarme-tropole sich die Kunstreligion des alten Wagner zu eigen gemacht hatte.

In München schien das Wagnersche Ideologiesyndrom vom Pessimismus, Metaphysik und ästhetischer Gegenwelt einen besseren Nährboden zu finden als im Norden des Rei-ches. Die politische Entwicklung des Südens und Südwestens Deutschlands in der Kai-serzeit verlief wesentlich anders als die der preußischen Provinzen. Dem bayerischen wie dem württembergischen und badischen Liberalismus war die tiefe Niederlage der preußi-schen Schwesternparteien erspart geblieben. In den Landesparlamenten hielt er starke Bastionen besetzt und machte sich zum Wortführer nationaler Interessen und befürwor-tete eine starke Reichsgewalt. Seine politischen Gegner, die separatistisch ausgerichteten Ultramontanen, bildeten gleichzeitig das Sammelbecken für die konservativ-hocharisto-kratischen Kreise des Landes. So fanden die antiliberalen Kräfte Süddeutschlands die libe-ralen Stellungen noch weitgehend unerschüttert vor und, soweit sie ebenfalls antiklerikal und reichsdeutsch dachten, daher den Weg in die Politik versperrt.

Auch war die Fahne des Christentums, unter der die preußischen Antisemiten ihren Kampf führten, in Süddeutschland schon so vom politischen Katholizismus vereinnahmt.

80 Schüler, S. 149; Verz. d. Mitgl. d. ARWV: Golther 1886, 1887 Vorsitzender   **81** Oscar Merz an Wolzogen, München 1.12.85, Nationalarchiv der Richard-Wagner-Stiftung Bayreuth   **82** B. Bl. 1878, S. 303, 304   **83** Smolian, ebenda   **84** Kerschensteiner, ebenda S. 98   **85** Pulzer, S. 158   **86** Sporck an Wolzogen, 28.10.1918, Richard Wagner-Gedenkstätte Bayreuth: Sporck teilt Wolzogen angesichts der heraufziehenden Katastrophe des Weltkrieges mit, er hätte sich einige Gedanken über Lagarde und C. Frantz gemacht und fragte sich: »wie es wohl geworden wäre, wenn man auf sie gehört hätte.«   **87** Puschner, Uwe, Die völkische Bewegung im wilhelminischen Kaiserreich. Sprache – Rasse – Religion, Darmstadt 2001, S. 68, 78, 81   **88** Large, D.C., Ein Spiegelbild des Meisters? Die Rasselehre von Houston Stewart Chamberlain, S. 154 f

dass sie hier als Feldzeichen für eine etwaige antisemitische Bewegung nicht mehr recht taugte. Endlich drängte die leidige Konkurrenz mit dem ewig tüchtigeren preußischen Bruder in ein Betätigungsfeld, auf dem man sich ihm traditionell überlegen fühlte: dem der Kunst und Kultur. Die Tatsache, dass der frühe Parteiantisemitismus südlich der Mainlinie kaum feste Stellungen besessen hat[85], erklärt sich nicht etwa aus dem Fehlen heftigen Judenhasses in diesen Regionen, sondern aus der Einbindung des antisemitischen Ressentiments in einen kulturellen Eskapismus, der zu nicht geringem Teil aus der Ungunst innerstaatlicher Verhältnisse, wie dem lastenden Nord-Süd-Gegensatz, resultierte. Wer zumal Antisemitismus und Antiborussentum so in eins setzte, wie es bei Wagner und Frantz geschah, zu welchem sich der Orden vom heiligen Gral und Graf Sporck[86] bekannte, dem war bei der Dominanz Preußens von vornherein die Möglichkeit einer angemessenen parteipolitischen Vertretung benommen. Wilhelm Marr, die Gebrüder Förster, Schmeitzner und der preußische Generalsenkel Wolzogen sind bei all ihren Unterschieden die Hauptvertreter einer borussisch-sächsischen Wagnernachfolge, die dessen Eskapismus noch in die Bereiche aktiver Politik zu überführen vermag, während die Wagnerjüngerschaft im Süden diesen Schritt, wie der Meister selbst, in der Regel nicht nachvollzieht. Die reine Wagnernachfolge mit ihrem radikalen Eskapismus scheint ein süddeutsches Phänomen gewesen zu sein, ins Preußische übersetzt war sie mit parteipolitischer Aktivität vereinbar.

In der völkischen Bewegung um 1900 war nach dem Misserfolg der Antisemitenparteien die Ablehnung förmlicher antisemitischer und völkischer Parteigründungen allgemein verbreitet. Stattdessen setzte man auf ein Konzept der Infiltration unterschiedlicher sozialer Gruppen, politischer Organisationen und Interessenverbände.

Seit Mitte der 1890er Jahre war in diesem politischen Milieu das Bekenntnis zur »Rasse« statt einer bloß antisemitischen Ausrichtung zu allgemeiner Geltung gebracht. Vom französischen Grafen Gobineau, dessen Rassenlehre erst durch den Bayreuther Kreis popularisiert wurde, hatte man die Prinzipien von Rasseungleichheit und Rasseprimat übernommen, seine pessimistische Vision eines unaufhaltsamen Rasseverfalls jedoch durch die Hoffnung auf eine positive Evolution durch »Rassenhygiene« ersetzt.[87]

Trotzdem blieb die Beschwörung von Untergangsängsten für die völkische Bewegung konstitutiv und das Bedürfnis nach sinnlich erlebbaren Ersatzwelten: nach »Erlösung« bereits in der Gegenwart. Dies erklärt u. a. die Hochschätzung Wagners und Bayreuths in diesen Kreisen. Houston Stewart Chamberlain, Schwiegersohn Wagners und wohl der Angehörige des Bayreuther Kreises mit der größten Breitenwirkung, trennt sich zwar in seinem historisch-rassekundlichen Bestseller »Die Grundlagen des neunzehnten Jahrhunderts« (1899) von dem ihm zu unwissenschaftlich erscheinenden idealistischen Rassedenken Wagners, sieht aber in der durch große Kunst vermittelten Erlösungsidee die Voraussetzung – eine bewusstseinschaffende Kraft – für eine neue Rassepolitik.[88]

VOM »PARSIFAL« ZUR WILHELMINISCHEN KULTUR- UND »LEBENSREFORM«

Parsifal und Regenerationsschriften

Wagners »Parsifal« besitzt wie sein »Ring des Nibelungen« eine lange Vorgeschichte. Bereits in seiner Pariser Zeit 1842 kommt er über die Lektüre von C. T. L. Lucas' Schrift »Über den Krieg von Wartburg« (1838) mit dem Gralsstoff in Berührung, liest 1845 in Marienbad u. a. Wolfram von Eschenbachs »Parzival« und »Titurel«, studiert die Auslegungen San Martes (d. i.: Albert Schulz), Karl Simrocks und Josef Görres', um dann 1847 im »Lohengrin« die Gralslegende künstlerisch zu verarbeiten. In seiner Vorstudie zum Ring »Die Wibelungen. Weltgeschichte aus der Sage« (1848) erscheint ihm der Gral als »der ideale Vertreter und Nachfolger des Nibelungenhortes«, eine Sublimierung, die der deutsche Geist vollbracht habe zur Zeit, als auch das Kaisertum »eine ideale Richtung« eingeschlagen hätte.[1]

Erste Gedanken, die Figur des Parsifal dichterisch aufzugreifen, – als Episodengestalt im Tristan – entstehen erst 1854 unter dem Einfluss der Schopenhauerlektüre wie überhaupt nach dem Urteil Gregor-Dellins der Parsifal das einzige Werk Wagners darstellt, »das rein aus dem Geiste Schopenhauers erwuchs«.[2] Der Parsifal hat zwar einen Schopenhauerschen Unterbau, ragt aber über ihn hinaus und versucht aus dem abgrundtiefen Pessimismus und der Weltentsagung Schopenhauers doch noch lebensfähige Anwendungen zu entwickeln. Er ist nichts geringeres als der künstlerische Ausdruck der ethisch-religiös-sozialen Reformideen des späten Wagner, wie sie sich in seinen sog. »Regenerationsschriften« niederschlagen.

Wagner selbst schuf eine Inspirationslegende, die das Werk mit religiöser Aura umgab und von seinen Anhängern im Sinne visionärer Offenbarung weiter ausgebaut wurde. Am Karfreitag 1857 sei ihm der ideale Gehalt von Wolframs Parzival aufgegangen und er habe »vom Karfreitags-Gedanken aus« anschließend das Drama konzipiert: eine Version, die Wagner im Gespräch mit Cosima später als falsch entlarvt. Ein erster Entwurf des Parsifal soll Ende April 1857 vorgelegen haben. 1865 fertigt er eine umfangreiche Prosafassung an, die schon fast alle Leitgedanken des späteren Musikdramas aufweist, und 1877 entsteht ein weiterer Prosaentwurf, die Dichtung dann in wenigen Wochen.[3] Die Komposition benötigt mehrere Jahre: August 1877 bis Januar 1882. Die Uraufführung erfolgt am 26. Juli 1882 in Bayreuth.[4]

Vorgeschichte und äußere Handlung im Parsifal (den Namen übernimmt Wagner – nach Josef Görres – vermeintlich aus dem Persischen: val parsi: »der törichte Reine«[5]) sind in aller Kürze folgende:. Einer Art geistlicher Ritterschaft ist der Schutz des heiligen Gral anvertraut, »die heilig edle Schale«, die das Blut Christi am Kreuze auffing, dazu der »Lanzenspeer«, »der dies vergoss«. Titurel, dem späteren Gralskönig, wurden beide Reliquien von Engeln in der Stunde höchster Not übergeben »da wilder Feinde List und Macht des reinen Glaubens Reich bedrohten«. Nur dem Reinen ist es vergönnt, »sich zu einen den Brüdern, die zu höchsten Rettungswerken des Grales Wunderkräfte stärken.« Der Sohn Titurels und Nachfolger im Amt des Gralskönigs Amfortas ist im Garten des Zauberers Klingsor den Verführungskünsten des dämonischen Weibes Kundry erlegen. Klingsor, der sich im vergeblichen Bemühen um die Gralsritterschaft selbst entmannte und seitdem seine verführerischen Fallstricke für die Gralsritter auslegt, vermag nun Amfortas den heiligen Speer zu entwinden und fügt ihm eine unheilbare Wunde zu, an der Stelle, an der Christus sie am Kreuz empfangen hatte (bei Wagner ursprünglich eine Verwundung im Genitalbereich). Der Speer befindet sich in unwürdig-teuflischer Hand, der Gral ist nun ein »ver-

1 Richard Wagner, Parsifal, hrsg. v. Michael von Soden, Frankfurt a.M., 1983, S. 12 f **2** Gregor-Dellin, Richard Wagner, Sein Leben, sein Werk, sein Jahrhundert, 1983, S. 745, Prüfer, Arthur, Das Werk von Bayreuth, Leipzig 1909, S. 187 **3** So in: »Mein Leben« 1857, zit. bei Wapnewski, Peter, Das Bühnen-weihfestspiel Parsifal ... in: Richard-Wagner-Handbuch, S. 331–346, S. 331 f **4** Wapnewski, S. 333 **5** Gregor-Dellin, S. 740

waistes Heiligtum«. Allerdings verkündet der Gral Amfortas bereits die Rettung: »Durch Mitleid wissend – der reine Thor – harre sein – den ich erkor.« Gralsbotin Kundry – sie dient als eine Art Doppelwesen sowohl den Brüdern als auch Klingsor, dessen magischem Zwang sie ausgeliefert ist – übergibt im dunklen Gefühl ihrer Schuld ein Fläschchen arabischen Balsams, um Amfortas' Leiden zu lindern. Der »reine Thor« Parsifal tritt auf und führt sich gleich mit einem Frevel ein: dem Erlegen eines Schwans aus reiner Jagdfreude. Der Appell des alten Knappen Gurnemanz an das Mitleid mit der unschuldigen Kreatur verfehlt seine Wirkung nicht. Über sich und seine Herkunft befragt, offenbart er völlige Unwissenheit und qualifiziert sich damit wie durch sein mitleidendes Empfinden zum »reinen Thoren«. Kundry klärt ihn über den Tod der Mutter auf, die ihn »zum Thoren« erzog, um ihm das ritterliche Todesschicksal des Vaters zu ersparen.

Gurnemanz geleitet Parsifal nun zur Gralsburg, wo er die durch die mystische Kraft des Grals geweihte Speisung der Gralsritter mit Brot und Wein – in Analogie zum heiligen Abendmahl – erlebt, sowie Amfortas' Leiden an dieser Gralszeremonie, dessen Wunde nun zu bluten beginnt. Parsifal unterlässt es, seine Anteilnahme zu zeigen, die mitleidbewegte erlösende Frage zu stellen und wird aus dem heiligen Bereich der Gralsburg verstoßen. Parsifals Weg führt ihn in den Zaubergarten Klingsors, wo er den reizenden Blumenmädchen als auch der von Klingsor beschworenen Kundry widersteht. Ihr Kuss bringt die Wende. Durch ihn fühlt er Leid und Lust, empfindet Amfortas' Wunde als die eigene (»Die Wunde, die Wunde, sie brennt in meinem Herzen«) und erkennt seine Schuld, die er mit seiner unterlassenen Frage auf sich lud. Kundry wird durch Parsifal die Erlösung angedeutet (»Auch dir bin ich zum Heil gesandt bleibst du dem Sehnen abgewandt«) die in der Abkehr von reiner Sinneslust liegt, welche – als eine Art ungenügender Ersatz zur Gottesliebe gesehen – ebensowenig den Weg zum Heil darstellt wie das »Leibertöten« der Gralsbrüder. Der Schleier von Kundrys rätselhafter Existenz wird nun etwas mehr gelüftet, nachdem Klingsor sie bereits als »Urteufelin, Höllenrose, Herodias« eingeführt hat. Zu Lebzeiten des Heilands, verlachte sie ihn und wandert nun »von Welt zu Welt«, um ihm wieder zu begegnen.

Klingsors Versuch, ihn mit dem heiligen Speer zu treffen, scheitert. Parsifal ergreift die nun über ihm schwebende Waffe, schlägt mit ihr das Kreuzzeichen und vernichtet damit Klingsors Reich.

Nach langjähriger Wanderschaft gelangt er, schwer gerüstet, karfreitags wieder auf Gralsgebiet. Rüstung und Waffen verstoßen gegen die Weihe des Tages, ohne dass Parsifal sich dieses besonderen Datums bewusst wäre. Erneut von Gurnemanz darüber belehrt, werden Parsifal und seine heilige Waffe nun erkannt. Gurnemanz salbt ihn zum neuen Gralskönig, während Kundry – wie Maria Magdalena – ihm gleichfalls die Füße salbt. Parsifal vollzieht die Taufe an Kundry und weist ihr den Erlösungsweg: » ... und glaub' an den Erlöser«. Im »Karfreitagszauber« gewinnt die Natur ein neues Gesicht: wird genauso erlöst wie der durch Christi Opfertod erlöste Mensch, der sie nun schont. Bei der Begräbnisfeier Titurels waltet Parsifal seines Amtes, schliesst mit dem Speer die Wunde des Amfortas (»Sei heil, entsündigt und entsühnt«) und vereinigt aufs neue die Reliquien der Gralszeremonie: Gral und Speer. Der Gral erstrahlt jetzt umso heller in seinem mystischen blut-farbenen Licht. Aus der Höhe erklingen die Worte »Höchsten Heiles Wunder! – Erlösung dem Erlöser.« Eine Taube, von Wagner als Symbol des Glaubens aufgefasst, verharrt über Parsifals Haupt. Kundry sinkt – den Blick auf Parsifal gerichtet – entseelt und erlöst zu Boden. Der neue Gralskönig schwenkt das heilige Gefäß segenspendend über die anbe-tenden Brüder.

Wagners Parsifaldichtung übernimmt aus der mittelalterlichen Gralsliteratur die Legen-de der heiligen Schale, in der Josef von Arimathia das Blut Christi am Kreuze auffing, die Lanze des römischen Hauptmanns Longinus, mit der dieser Christi Seite öffnete, die han-delnden Personen und die Rahmenhandlung. Nur verändert er die Charaktere entschei-dend und baut neue dramatische Konstellationen auf. Parsifal soll jetzt nicht so sehr die eigene Schuld erkennen, die bei Wolfram in der Vorgeschichte liegt, sondern im Miterlei-den: fremdes Leid und – Schuld als die eigene erkennen. Wagner legt sein Werk duali-stisch an und führt mit Klingsor, der bei Wolfram nur eine Randfigur darstellt, eine Gegen-welt zum hehren Gralsreich ein. Amfortas, der bei Wolfram während eines legitimen Minneabenteuers mit der schönen Orgeluse vom vergifteten heidnischen Speer getroffen wird, ist bei Wagner nun mit seinem Sündenfall ein Frevler am Gral. Schließlich wird ihm Kundry von der exotischen Komparsenfigur Wolframs zur dämonischen verführerischen, in sich zerrissenen und dramaturgisch wohl interessantesten Gestalt seines Parsifal, die er mit Orgeluse zu einer Person vereint.[6]

Wagner dramatisiert die Gralsdichtung nicht nur durch die kontrastiven Gegenüber-stellungen, sondern gleichzeitig auch durch ideologische Aufladung.

Wieder intendiert er eine radikale, eigentlich revolutionäre Veränderung von Gesell-schaft, allgemeiner Ethik, Kunst und Religion. Nur hat nun nicht der soziale Wandel dem der Kunst voranzugehen, wie in seinen Züricher Kunstschriften formuliert, sondern ver-mag es die Kunst – und insbesondere die Musik – zur »Erkenntnis der Erlösungsbedürf-tigkeit« zu führen und die »Erlösung« bereits antizipierend vorwegzunehmen.[7] Die Kunst bekommt hier religiöse Funktionen zugewiesen und steht am Anfang grundlegender Ver-änderungen der bestehenden Gesellschaft.

In mehreren Aufsätzen, den sog. Regenerationsschriften, steckt der späte Wagner den weiten Rahmen seiner Reformansätze ab, ohne die frühere sprachliche Präzision und kon-zise Gedankenführung zu erreichen, mit ausgeprägter Neigung zu Weitschweifigkeiten und schwer erträglichen Sprachverästelungen. Hierzu zählen insbesondere »Wollen wir hof-fen« (1879), »Religion und Kunst« (1880), die Nachträge: »Erkenne Dich selbst« (1881), »Was nützt diese Erkenntnis« (1881) und »Heldentum und Christentum« (1881), die groß-enteils deutliche Parallelen zum Parsifal enthalten.

In »Religion und Kunst« heißt es programmatisch am Anfang: »Man könnte sagen, dass da wo die Religion künstlich wird, der Kunst es vorbehalten sei den Kern der Religion zu retten, indem sie die mythischen Symbole, welche die erstere im eigentlichen Sinne als wahr geglaubt wissen will, ihrem sinnbildlichen Werthe nach erfasst, um durch ideale Dar-stellung derselben die in ihnen verborgene tiefe Wahrheit erkennen zu lassen.«[8] Religiöse Symbole sind hier keine unumstößlichen Glaubenswahrheiten mehr, sondern im Sinne einer idealen künstlerischen Darstellung nun frei verwendbar. Wagner hat hier eine unge-bundene undogmatische Religiosität im Sinn, die in der Nachfolge Schopenhauers im Kern Weltentsagung (»Erkenntnis der Hinfälligkeit der Welt« – »Befreiung von derselben«) und

6 Wapnewski, S. 334 ff   **7** Religion und Kunst, in: Gesammelte Schriften und Dichtungen, 2. Aufl., Bd. 10, Leipzig 1888, S. 211–253, S. 249   **8** Ebenda, S. 211   **9** Ebenda, S. 211 ff, 230 ff   **10** Erkenne Dich selbst, Band 10, S. 263–274, S. 267   **11** Ebenda, S. 251 f, vgl. a. Chatellier, Hildegard, Wagnerismus in der Kaiserzeit, in: Handbuch zur »Völkischen Bewegung« 1871–1918, hrsg. v. Uwe Puschner, Walter Schmitz, Justus H. Ulbricht, München u. a. 1996, S. 575–612, S. 579 f   **12** Erkenne Dich selbst, S. 272   **13** Religion und Kunst, S. 252   **14** Cosima Wagner, Die Tagebücher, 4 Bde., 2. Aufl., München 1982, 3. Juni 1881, S. 744   **15** Heldentum und Christentum, in: Richard Wagner, Gesammelte Schriften und Dichtungen, 2. Aufl., Bd. 10, Leipzig 1888, S. 275–285

Mitleiden fordert. Diese einfache Grundwahrheit des Christentums sieht er durch einen Wust dogmatischer »Unglaublichkeiten«, die Instrumentalisierung der Kirchen für Herrschafts- und Besitzinteressen, ja ihre Entwicklung selbst zu machtpolitischen Institutionen überlagert. Eine Verderbtheit christlicher Religiosität, die Wagner durch das Einfließen jüdischer Prinzipien und Dogmen erklärt und in diesem Zusammenhang die nichtjüdische galiläische Abkunft Christi für plausibel hält. Wagner erweitert diese Religionskritik zu einer Verurteilung der gesamten Menschheitsgeschichte als Demonstration des ungezügelten blinden Willens, als Raubtier- und Verfallsgeschichte, die er auf den Genuss fleischlicher Nahrung zurückführt, welche der christliche »Erlöser« untersagt hätte.[9] Die herrschende »Zivilisation« wird als »judaistisch-barbarisches Gemisch« gebrandmarkt. Antisemitismus geht mit Antikapitalismus, Antiwissenschaftlichkeit, Antiparlamentarismus, Kritik an der Existenz privaten und staatlichen Eigentums (»...dem Leibe der Menschheit ein Pfahl eingetrieben worden ist«)[10] radikalem Vegetarismus, Pazifismus und Antimilitarismus zusammen. Der Staat mit deutlichem antipreußischen Akzent erscheint als Zwangsanstalt eines barbarischen Menschenschlages: als Mühle, die das auf der Kriegstenne ausgedroschene »Getreide der Menschheit« hindurchmahlen müsse, um es genießbar zu machen.[11] Ausdruck und Exponent (aber eigentlich nicht Schöpfer) dieser auf staatlichen und privaten Utilitarismus, Macht- und Geldwirtschaft gegründeten Zivilisation ist der Jude: »der plastische Dämon des Verfalls der Menschheit.«[12]

Wagners Generalangriff auf die Moderne mündet in einem mit wenigen Worten umschriebenen utopischen Ansatz einer gewaltfreien neuen Ordnung, die Religion und Kunst aus ihrer Knechtschaft befreit: ein Zukunftsgemälde, das aber blass und konturlos bleibt und von Schreckensszenarien völlig überlagert wird. »Religion und Kunst« schließt mit dem Eingehen auf die Gefahren eines modernen technischen Krieges und einer heute durchaus aktuell erscheinenden Überlegung: »Man sollte glauben, dieses Alles ... könnte einmal durch ein unberechenbares Versehen in die Luft fliegen.[13]

Bestätigt wird Wagners Pessimismus zunächst durch die Lektüre der grundlegenden rassetheoretischen Schrift des Grafen Gobineau »Versuch über die Ungleichheit der Menschenrassen« (1853–55), der den unausweichlichen Niedergang der Menschheit durch Rassenvermischung behauptete. Wagner las dieses Hauptwerk Gobineaus zuerst 1881 und zeigte sich tief beeindruckt. Gobineau nahm daraufhin eine Einladung nach Haus Wahnfried an, wo es im persönlichen Verkehr mit Wagner fast zum Bruch kam. Cosima berichtet, dass er – einen Tag vor der Abreise Gobineaus – »förmlich explodierte« »zugunsten des Christlichen gegenüber dem Racengedanken«.[14] Gobineaus düstere, mit wissenschaftlicher Aura umgebene Zukunftsaussichten waren Anstoß für Wagner nach Lösungen zur Überwindung dieses Rassefatalismus zu suchen. In: »Heldentum und Christentum«[15] (1881) schrieb Wagner sich frei und lieferte eine Art Gegenentwurf zu Gobineaus Verfallstheorie.

Zwar leitet er seinen Aufsatz mit dem zustimmenden Rekurs auf dessen Rassewerk ein, stellt dann aber die Einheit der menschlichen Gattung heraus, die er in der Fähigkeit zu bewusstem Leiden erblickt, zu der freilich die weiße Rasse besonders begabt sei, da sie – und hier folgt er wieder Gobineau – mit einem schärferen Intellekt und einer größeren Empfindlichkeit des Willens ausgestattet sei.

Angesichts der allgemeinen Degeneration des Menschengeschlechtes durch Rassenvermischung würden sich Heilige »als göttliche Helden« gleichsam gegen ihre Natur zur Umkehr ihres »missleiteten Willens« zum Leben aufraffen, nach dem Vorbild des Heilands ihren eigenen Willen durch Mitleiden bezwingen, Leiden und Selbstaufopferung ertragen. Der Wille habe sich so in höchster Kraftentfaltung gegen sich selbst gerichtet. Hier wächst Wagner deutlich über Schopenhauer hinaus und billigt dem Willen eine positive Kehrtwendung zu. Während sich in den Adern dieser Heiligen »das Blut des Erlösers« »heiligend ergossen« habe, sei nun das Blut des Heilands im »ungeheuren Verderb der semitisch lateinischen Kirche« selbst verderbt.

Für diese merkwürdig anmutende Vorstellung liegt ein Zugang in der metaphorischen Verwendung des »göttlichen Blutes« als »Inbegriff des bewusst wollenden Leidens«, »das als göttliches Mitleiden durch die ganze menschliche Gattung als Urquell derselben sich ergießt.« Trotzdem schillert diese Begrifflichkeit zwischen Blutmetaphorik und Blutmystik, wenn er dem biologischen Blut der menschlichen Rassen permanent das Blut des Erlösers gegenüberstellt. Festzuhalten bleibt jedoch, dass er im Blut Jesu die Erlösungsmöglichkeit aller Rassen erblickt: »Vielmehr spendete er sich dem ganzen menschlichen Geschlechte zu edelster Reinigung von allen Flecken seines Blutes ... während wir somit das Blut edelsten Daseins durch Vermischung sich verderben sehen, dürfte den niedrigsten Racen der Genuss des Blutes Jesu, wie er in dem einzigen ächten Sakramente der christlichen Religion symbolisch vor sich geht, zu göttlichster Reinigung gedeihen. Dieses Antidot wäre demnach dem Verfalle der Rassen durch ihre Vermischung entgegengestellt und vielleicht brachte dieser Erdball atmendes Leben nur hervor, um jener Heilsordnung zu dienen.«

Die von Gobineau behauptete Rassenvermischung ist nicht nur ein zu überwindender Zustand, sondern sogar Voraussetzung dieser positiven Utopie: dass die zukünftige prinzipielle biologische Gleichheit der Menschen – wenn auch auf niedrigem Niveau – zum Gewinn »einer allgemeinen moralischen Übereinstimmung« führen würde, zu deren Ausbildung »das wahrhaftige Christentum« prädestiniert sei. Auf dieser wahrhaften Moralität könnte dann eine »wahrhaftige ästhetische Kunstblüte einzig gedeihen«. Die rassische Degeneration ist also nur ein notwendiges Stadium auf diesem Heilsweg. Gobineaus Pessimismus ist somit von Wagner optimistisch gewendet, seine weiße Rasse im übrigen wegen ihrer Beherrschung und Ausbeutung niederer Rassen für eine »schlechthin unmoralische Weltordnung« verantwortlich. Er überwindet den starren Biologismus Gobineaus durch das geistig-moralische Prinzip seiner weltabgewandten Mitleidsethik, die er als Kern des Christentums begreift, der zwar von seinen »semitisch-lateinischen« Verirrungen freizulegen ist, sich aber an alle Rassen richtet. Durch Wagners Blutmystik werden veredelnde, auch biologisch wirksame Einflüsse christlichen Geistes zumindest nahegelegt.

Was hat dies alles nun mit seinem Parsifal zu tun? Wagners letztes Musikdrama vereinigt auf verblüffende Weise zentrale Aspekte seiner Regenerationsschriften und ist ohne diesen ideologischen Rahmen eigentlich nicht verstehbar.

16 Vgl. hierzu auch Rose, Paul Lawrence, Richard Wagner und der Antisemitismus, Zürich, München 1999, S. 147 f **17** Wagner an Liszt, London, den 7. Juni 1855, zit. nach Rose, S. 150 **18** »Erlöse, rette mich aus schuldbefleckten Händen, so rief die Gottesklage furchtbar laut mir in der Seele« (Parsifal, 2. Aufzug) **19** Cosima Wagner, Die Tagebücher, Bd. 3, 25.07.78, S. 145 **20** Köhler, Joachim, Der Letzte der Titanen. Richard Wagners Leben und Werk, München 2001, zit. nach Newman, Ernest, The life of Richard Wagner, 4. Bde., New York 1933–46, Bd. IV., S. 285 **21** Vgl. auch die zeitgenössische Literatur: »der weibliche Ahasver«, in: Nohl, Ludwig, Wagner, Musiker-Biographien, 5. Bd., Leipzig (Reclam) o. J., S. 109. »Personifikation der Ewigen Jüdin, eine(r) Ahasvera«, Prüfer, Arthur, Das Werk von Bayreuth, Leipzig 1909, S. 204

Zwar hatte Wagner die Parsifaldichtung bereits abgeschlossen (1877), als er sich an die Ausformulierung seiner Regenerationslehren begab, aber deren ideologische Grundmuster reichen weiter zurück. Schon in seiner Wibelungenschrift 1848 repräsentiert der Gral der Sage ein Heiligtum eines indischen »urgöttlichen Priesterkönigs, der dort über ein reines glückliches Volk herrsche« und die im Abendland »verlorene Gottesschau« – also eine höhere Stufe der Religiosität. Unter dem Einfluss Schopenhauers, der die Christuslehre »aus indischer Weisheit entsprungen« jedoch vom »ruchlosen Optimismus« des Judentums verstellt ansieht[16], interpretiert Wagner bereits 1855 das »reine, ungemischte Christentum« als »Zweig des ehrwürdigen Buddhismus«, dessen Botschaft aber durch die »Vermischung mit dem engherzigen Judentum« entstellt sei. »Der eigentliche Kern des Judentums ist aber jener geist – und herzlose Optimismus, dem in Wahrheit alles ganz recht ist, wenn nur Magen und Beutel recht voll zu machen sind.«[17]

Die rätselhafte Schlussformel des Parsifal »Erlösung dem Erlöser« hat unterschiedliche Deutungen erfahren. Entweder wird das Schlusswort Wagners auf Parsifal als Erlöser bezogen, der nun nach langer Wanderschaft seine Berufung erfüllt habe, oder auf Christus selbst, dessen Blut im Gral nun von den schuldbefleckten Händen des Amfortas befreit sei – eine Interpretation, die sich auf eine entsprechende Passage im Parsifal selbst beziehen kann[18] oder schließlich als Erlösung eines »wahrhaftigen Christentums« von seiner semitischen Überfremdung aufgefasst. Auch wenn Wagner diese letzte Variante Cosima gegenüber, die diese Sicht der Dinge vertrat, nur mit einem »Du bist kühn, Weibchen« quittierte[19] – das Wortfinale Wagners enthält nur dann eigentlich eine zugkräftige Botschaft, wenn es im Sinne seiner Regeneration des Christentums aufgefasst wird und diese meinte das Abstreifen der jüdischen Überlagerungen immer mit. Zwar bietet der Text allein für diese Deutung keine sichere Grundlage, aber Wagner selbst verglich sein letztes Werk mit den »Eleusischen Mysterien«, und deren Sinn erschloss sich auch nicht allein von der Handlungsebene.[20]

Die Blutmystik von Gral und Speer findet ihre Entsprechung in der Blutmystik von »Heldentum und Christentum«, das durch semitisch-lateinische Einflüsse verderbte Christusblut seine Erlösung im Parsifal. Die dämonische Kundry erscheint mit ihren Bezügen zur Christuslegende als Variante des Ewigen Juden.[21]

Gleichzeitig personifiziert sie in ihrer Doppelgestalt die »Welt« in ihrer verführerischen Sinnlichkeit und Hässlichkeit, wie sie auf andere Weise in der Sakralkunst des Mittelalters als »Frau Welt« (Schönheit und Morbidität) dargestellt ist. Die Bedeutung als »Ahasvera« ist nur eine neben anderen, die dieser wohl vielschichtigsten Bühnenfigur Wagners zukommt. Als Verkörperung des Schopenhauerschen »Willen zum Leben« besitzt sie eine besondere Naturnähe, die sich schon in ihrer wild-barbarischen Kostümierung ausdrückt. In Wagners dualistischem Weltbild tragen sowohl Arier (bzw. weiße Rasse) wie Jude als

Antipoden in sich verschränkte universale und rassespezifische Züge: Der Arier verkörpert so die menschheitsspezifische »Fähigkeit zum bewussten Leiden«, das Prinzip der Idealität am reinsten, der Jude die reale materialistisch-egoistische Gegen-»Welt«. Erst als Parsifal seine Berufung zum Erlöser entdeckt, regt sich bei Kundry der Erlösungstrieb[22], so wie Wagner in »Erkenne Dich selbst«, die Umkehr der Nichtjuden die der Juden vorangehen lässt.[23] Die Erlösung Kundrys, in der auch die des Judentums mit gemeint ist, kann – durchaus nicht zynisch – nur als Aufgabe ihrer ahasverischen Existenz mit dem Tode abgeschlossen werden. Wagners Wirken für den Tierschutz und sein ethischer Vegetarismus (s. u.) hat in die Belehrung Gurnemanz' gegenüber dem jugendlichen Schwantöter Eingang gefunden, im Karfreitagszauber ausgeweitet zu einer naturschützerischen Schöpfungsliebe in die sich chiliastische Elemente einer erlösten, vergeistigten neuen Natur mischen. Hier sind sowohl gnostische Traditionen spürbar als auch die durch die Wertschätzung Schopenhauers angeregte Auseinandersetzung Wagners mit buddhistischem Schrifttum.[24]

Schließlich repräsentiert die Mitleidsethik des Parsifal mit ihrem asketischen Reinheitsideal den von Wagner in »Religion und Kunst« bezeichneten »Kern der Religion«, den die Kunst zu retten habe. Die freie Verwendung »nicht mehr als wahr geglaubter« Symbolik demonstriert auch der Parsifal, beispielsweise in der zumindest von Wagner intendierten Verkehrung der Abendmahlszeremonie: der Verwandlung von Blut in Wein.[25] Auch wenn die Kunst den Zustand der Erlösung vorbereitet und ihn vorwegnehmend erlebbar macht, ersetzt sie die Religion nicht, sondern hat ihr gegenüber prinzipiell eine dienende Funktion.

Wagners »Religion des Mitleidens«, und seine extensive Verwendung christlicher Symbolik im »Parsifal« leitete zwar nicht den Bruch Nietzsches mit Wagner ein, gab aber dem im privaten Verhältnis eingetretenen Riss die Überhöhung zu einer ideologischen Scheidemarke. Wagner sei vor dem Kreuz zusammengebrochen, das für Nietzsche Verkörperung der jüdisch-christlichen Sklavenmoral bedeutete.[26]

Lebens- und Kulturreform im Kaiserreich

Sammelt man die zentralen Aspekte der kunstreligiösen Ideen des späten Wagner, dann ergeben sich überraschende Parallelen zu den Leitthemen der komplexen wilhelminischen Lebensreformbewegung. Die von Wagner vertretene dogmenfreie Religiosität auf der Basis christlicher Grundideen findet ihre Entsprechung im freien Christentum der Lebensreform, das die persönliche Beziehung zu Gott betonte und die Trennung von kirchlicher Organisiertheit. Diese »persönliche Religion« ging oft Hand in Hand mit einer Art Divinisierung des Individuums[27], dem auch in seiner Körperlichkeit, als leib-seelische Einheit, göttliche Qualität zugebilligt wurde. Gemeinsam war den Vertretern der engeren Lebensreform die Orientierung am Diesseits, die Hoffnung auf weltimmanente Realisierung eines utopischen Heilszustandes, der ein verlorengegangenes Paradies auf einer höheren Ebene wiederherstellen würde[28], eine Neubewertung der Natur im Zeitalter ihres Fernerrückens im Industrialisierungs- und Urbanisierungsprozess. Die nicht mehr hinterfragbaren Leitwerte »Leben« und »Kultur« wurden kritisch gegen Zivilisation und modernen Zeitgeist ins Feld geführt und waren aufeinander bezogen.[29]

All dies findet sich bei Wagner, neben der freien Religiosität ein utopisch-religiöses Denken, das bei aller Transzendenz auf das Diesseits gerichtet ist und der Blick auf ein »reines« Leben in ferner Vorzeit, zu dem die Menschheit sich regenerieren müsse.

22 Richard Wagner, Parsifal, hrsg. v. Max von Soden, 2. Aufzug, S. 66 ff   **23** Erkenne Dich selbst, S. 274   **24** »Ihn selbst am Kreuze kann sie nicht erschauen: da blickt sie zum erlösten Menschen auf … Das merkt nun Halm und Blume auf den Auen, das heut' des Menschen Fuß sie nicht zertritt … Das dankt dann alle Kreatur, was all' da blüht und bald erstirbt, da die entsündigte Natur – heut' ihren Unschuldstag erwirbt.« Parsifal, 3. Aufzug, S. 80 f   **25** 26. September 1877: Wagner spricht »Über diesen Zug des Grals – Mysteriums, das das Blut zu Wein wird, dadurch wir also gestärkt der Erde uns zuwenden dürfen, während die Wandlung des Weines in Blut uns von der Erde abzieht«. Cosima Wagner, Die Tagebücher, Bd. 2, München 1976   **26** So in: »Zur Genealogie der Moral« ausgeführt. Bereits die Zusendung der Parsifaldichtung quittierte Nietzsche mit der Bemerkung, es sei ihm alles »zu christlich«. Brief an Reinhart von Seydlitz, 4.01.1878, zit. nach Gregor-Dellin, S. 754   **27** Linse, Ulrich, Lebensreform und Reformreligionen, in: Die Lebensreform. Entwürfe zur Neugestaltung von Leben und Kunst um 1900, hrsg. v. Kai Buchholz, Rita Latocha, Hilke Peckmann, Klaus Wolbert, 2. Bde., Darmstadt, 2001, Bd. 1, S. 193–198, S. 193 f   **28** Vgl. hierzu: Krabbe, Wolfgang, Die Lebensreformbewegung, Ebenda, Bd. 1, S. 25–29, S. 29   **29** Bollenbeck, Georg, Weltanschauungsbedarf und Weltanschauungsangebote um 1900. Zum Verhältnis von Reformoptimismus und Kulturpessimismus. Ebenda, Bd. 1, S. 203–207, S. 205   **30** Fellmann, Ferdinand, Die Lebensreformbewegung im Spiegel der deutschen Lebensphilosophie, Ebenda, Bd. 1, S. 151–156, S. 153   **31** Fellmann, S. 151

Allerdings scheinen die wagnersche Askese und Lebensverneinung in der Schule Schopenhauers hier nicht ins Bild zu passen und geradezu konträr zur Lebensbejahung und – Freude der Lebensreform zu stehen. Mögen die theoretischen Texte Wagners Anfang der 1880er Jahre die dünne Luft blutleerer Askese atmen, in seinen Musikdramen ist die Kraft und die Leidenschaftlichkeit des brutalen, sinnlichen oder auch gegen sich selbst gerichteten entsagenden »Willens« für die Zuhörerschaft erfahrbar gewesen und führte zu einer besonderen Intensität des Er-Lebens. Das Zusammenspiel der Einzelkünste im Gesamtkunstwerk wurde von vielen Anhängern wohl tatsächlich als »Gefühlswerdung des Verstandes«, als geist-leibliche Verschmelzung und damit als Leben in höchster Potenz empfunden. Hier ging es Wagner offensichtlich wie Schopenhauer, der trotz seiner Forderung der Verneinung des Willens zum Leben, diesen in seinen Schriften so plastisch und anziehend beschrieb, dass gerade hiervon eine fesselnde Wirkung auf den Leser ausging. Ferdinand Fellmanns ausführende Sätze können hier ganz für Wagner gelten: »Daran ändert auch die Erwähnung der Leiden nichts, die mit dem Leben verbunden sind. Im Gegenteil: Leiden steigert die Intensität des Lebensgefühls. Als Inbegriff von Erlebnismöglichkeiten wird Leben somit zu einem Ausdrucksphänomen.«[30] Der Begriff des »Lebens«, wie er für die wilhelminische Reformbewegung prägend ist, als körperlich-seelische Einheit, als »das organische Ganze des Lebens, das Körper und Geist, Denken und Fühlen in einem dynamischen Gleichgewicht hält« war auf der Ebene des Kunsterlebnisses im Gesamtkunstwerk Wagners nachvollziehbar. Der musikalische Ausdruck der »reinen« Natur im »Waldweben« (Siegfried), am Beginn des »Rheingold« und als Rückkehr in den unschuldigen Naturzustand am Ende der »Götterdämmerung«, schließlich die Vision der erlösten Natur im »Karfreitagszauber« des »Parsifal« entsprachen mit der antizivilisatorischen Stoßrichtung den Mustern der Naturideologie in Lebensreform und Teilen der völkischen Bewegung.

Der zweite zentrale Leitwert der Lebensreform, die Kultur, hatte diese Ganzheitlichkeit des Lebens in sich aufzunehmen und auszudrücken.[31] Gleichzeitig übernahm die Kultur, bzw. die Kunst im Zeitalter der Säkularisierung quasi-religiöse Funktionen. Auch dies haben wir bei Richard Wagner beobachten können.

Ein bildungsbürgerliches Krisengefühl versuchte so die Lücke zu schließen, welche die zurückgehende Bindekraft der kirchlichen Religiosität hinterlassen hatte und reagierte mit grundlegender Kritik auf den herrschenden Industriekapitalismus, der mit seinen konträren Polen »Unternehmerschaft« und »organisierte Arbeiterschaft« den gesellschaftlichen Stellenwert des gebildeten »deutschen Mandarins« (Fritz F. Ringer) gefährdete.[32] Die objektiven Anpassungsschwierigkeiten einer Gesellschaft im Übergang zur Moderne wurden auf eine grundsätzliche Ebene von »Kultur« und »Leben« transponiert und kaum gesellschaftsanalytisch diskutiert. Ansatzpunkte für den ersehnten Wandel sah man weniger im politischen Raum, wie auch Wagner in seinen späten Jahren, und versuchte statt dessen durch Einflussnahme auf Individuen und soziale Beziehungen zu wirken.

Über diese typologischen Gemeinsamkeiten hinaus, engagierte sich Wagner ausdrücklich und öffentlich für Antivivisektionismus und Vegetarismus, den Wolfgang Krabbe zum Kern der spezifischen Lebensreformbewegung erklärt.[33] Hier gewann er Anhänger, die seine besonderen Ideen mit der Lebensreform verknüpften oder bewog Verehrer seiner Kunst zur Mitarbeit in entsprechenden Reformvereinigungen. Die Ausstrahlung von Wagners Gedankengut reichte in diesen Kreisen bis zu Vertretern einer demokratisch orientierten Friedensbewegung. Die klassischen Grenzen zwischen links und rechts waren aufgebrochen. Oft erleichterte ein wenig handlungsorientierter Idealismus das Zusammengehen. Die abstrakten Ideen aus Bayreuth konnten mit der antizipierenden, im Genuss des Kunstwerks erlebten »Erlösung« schon vorhandene bildungsbürgerliche Bedürfnisse bedienen oder weiter ausbilden, die nicht mehr auf zielstrebige politische Aktivitäten abzielten, sondern auf Selbsterfahrung und individuelle Vervollkommnung. Wagners Kunst und Theorie erleichterten damit das Sich-Einleben in individuelle oder gruppenspezifische Ersatzwelten. Obwohl erbitterter Gegner der Moderne unterstütze er mit seinem Werk so Individualisierung und Herausbildung von Gruppenmilieus, die gerade zum Kennzeichen einer modernen segmentierten Gesellschaft geworden sind. Im Einzelnen sollen nun an einigen Organisationen, die der wilhelminischen Lebens- und Kulturreform zuzuzählen sind, die wagnerianischen Einflusslinien in der Programmatik und der personellen Zusammensetzung markiert werden.[34]

Die schwere Krise, in die der deutsche Liberalismus gegen Ende der ersten Reichsdekade stürzte, erzeugte bei seinen Gegnern nach langen Jahren der Vereinzelung und Resignation ein Klima des Aufbruchs. Um 1880 entstanden zahlreiche antiliberale Organisationen und erhielten die alten neuen Auftrieb; neben Antisemitenvereinen und – Parteien formierten sich Vegetarier, Tierschützer, Antivivisektionisten und die Anhänger des Okkulten. 1867 hatte der Theologe Eduard Baltzer in Dresden den »Deutschen Verein für naturgemäße Lebensweise« ins Leben gerufen, der 1871 nur 745, 1884 aber bereits 2 464 Mitglieder besaß und die bedeutendste deutsche Vegetarierorganisation stellte.[35] Baltzer zählte, wie sein Gesinnungsfreund Robert Springer, zu den Angehörigen des weiteren Bayreuther Kreises, beide publizierten in den Bayreuther Blättern.[36]

Antivivisektionisten

Ähnlich verhielt es sich mit dem Journalisten Ernst von Weber, der 1879 den »Internationalen Verein zur Bekämpfung der wissenschaftlichen Tierfolter« gründete und mit Wagner, der seinem Kampfbund beitrat, korrespondierte.[37] Weber veranlasste ihn zur Abfas-

32 Klönne, Arno, Eine deutsche Bewegung, politisch zweideutig, ebenda, Bd.1, S. 31f, Ringer, Fritz, F., Die Gelehrten. Der Niedergang der deutschen Mandarine 1890–1933, Stuttgart 1983, S. 21f, 229ff **33** Krabbe, ebenda, S. 26 **34** Im folgenden: eine erweiterte u. veränderte Neufassung von Exkurs 3, in: Veltzke Veit, Vom Patron zum Paladin. Wagnervereinigungen im Kaiserreich von der Reichsgründung bis zur Jahrhundertwende, Bochum 1987, S. 280–307 **35** Krabbe, Wolfgang, Gesellschaftsveränderung durch Lebensreform, Göttingen 1974, S. 56, 135 **36** Schüler, Winfried, Der Bayreuther Kreis, Wagnerkult und Kulturreform im Geiste völkischer Weltanschauung, Münster 1971, S.145f **37** Ebenda, S. 145; Wagner war seit dem 13. August 1879 Mitglied. Bisher ungedruckte Briefe von Richard Wagner an Ernst von Weber, Dresden, 1883, Verlag des Internationalen Vereins zur Bekämpfung der wissenschaftlichen Tierfolter, S. 7 **38** In Bayreuther Blättern 1879 und in 2 000 Gratisexemplaren auf Kosten Wagners gedruckt, sowie 2 000 auf Rechnung des Buchhändlers, deren Vertrieb Weber übernahm. Bisher ungedruckte Briefe … , S. 12 **39** Offenes Schreiben an Herrn Ernst von Weber, Verfasser der Schrift: Die Folterkammern der Wissenschaft, Richard Wagner. Gesammelte Schriften und Dichtungen, Bd. X., S. 194–210, S. 194f, 201, Leipzig 1888 **40** Ebenda, S. 209 **41** Ebenda, S. 203, 209 **42** Bisher ungedruckte Briefe … , S. 7

sung seines »Offenen Schreibens«, das sowohl in den Blättern wie als Separatdruck erschien.[38] Wagners Offener Brief hielt die Leser an, der Vivisektion entgegenzutreten, nicht durch das Bestreiten des Nutzen dieser animalischen Experimente, sondern einzig als Konsequenz des Leidens mit der Kreatur. Der auf diese Empfindung gestellte Tierschutz war Wagner nur das Sprungbrett für die Anwendung einer radikalen Mitleidsethik in allen Bereichen öffentlichen und privaten Lebens. Die heftigen Angriffe Wagners gegen Staat und Armee, Wissenschaft und Kirche, die allesamt als Ausgeburten des verhassten Nützlichkeitsprinzips begriffen wurden, enthüllten die anarchische Sprengkraft der intendierten Umwälzung. Sie spielt sich in der Seele des einzelnen ab und trägt den Stempel der Unbedingtheit einer Utopie, wie sie von Wagner als »erlösendes Reich des Mitleids« und ein »verlorenes und nun mit Bewusstsein wiedergewonnenes Paradies« beschrieben wird.[39]

Wagners »Offenes Schreiben« schlug selbst die Brücke zum Sozialismus: »Wer möchte nun aber nicht Sozialist werden, wenn er erleben sollte, das wir von Staat und Reich mit unserem Vorgehen gegen die Fortdauer der Vivisektion und mit der Forderung der unbedingten Abschaffung derselben abgewiesen würden!«[40]

Wagners Offener Brief ist gleichzeitig nicht frei von antisemitischen Ressentiments, wenn das Alte Testament herhalten muss, um den modernen Utilitarismus zu erklären.[41] Auch in den vom »Internationalen Verein zur Bekämpfung der wissenschaftlichen Tierfolter« publizierten Briefen Wagners spricht dieser von »unserer alttestamentarisch-verjudeten modernen Welt« als Gegenbild zur brahmanischen Weisheit des »tat tueam asi« (das bist du).[42] Der Verein sparte so das Kampfmittel des Antisemitismus ebensowenig aus, wie das einer umstürzlerischen Kulturkritik.

Unter seinen Mitgliedern fanden sich viele, auch hochrangige Militärs wie Graf Waldersee, später Nachfolger Moltkes als Chef des Großen Generalstabes und hochgestellte Persönlichkeiten aus Beamtenschaft, Besitz- und Bildungsbürgertum.

Neben Franz Liszt, Cosima und Richard Wagner waren viele seiner Anhänger Vereinsmitglieder, etwa Freiherr von Seydlitz, Josef Rubinstein, der Bayreuther Bürgermeister Franz Muncker, Carl von Gersdorff, Carl Friedrich Glasenapp, der Mann seiner alten Gönnerin: Hausminister von Schleinitz, aus Österreich: Architekt Friedrich Hoffmann (Grazer Wagnerverein) und Musikschriftsteller Nikolaus Oesterlein (Wiener Akademischer Wagner-verein). Auch Ernst von Grysanowsky, Blättermitarbeiter mit antivivisektionistischen Bei-trägen[43] und Spiritist Friedrich Zöllner zählten zum Verein.[44]

Noch im gleichen Jahr 1880 erschien als Vereinsorgan »Der Thier- u. Menschenfreund«, welches der Antisemitenführer und Berliner Wagnervereins-Vorsitzende Paul Förster redi-gierte. Förster verzichtete in dieser Zeitschrift zwar auf antisemitische Auslassungen, ließ sich aber durch eine von E. von Weber initiierte Geldsammlung unter den Antivivisectio-nisten im Reichstagswahlkampf 1898 unterstützen.[45] Seine Partei, die »Deutsch-Sozialen«, hatten sich in ihrem ständestaatlichen »Bochumer Programm« (1889) auch zum Wortfüh-rer tierschützerischer Interessen gemacht: Die jüdische Tierquälerei des Schächtens sollte verboten werden.[46] 1895 betätigte sich Förster zudem als zweiter Vorsitzender in Webers Vereinigung und Major von Rosenberg, königlicher Kammerher und erster Schriftführer der Berliner Zentralleitung des Allgemeinen Richard Wagner-Vereins,[47] war Vorstandsmit-glied des Antivivisektionistenvereins.[48]

In den 1890er Jahren zählten ferner die Parteiantisemiten und Wagneranhänger Lie-bermann von Sonnenberg und Dr. Hans Jungfer zu seinen Mitgliedern, ebenso Hans Paul von Wolzogen, Baron Alexandra von Schleinitz, Vorstand der Meraner Ortsvertretung des Allgemeinen Richard Wagner-Vereins und der Uelzener Amtsgerichtsrat und Blättermitar-beiter Oscar Schlemm, von 1884–1894 Mitglied der Zentralleitung des Allgemeinen Richard Wagner-Vereins.[49]

Wie wenig hier die Grenzen nach politischer Provenienz gezogen waren, unterstreicht die Mitgliedschaft des Historikers Professor Quidde und seiner Gattin.[50] Quidde, der links-liberale (freisinnige), großdeutsch-antipreußische Positionen vertrat und der süddeutschen »Deutschen Volkspartei« angehörte, hatte mit dem 1894 erschienen Psychogramm »Cali-gula. Eine Studie über den Cäsarenwahnsinn« seiner wissenschaftlichen Laufbahn selbst ein Ende gesetzt. Die bewusst nahegelegten Bezüge zur Person des amtierenden Hohenzollernkaisers hatten einen öffentlichen Skandal ersten Ranges provoziert. Quidde war überzeugter Pazifist und seit 1902 im Präsidium der »Deutschen Friedensgesellschaft« tätig. Noch kurz vor Ausbruch des Weltkrieges, im Mai 1914, sollte er die oberste Präsi-dentschaft übernehmen.[51] Die Interessen seiner Frau, Dr. M. Quidde, gingen eher in die teosophisch-lebensreformerische Richtung. Ihre Übersetzung des kryptischen Werkes »Die neue Priesterschaft« der Engländerin Quida wurde im »Thier- u. Menschenfreund« aus-drücklich empfohlen. Ebenso fanden sich hier Anzeigen ähnlich gelagerter Zeitschriften wie des »Gralsboten« von A. Engel und des »theosophischen Wegweisers« von A. Weber.[52]

Gegen Modefrevel

Im »Deutschen Bund zur Bekämpfung der Modefrevel« (gegr. 1891) war diese Verbindung von Tierschutz und Theosophie noch enger geknüpft. Das Ziel des Bundes bestand im Schutz der Vogelwelt vor den lebensbedrohlichen Folgen der Damenmode, insbesondere im Bereich der Hutfabrikation.

Sein Mitgliedsverzeichnis enthält die Namen von Frau von Weber, Wolzogen, Paul För-ster, A. Engel, Hugo Höppener und Wilhelm Hübbe-Schleiden. Hübbe-Schleiden hatte 1884 die erste deutsche theosophische Loge: »Germania« gegründet.[53] Mit Fidus, alias Hugo Höp-pener, gestaltete er die Monatsschrift »Sphinx« und bewirkte 1892 die Gründung einer weiteren theosophischen Gesellschaft in Berlin.[54] Fidus' Zeichnungen sollten in ihrer Ver-

43 Grysanowsky, E., Das ärztliche Konzil in London, Bayreuther Blätter 1881, S. 340, ders., Die Epedemien als Kulturkrankheiten, Bayreuther Blätter 1882, 5.6, S.122; ders., Die Vivisectionsfrage vor dem preußischen Landtage, Bayreuther Blätter 1883, 7–9, S. 228, ders., Italiänische Krankenanalyse, Bayreuther Blätter 1884, 10, S. 316 **44** Erstes Mitgliederverzeichnis des Internationalen Vereins zur Bekämpfung der wissenschaftlichen Tierfolter, Dresden, 1. März 1880 in: Zöllner, Friedrich, Über den wissenschaftlichen Missbrauch der Vivisection mit historischen Dokumenten über die Vivisection von Menschen, Leipzig 1880, S. 335–349 **45** Der Thier- u. Menschenfreund, Allgemeine Zeitschrift für Tierschutz und Organ des Internationalen Vereins zur Bekämpfung der wissenschaftlichen Tierfolter, »Zur Reichstagswahl«, 18. Jg. 1898, S.55 **46** Bochumer Programm in: Fritsch, Th., Antisemitenkatechismus, Leipzig 1891, S. 304–311, S. 307 **47** Nachweislich 1895, 1896, Verzeichnis der Mitglieder des Allgemeinen Richard Wagner-Verbandes, Nationalarchiv der Richard-Wagner-Stiftung Bayreuth **48** Der Thier- u. Menschenfreund, 15. Jg. 1895, S. 33 **49** Ebenda, Jg. 1898, S. 131; Jg. 1899, S. 16, A. von Schleinitz als Ortsvorstand von Meran nachweisbar von 1884–1896, Verzeichnis der Mitglieder des Allgemeinen Richard Wagner-Vereins; zu Oscar Schlemm: ebenda 1884–1894, Schüler, S.145 **50** Der Thier- u. Menschenfreund, Jg. 22, 1902, Nr. 9, S. 89 **51** Die Friedensbewegung. Organisierter Pazifismus in Deutschland, Österreich und in der Schweiz, hrsg. v. Helmut Donat u. Karl Holl, Düsseldorf 1983, S. 316 f **52** Der Thier- u. Menschenfreund 1899, Nr. 3, S. 27, Nr. 2, S.16 **53** Der Anwalt der Tiere. Organ für Tierschutz, hrsg. v. Damen-Comitée des Rigaer Tierasyls, VII. Jg., Juli 1891, Nr. 7, S.118 f.; Miers, Horst, E., Lexikon des Geheimwissens, Freiburg 1979, S. 201 **54** Wer ist's. 1909, unter: Fidus **55** Mosse, G.L., Ein Volk, Ein Reich, Ein Führer. Die völkischen Ursprünge des Nationalsozialismus, Königsstein/Ts. 1979, S. 95 **56** Schuster, Marina, Fidus – Ein Gesinnungskünstler der völkischen Kulturbewegung, in: Handbuch zur »Völkischen Bewegung« 1871–1918, hrsg. v. Uwe Puschner, Walter Schmitz, Justus H. Ulbricht, München u. a. 1996, S. 634–650, S. 637 **57** Fidus. Künstler alles Lichtbaren, hrsg. v. Wolfgang de Bruyn, Berlin 1998, S. 20 –103, S. 31

bindung von Freikörperkultur, Germanophilie und Spiritismus um die Jahrhundertwende in fast keinem völkischen Periodikum mehr fehlen.[55] Fidus' Graphik, die teilweise Wagnersche Themen direkt oder indirekt aufgriff, erschien unter anderem in der Münchner Zeitschrift »Jugend«. In dieser wie in anderen Publikationen erwies sich Fidus als Feinzeichner der »nackten Seele«, die adäquater Ausdrucksträger pantheistischer, naturmystischer und lebensphilosophischer Ideen war.[56] Neben der »Jugend« und dem Diederichs-Verlag machte sich besonders Max Bruns in Minden um die Förderung von Fidus verdient. 1902 erschien im J.C.C. Bruns-Verlag die erste Fidus-Biographie überhaupt aus der Feder von Wilhelm Spohr.[57] Was einen erheblichen Teil dieser bunten Gesellschaft unterschiedlicher politischer Provenienz im Netzwerk der Reformbünde einte, war negativ: die Frontstellung gegen moderne Zivilisation, wissenschaftliches und materialistisches Denken; positiv: der Glaube an supranaturale und naturale Kräfte, die nur frei wirken zu lassen, einen gleichsam paradiesischen Heilszustand heraufzuführen geeignet seien. In diesem Vertrauen auf eine prädisponierte Harmonie fühlt man sich der klaren politischen und weltanschaulichen Scheidung enthoben. Man schlug nicht nur zusammen, man marschierte auch vereint.

Die Verfilzungsstruktur, die sich um die Jahrhundertwende in der Lebensreformbewegung und im Szenario völkischer Bünde und Verbände ausbilden sollte, prägte bereits die antisemitische und antiliberale Reformbewegung in den ersten Anfängen. Wagneranhänger wie den Försterbrüdern kam hier eine Schlüsselstellung zu. Die Regenerationsschriften Richard Wagners lesen sich fast wie eine theoretische Exposition zu dieser Entwicklung.

Seine Verquickung christlich-freireligiöser, antisemitisch-germanophiler, vegetarisch-tier-schützerischer, friedensbewegter und ästhetischer Ideologieelemente bis hin zur Anregung von Siedlungsprojekten[58] umspannt einen erheblichen Teil des Spektrums der reich verzweigten »Lebensreform« in wilhelminischer Ära. Wagner hatte in dafür günstigen politischen Umbruchzeiten einen geistigen Trank gemischt, der das Verlangen nach antiliberaler Sammlung stimulierte und befriedigte. Bildeten anfangs die Gebrüder Förster, neben Fritsch und anderen, die Knotenpunkte in dem wachsenden völkischen Flechtwerk, so sollte gegen Ende des 19. Jahrhunderts vornehmlich Ludwig Schemann, Anfang der 1880er Jahre noch einer der aktivsten Wagnerianer, mit seiner »Gobineau-Vereinigung« diese Funktion in fast perfekter Weise wahrnehmen. Die Führer fast aller bedeutenden völkischen Vereinigungen schlossen sich der Organisation im Zeichen des französischen Rasselehrers an, etwa Theodor Fritsch von der »Hammer-Gemeinde«, Friedrich Lange vom »Deutschbund«, Liebermann von den »Deutsch-Sozialen«, Heinrich Claß vom »Alldeutschen Verband«.[59]

Wagner lieferte jedoch nicht nur das Modell einer passenden Ideenmixtur, sondern regte auch eine organisatorische Verschränkung selbst an, in »Religion und Kunst« erhoffte er sich den Wiedergewinn einer »wahrhaften Religion« von einer »wahrhaften und innigen Vereinigung« der »in ihrem Unzusammenhange machtlosen Verbindungen« der Vegetarier, Tierschützer, Mäßigkeitspfleger und Sozialisten.[60]

Die radikalen Ethiker

Ausdrücklich berief sich auf dieses Postulat Wagners erst eine der späteren Reformgesellschaften.[61] Unter dem Namen »Gesellschaft zur Förderung des Tierschutzes und verwandter Bestrebungen« wurde die Vereinigung 1907 in Berlin gegründet, änderte nach dem Ersten Weltkrieg jedoch ihren Namen in: »Bund für radikale Ethik«. Ihre wichtigsten Aufgaben erblickte sie in: »Weckung des Mitgefühls mit allem Lebendigen, Bekämpfung aller Grausamkeit, Rohheit und Ausbeutung, Förderung der Demokratie und des Pazifismus, Kampf für die Rechte der Frau, Veredelung der Lebensweise (Vegetarismus, Bekämpfung des Alkoholismus usw.), Hebung der Geschlechtsmoral, Erziehungs- und Schulreform.«

Diese Ziele suchte sie durch die Verbreitung von Reformschriften und die Herausgabe eines Vereinsorgans: der »Ethische(n) Rundschau. Monatsschrift zur Läuterung und Vertiefung der ethischen Anschauungen und zur Förderung ethischer Bestrebungen« zu erreichen.[62] Als geistige Ziehväter von Verein und Zeitschrift zierten das Titelblatt die Konterfeis Wagners und Schopenhauers, darunter ein Ausspruch Schopenhauers, der das Mitleid als einzige moralische Triebfeder bezeichnete und ein Appell Wagners, der »Religion des Mitleidens, den Bekennern des Nützlichkeitsdogmas zum Trotz, einen kräftigen Boden zu neuer Pflege bei uns gewinnen zu lassen.«

Magnus Schwantje, Vorsitzender der Gesellschaft sowie Herausgeber ihrer Zeitschrift, bekannte sich allerdings nur bedingt zu den Positionen Schopenhauers und Wagners. Die Frauenfeindschaft Schopenhauers und den antidemokratischen Zuschnitt seiner politischen Ansichten empfand er als störend[63], betrachtete sie aber ebenso wie die Rassevorstellungen Wagners, als lässliche Sünde großer Genies.

»Gobineau … bestärkte ihn in seinen sehr unklaren nationalistischen Ansichten, die zum größten Teil ganz unbegründet sind und seinen ethischen Grundansichten widersprechen.«

58 Heldentum und Christentum, S. 284 **59** Puschner, Uwe, Die völkische Bewegung im Kaiserreich. Sprache – Rasse – Religion, Darmstadt 2001, S. 78 **60** Religion und Kunst, S. 240 f **61** Schwantje, der Gründer der Gesellschaft, lernte Wagner erst kennen, als die Vereinigung bereits bestand, identifizierte sie aber nachträglich mit dem von Wagner in Aussicht genommenen Zusammenschluss, Ethische Rundschau, Jan., Febr. 1912, 1. JG. Heft 1, S. 5; Schwantje, Magnus, Über Richard Wagners ethisches Wirken, Berlin, 1919, S. 22 **62** Schwantje, ebenda, S. 28 f **63** Ethische Rundschau, Jan., Febr. 1912, S. 4 **64** Ebenda, S. 17 f. Bezieht sich auf Wagners »Heldentum und Christentum« **65** Ebenda **66** Mosse, Ein Volk, ein Reich, ein Führer, S. 171–174. Zu den genannten Mitgliedern vgl. Ethische Rundschau, Juni 1912, S. 110, Mai 1913: Bericht über unsere 6. Hauptversammlung, Mitgliedsbeiträge für das Jahr 1912. o. S. **67** Ebenda, S. 182, Verz. d. Mitgl. d. ARWV 1889/1890 **68** Die Friedensbewegung, S. 197 f **69** Zabel, Miriam, Vermenschlichung und Schutz des Tieres, in: Die Lebensreform, Bd. 1, S. 139–142, S. 140 **70** Durch eine einmalige Zahlung von 1 000 Mark, Ethische Rundschau 1913, S. 153 **71** Verz. d. Mitgl. d. ARWV, 1884–1896, Nationalarchiv der Richard-Wagner-Stiftung Bayreuth **72** Ebenda, Schüler, S. 150 **73** Schüler, S. 150, Hösel, Curt Mey in: Richard Wagner-Jahrbuch 1913, S. 251–255 **74** Schemann, Ludwig, Lebensfahrten eines Deutschen, Leipzig 1927, S. 291 f

Es »muss dagegen ein verständiger und unbefangener Verehrer Richard Wagners mit … Staunen fragen, wie ein so großer Geist auf so absurde und verworrene Gedanken verfallen konnte (in: Heldentum und Christentum, Bem. d. Verf.).«[64]

Schwantje vertrat zwar für seine Person den ethischen Pessimismus Schopenhauers und Wagners, wollte jedoch in seiner Zeitschrift auch Anhänger »einer optimistischen Lebensauffassung« zu Wort kommen lassen.[65]

Auf dieser Basis gelang es Reformer und Reforminteressierte verschiedenster Lebensgebiete und politischer Zuordnung anzusprechen. Im Vorstand befanden sich etwa der völkisch orientierte Schulreformer und Schirmherr des Wandervogels, Ludwig Gurlitt[66], wie die Vorsitzende der Berliner Antivivisektionisten Marie von der Osten, die bereits 1889/90 eine Ortsvertretung des Allgemeinen Richard Wagner-Vereins für Berlin-Charlottenburg übernahm. Mitglieder von Schwantjes Organisation waren weiter Paul Geheeb, Gründer der auf romantischen Humanismus und Schülerdemokratie ausgerichteten Odenwaldschule[67], Hans Paasche und Pfarrer Bruns vom »Deutschen Vortruppbund«, der den politisch-pazifistischen Flügel der deutschen Jugendbewegung repräsentierte[68] sowie Ludwig Quidde von der »Deutschen Friedensgesellschaft«. Ein erheblicher Teil seiner Organisation dürfte pazifistische Positionen vertreten haben und Schwantje selbst nahm 1912 am Deutschen Friedenskongress in Berlin teil.[69]

Aus dem engeren wagnerianischen Lager kamen: Cosima Wagner, die seit 1907 die Ehrenmitgliedschaft besaß[70], Glasenapp, Wolzogen, Henry Thode, der Rostocker Germanist Wolfgang Golther, Vorsitzender des »Ordens vom heiligen Gral«[71] und der Leipziger Musikwissenschaftler Arthur Prüfer, Mitglied des Leipziger Akademischen Wagnervereins und einer der orthodoxen Wortführer des Bayreuther Gedankens.[72] Auch der bayreuthtreue Dresdner Musikästhetiker und Blättermitarbeiter Curt Mey, von 1883–1893 Mitglied des akademischen Wagnervereins Berlin und Gründer eines »Tisches der Getreuen«, der in Siegfried Wagner den Schöpfer der deutschen Volksoper verehrte[73], wie der Straßburger Bibliothekar und Schemannfreund Oscar Meyer, Mitglied von dessen Gobineau-Vereinigung und im Patronatverein Vertreter des aktiven, völkisch-regeneratorischen Flügels[74] gehörten zu den radikalen Ethikern Schwantjes.

Dieser konnte zwar rückschauend urteilen, sein Bund hätte unter Wagnerverehrern nicht die Teilnahme gefunden, die er erwarten durfte, konzidierte aber »etlichen hervorragenden Mitgliedern der Bayreuther Gemeinde« ihre Unterstützung.[75] Deren Motive zum Beitritt lagen in der Hoffnung, hier ein weiteres Forum für die Schopenhauerisch-Wagnerische Mitleidsreligion erschließen zu können, wobei man sich auch bewusst der interessenübergreifenden Binnenstruktur religiöser Organisationsmodelle bediente.

Golther schrieb der Redaktion: »Das kirchliche Dogma genügt nicht mehr, wir müssen uns zu tieferen Erwägungen wenden. Die Grundlage aller Ethik ist die Religion des Mitleidens. Aus der rücksichtslos wahren Welterkenntnis wollen wir eine Weltanschauung und die Richtlinien unseres Denkens und Handelns gewinnen. Die Ethische Rundschau ist ein Mahn- und Weckruf an die zur Erkenntnis Erwachenden und Wissenden ... frei von allen Vorurteilen der Zivilisation, aber einig im Ziel wahrer Gesittung – das predigen die Beiträge der verschiedenen Mitarbeiter an unserem Werk, das sich mitten im feindlichen Leben behaupten und durchsetzen muss.« Oscar Meyer erklärte: »Jede Bestrebung, die von einer bestimmten Stelle ausgeht, um sich mit verwandten, von ähnlicher Gesinnung getragenen Bestrebungen zu verständigen und in freundliche Beziehung zu setzen, ist (deshalb) freudig zu begrüßen«.[76]

Die zustimmenden Äußerungen Golthers, Prüfers, Meyers und Wolzogens dokumentieren eine beträchtliche Toleranzbreite, zumal die Zeitschrift pazifistischen Kundgebungen, etwa der »Deutschen Friedensgesellschaft«, breiten Raum gab.[77] Hier lobte man die proletarische Jugendbewegung und verurteilte Pfadfinder und »Jungdeutschland-Bund« wegen ihrer vormilitärischen Erziehung. Aber auch in der jugendbewegten Linken unterlag man einer ähnlichen Tendenz zur Sammlung in idealen Gefilden, wenn hier die Wandervogelvereine als krasser Gegensatz zu »Jungdeutschland« gerühmt wurden, ihnen »echte Jugendkultur« attestiert und eine »mitunter leichte Hinneigung zum Antisemitismus« nachgesehen wurde.[78]

Umgekehrt erhielt die dezidiert wagnerianische Fraktion Gelegenheit, auch ihre von Schwantje und seinem Kreis abweichenden Vorstellungen in die Zeitschrift mit einzubringen. Prüfers Aufsatz »Richard Wagner als Ethiker« widmete sich so dem Verhältnis Wagners zu Gobineau, berichtete mit Glasenapps Worten von lebhaften Kontroversen zwischen den beiden, »indem der Meister zugunsten des Christlichen gegenüber der Schroffheit des Rassegedankens förmlich explodierte«. Wagner hätte den »im übrigen unangetastet mit herübergenommenen Ansichten Gobineaus« durch die christliche Erlösungsidee etwas Tröstliches hinzugefügt. So konnte Prüfer das von Schwantje verabscheute Rassedenken Wagners den Lesern der Rundschau nahe bringen, auch einen Seitenhieb gegen den scheinbar frechen Witz des Juden Rubinstein wagen, der den Ernst der Reinkarnationsidee verkannt hätte: »Als aber Rubinstein eines Tages bei der Mahlzeit den Fisch mit dem Bemerken ablehnte, er wolle nicht als Fisch wiedergeboren werden, verwies er (Wagner, Bem. d. Verf.) ihm sehr ernsthaft diese persönliche und buchstäbliche Auffassung der Symbole. Alles, Geburt und Wiedergeburt, sei in jedem Augenblick da; für das Volk habe man diese Symbole in die Zeit setzen müssen.«[79]

Wie trefflich sich diese gegenseitige Akzeptanz zur Durchdringung steigern konnte, belegt die Kontaktanzeige einer Dame unter der Chiffre: »Harmonie«: sie interessiere sich für naturgemäße Lebensweise, die Frauenbewegung, Rasseprobleme, Menschenkunde, Graphologie und besäße Sinn für Humor und Scherz, würde allerdings unter ihren Bekannten keine Gesinnungsgenossen finden.[80] Begreiflicherweise, ist man versucht, hinzuzufügen.

75 Schwantje, S. 22 f. Wolzogen trat 1917 aus, weil er die Gesellschaft jetzt für »unzeitgemäß« hielt.
76 Auszüge aus Briefen von Schriftstellern usw., Ethische Rundschau, Jan. 1913, o. S. **77** weitere Kundgebungen gegen das Wettrüsten, Ethische Rundschau, Mai 1913, S. 95–97 **78** Albert, Robert, Die proletarische Jugendbewegung, Ethische Rundschau, Nov. 1913, Jugendheft, S. 202–205; Siemering, Karl-Ludwig, Gegen die Militarisierung der Jugend, ebenda, S. 206 f **79** Prüfer, Arthur, Richard Wagner als Ethiker, Ethische Rundschau, 1912, Heft 8, 9, S. 139–142 **80** Ethische Rundschau, November 1913, S. 220 **81** »Vertraulich. Nur für Mitglieder«. Die Mitgliederzahl sei von 475 auf 577 gestiegen, o. D., Nationalarchiv der Richard-Wagner-Stiftung Bayreuth **82** Ethische Rundschau, Juli 1912, S. 130 **83** Schüler, S. 155 **84** Ebenda, S. 154, zu Kohler: Seidl, Arthur, Parsifalschutz, in: Richard-Wagner-Jahrbuch 1913, Bd. 5, S. 295 **85** Seiling, Max, Richard Wagner, 1911; Seiling (1852– 1928), Prüfer, A., Die uns fehlen, in: Bayreuth 1930, Das Handbuch für den Festspielbesucher, hrsg. v. Fr. Wild, Leipzig, S. 24 f **86** Verz. d. Mitgl. d. ARWV 1884–1887, Nationalarchiv der Richard-Wagner-Stiftung Bayreuth **87** Seiling an Wolzogen, Helsingfors, 18.11.1886, Nationalarchiv der Richard-Wagner-Stiftung Bayreuth

Die Gesellschaft besaß einige hundert Mitglieder.[81] Außer zu vegetarischen, tier- und friedensschützerischen Vereinigungen pflegte man freundschaftliche Beziehungen zur Schopenhauer-Gesellschaft. Deren Vorsitzender, der Kieler Orientalist und Universitätsgelehrte Prof. Paul Deussen, war ebenso Mitglied von Schwantjes Organisation, wie dieser von Deussens Gesellschaft. Schwantje charakterisierte die »Schopenhauer-Gesellschaft« als Gemeinde von Gesinnungsgenossen, die Mehrheit ihrer Mitglieder als Anhänger der »Mitleids-Moral« und »pessimistisch-asketischer Weltanschauungen«.[82] Deussen, der auch in der Ethischen Rundschau publizierte, unterhielt freundschaftliche Beziehungen zu Bayreuth.[83]

Richard Wagner-Gesellschaft für germanische Kunst und Kultur

Der stellvertretende Vorsitzende seiner Gesellschaft, der Berliner Universitätslehrer Prof. Dr. jur. Josef Kohler[84], war Gründer einer »Richard-Wagner-Gesellschaft für germanische Kunst und Kultur«, der allerdings wegen seiner positiven Stellungnahme zur Parsifal-Freigabe für andere Bühnen nach Ablauf der urheberrechtlich geschützten Frist 1913 unter orthodoxen Bayreuthern wenig Gegenliebe fand. In Schwantjes wie Kohlers Gesellschaft existierten Querverbindungen zur Theosophie. So befand sich der Ingenieur Max Seiling unter den Mitgliedern der »Gesellschaft zur Förderung des Tierschutzes und verwandter Bestrebungen«.

Der theosophische Schriftsteller erfreute sich einigen Ansehens im Wahnfried-Kreis und suchte in seiner Wagner-Biographie dessen wechselvollen Lebensweg aus dem Eingreifen überirdischer Mächte zu erklären, einer Interpretation, der sein Vereinsgenosse Prof. Dr. Prüfer in einer posthumen Würdigung zustimmte.[85]

Von 1884 bis 1887 war Seiling Mitglied der Ortsvertretung des Allgemeinen Richard-Wagner-Vereins in Helsingfors.[86] Wolzogen gegenüber bezeichnete er sich als »Wagnerianer, d. h. dem Wagner mehr bedeutet, als ein Gründer der Festspiele«. Trotz seiner Vorliebe für buddhistische Religionsphilosophie bekannte er sich zum Christentum, allerdings zu einem, das, wie er selbst sagte, keinen Kompromiss mit dem Leben mache.[87]

Häufiger erschienen Inserate der »Theosophischen Kultur. Organ der Internationalen theosophischen Verbrüderung« in den Monatsheften der Ethischen Rundschau. Als Herausgeber dieser esoterischen Zeitschrift firmierte die »Theosophische Gesellschaft« Hübbe-Schleidens und Fidus', der auch den Bildschmuck besorgte. In einem beigelegten Werbeprospekt nannte die Theosophische Gesellschaft als ihre vorrangigen Ziele, soziale Reformen durch Aufklärung einzuleiten und für Völkerversöhnung, religiösen und sozialen Frieden zu wirken. Engere Beziehungen zu den Trägern geheimen Wissens bestanden jedoch in der Richard Wagner-Gesellschaft für germanische Kunst und Kultur (1903 in Berlin gegr.). Ihrer Hauptaufgabe, der »Förderung deutsch-idealistischer Weltanschauungen« wollte sie durch künstlerische Darbietungen jeglicher Art genügen. Bekämpft werden sollte auf künstlerischem Gebiet: »flacher Formalismus«, »unkünstlerischer Naturalismus« und vergnügungssüchtiges »Philistertum«.[88]

Während ihrer Bestandszeit bis zum Ende des Ersten Weltkriegs unterlag sie einem nicht unbeträchtlichen Wandel ihrer Zielsetzungen. Ablesbar ist dieser Prozess an den laufenden Namensänderungen der Assoziation. 1903 noch bezeichnete sie sich schlicht als »Richard Wagner-Gesellschaft«, 1904 dann als »Richard Wagner-Gesellschaft für dramatische Kunst und Kultur«, 1905 wiederum verändert in: »Richard Wagner-Gesellschaft für germanische Kunst und Kultur«, 1909: »Richard Wagner-Gesellschaft für deutsche Kunst und Kultur«, 1911: »Richard Wagner-Gesellschaft für Kunst und Kultur«, 1912 wieder mit dem Vorsatz: »germanisch«, 1914 dann: »Deutsch-englische Richard Wagner-Gesellschaft für germanische Kultur und Volkserziehung«, um sich 1914/15 endlich in eine »Deutsch-nordische Richard Wagner-Gesellschaft für germanische Kunst und Kultur« zu verwandeln.

Als Hauptziel firmierte 1904: »Akademische Bühnenspiele zur Hebung germanischer Kunst und Kultur« zu veranstalten, insbesondere eine »Freie Akademie für die redenden Künste« und ein »Pangermanisches Nationaltheater« zu errichten. Von 1907 an hieß es dann bescheidener und eindeutiger: »Verbreitung der regenerationsphilosophischen und rassetheoretischen Kunst- und Kulturanschauung des Meisters und seines Kreises auf sozialpädagogischem Wege«. Trotz dieser Schwankungen betrug die Mitgliederzahl nachweislich seit 1907 konstant 100, was die Vermutung, es handele sicher hier um eine festgeschriebene Mitgliederzahl, etwa nach Art einer erweiterten Tafelrunde, nahe legt. Das Organ der Gesellschaft bildete ein »Tempelkunst-Jahrbuch«. Bis zum Ausbruch des Weltkrieges erfolgte die Aufführung einiger Dramen Otto Borngräbers und Paul Friedrichs.

Die Bedeutung dieser Vereinigung liegt weniger in ihren eher bescheidenen sichtbaren Erfolgen und Wirkungen, als in ihrem Stellenwert als soziologisches Phänomen. Aus dem völkischen Lager saßen in ihrem Ehrenbeirat: Max Liebermann von Sonnenberg und Theodor Fritsch. Mit Fidus, der in seinem Selbstverständnis als Künstlerpriester sein gesamtes Schaffen als »Tempelkunst« bezeichnete[89], kamen aus dem theosophisch-okkulten Bereich: Rudolf Steiner, Felix Weingartner, Wilhelm Spohr und mit Einschränkung der Monist Ernst Haeckel. Haeckel hatte zwar in den 1880er Jahren einer theosophischen Gesellschaft Hübbe-Schleidens angehört, sich allerdings in seiner späteren Monismuslehre ebenso sehr von einem krass materialistischen wie ausgesprochen spirituellen Standpunkt entfernt.[90] Spohr hielt vor der Gesellschaft 1905 einen Lichtbildervortrag zum Thema »Das sichtbare Gesamtkunstwerk bei Fidus als Erweiterung des Bayreuther Gedankens«.[91]

Weingartner, angesehener Dirigent und Opernkomponist, bevorzugte mythisch-mystische Stoffe für seine Schöpfungen, von denen besonders die Frühwerke einer stark schopenhauerischen Färbung unterlagen. Darüber hinaus betätigte er sich als mystischer Schriftsteller und nach dem Ersten Weltkrieg als Biograph des theosophischen Heilslehrers Bo Yin Ra.[92]

88 Rede Josef Kohlers, in: Richard-Wagner-Jahrbuch 1913, S. 441. Zu Benennungen v. Mitgl. d. Ges.: s. Kürschners Dt. Lit. Kal. 1903–1915, unter: Richard Wagner-Gesellschaft **89** Mosse, Ein Volk, Ein Reich, Ein Führer, S. 95 **90** Ziegler, Die geistigen und sozialen Strömungen…, S. 285 **91** Schuster, Marina, S. 640. Ankündigungsplakat: RWG. f. germ. K. u. K., Tempelkunst-Abend, Sonntag, den 30. April 1905 Archiv d. dt. Jug. bew., Schloss Ludwigstein, Witzenhausen **92** Riesenfeld, Paul, Die Auswanderung vom heiligen Gralsberge, Variationen zum Thema: Ergo vivamus, in: Musik und Kultur, S. 152–179, S. 158–161; Miers, Lexikon des Geheimwissens, S. 427: S. Weingartner (geb. 1863), ders. u. a., Die Lehre von der Wiedergeburt des musikalischen Dramas, nebst einem Entwurf eines Mysteriums Erlösung, Leipzig 1895, Bo Yin Ra, Basel 1923 **93** Meyer, Rudolf, Der Gral und seine Hüter, Stuttgart 1958, S. 264, 280 ff **94** Stolzenburg, Prof. liz. A. F., Okkultismus, in: Schweitzer, Carl, Das religiöse Leben der Gegenwart, 2 Bde., Berlin 1928, 2. Bd., S. 67–316, S. 309, Zander, Helmut, Sozialdarwinistische Rassetheorien aus dem okkulten Untergrund des Kaiserreiches, in: Handbuch der »Völkischen Bewegung«, S. 224–231, S. 240 ff **95** Verz. d. Mitgl. d. ARWV 1891– 1894, Nationalarchiv der Richard-Wagner-Stiftung Bayreuth **96** Schüler, S. 156 **97** Der Akademische Richard Wagner Verein zu Leipzig 1887–1912, Gedenkblätter zum 17. November 1912, hrsg. v. Richard Linnemann, Leipzig 1912, darin: Reinhold Freiherr von Lichtenberg, Richard Wagner und der Mythos. S. 33–45 **98** Wilser, Ludwig, Die Germanen, 2 Bde., Leipzig 1920, Bd. 1, S. 72; nach eigener Angabe anlässlich eines Vortrags vor dem Karlsruher Altertumsverein am 29.12.1881 **99** In: Pastor, Willy, Der Zug nach Norden, so Seeßelberg: in Volk und Kunst, Kulturgedanken 1907, S. 132 f **100** Schüler, S. 154

Rudolf Steiner endlich hatte sich nach der Jahrhundertwende einem mystisch aufgefassten Christentum ergeben und sich vom, durch Richard Wagner wiederbelebten Gralssymbol inspirieren lassen. Parsifals Gralssuche und Gralserlösung wurde der Theosophie zur mystisch-verklärten Vorstufe eines vom Adepten in seinen Symbolen nun aufzulösenden, bewussten Gralsweges.

Einmal liegt in dieser »Wissenschaft vom Gral«[93] die nähere geistige Verwandtschaft Steiners mit Wagner begründet. Dann scheint auch seine Auffassung des Heilandsblutes während der Kommunion als materielle kosmische Substanz, die den gesamten Bios genetisch verändern würde, vom späten Wagner inspiriert zu sein, der sich vom Blut des Herrn eine Veredelung nichtarischen Blutes erwartete.[94]

Neben namhaften Theosophen zählten hochrangige Wissenschaftler, wie ab 1910 der Neukantianer Alois Riehl und Wolfgang Golther, Künstler wie Wildenbruch ab 1906 und der Komponist Max von Schillings seit 1911, der nachmalige Präsident der preußischen Akademie der Künste zum Mitgliederbestand der Gesellschaft. Schillings hatte bereits von 1891 bis 1894 dem Münchener Zentralverein des Allgemeinen Richard Wagner-Vereins angehört.[95]

1915 trat Prof. Reinhold Freiherr von Lichtenberg hinzu, Kunstwissenschaftler an der Technischen Hochschule Karlsruhe, Blättermitarbeiter[96] und Herausgeber der Zeitschrift: »Memnon« für altorientalische Kunst- und Kulturgeschichte. Lichtenberg war langjähriges Mitglied des Leipziger Akademischen Wagner-Vereins, in dessen Festschrift von 1912 er einen Artikel mit ariosophischer Tendenz veröffentlichte.[97] In seiner Zeitschrift pflegte er rassekundliche Themen und machte sich zum Wortführer der Thesen Ludwig Wilsers[98] und Willi Pastors[99], welche die Abkunft der Arier aus dem Norden behaupteten, statt wie Gobineau die »Urheimat« der Arier nach Zentralasien zu verlegen.

Bayreuth allerdings bewahrte eine gewissen Distanz zur theosophischen Bewegung, wie Schüler hervorhebt.[100] Jedoch ist es charakteristisch für die Struktur wagnerianischer Idealität und Organisationspraxis, dass sich trotz gewisser Animositäten derartige Kontakte einstellten. Der Psychologe und Theosoph Max Dessoir etwa, Mitarbeiter der »Sphinx« Hübbe-Schleidens, schrieb 1891 einen Beitrag für die Blätter über »Wagner als Ästhetiker« und erschien für dieses Jahr als Mitglied der Bayreuther Blätter – Ortsvertretung des Allgemeinen Richard Wagner-Vereins. In seinem Verständnis der Kunstlehre des Meisters erwies er sich als Schüler Heinrich von Steins, eines auch über Bayreuth hinaus anerkannten Ästhetik-Gelehrten.[101]

Werdandibund

Im »Werdandibund«, der letzten, der hier nur schlaglichtartig beleuchteten wilhelminischen Vereinigungen, fand man sich sogar mit dem theosophischen Literaten Hermann Graf Keyserlinck zusammen, der den Bayreuther Hausgeist Arthur Schopenhauer als krankhaften Melancholiker rügte, noch dazu in einer Schrift des Bundes (Schopenhauer als Vorbilder, Werdandi-Bücherei 2. 1910). 1907 in Berlin gegründet und nach der germanischen Norne der Gegenwart benannt, stellte sich dieser die Aufgabe, »den Künstlern, deren Kunst auf gesunder deutscher Gemütsgrundlage beruht, größeren und unmittelbareren Einfluss auf die Kultur zu verschaffen.[102] In Anlehnung an Richard Wagners Gesamtkunstwerk wollte der konservativ kulturkritische Bund gemeinsam mit ähnlich disponierten Bünden eine deutsche Nationalkultur durch Zusammenschluss der Einzelkünste, von Kunst und Wissenschaft, Kunst und Volk errichten, ja ein spezifisch deutsches Volk dadurch erst schaffen helfen.[103]

Den Vorsitz führte Friedrich Seeßelberg, Professor für Baukunst an der Technischen Hochschule Berlin-Charlottenburg bis 1911, danach der seit 1909 2. Vorsitzende: Wagner-Maler Franz Stassen, von 1907 bis 1909 nahm diese Stelle Freiherr von Lichtenberg ein. Schriftführer war 1908 der Literat Wilhelm Kotzde-Kottenroth, in Weimarer Zeiten Leiter des rechtsgerichteten Jugendbundes: »Adler und Falken«, aus deren Reihen die »Artamanen« hervorgingen.[104] Der Bund, dem Schüler eine tiefe Verwurzelung in wagnerianischer Tradition zuschreibt[105], zählte an Wagnerianern neben Stassen den Maler Hans Thoma, den Indologen und Rasseforscher Prof. Leopold von Schroeder[106], Ludwig Schemann, Wolzogen, Curt Mey, Fidus, Eucken-Schüler und Philosophiedozent Otto Braun, gleichzeitig Blättermitarbeiter[107], den völkischen Schriftsteller M.G. Conrad[108], Henry Thode und Siegfried Wagner zu seinen Mitgliedern.

Weitere namhafte Persönlichkeiten aus Kunst und Wissenschaft, wie der Theologe Adolf von Harnack, Reichstagsarchitekt Paul Wallot, Ernst von Wildenbruch, der Novellist Wilhelm Raabe, Siegfried Wagner, Marie von Ebner-Eschenbach, Hans Thoma saßen im Ehrenbeirat. Balladenlyriker Börries Freiherr von Münchhausen und der »Heimatkunst«-Dichter Fritz Lienhard waren dem Werdandi-Bund angeschlossen. So diente die Vereinigung zur Sammlung der Protagonisten epigonal-vorindustriellen Kunstschaffens aller Gebiete, gegen den etablierten Naturalismus und heraufziehenden Expressionismus.

Den Gedanken des Wagnerschen Gesamtkunstwerkes weiter fortführend, scharte man sich um eine Art von Kunstevangelium als Mittelpunkt. In der vereinseigenen Zeitschrift »Werdandi«, den Schriften der Publikationsreihe »Wertung« und der »Werdandi-Bücherei« wurde ein ähnlich radikaler Idealismus fatalistischer Natur formuliert, wie er in wagnerianischen Veröffentlichungen immer wiederkehrte.

O. Braun, Leiter des Werdandi-Kreises Hamburg, erhob etwa »die Gestaltung des eigenen Wesens zum Kunstwerk« zur »vornehmste(n) Aufgabe des Menschentums«, und for-

101 Vgl. Schüler, S. 94 f   **102** Kürschners Deutscher Literaturkalender 1908–1912; ebenda auch die folgenden Personennamen des Werdandi-Bundes   **103** Werdandi, 2. Jg., 1909, 1. Heft, Einiges vom Werdandi-Bunde, S. 71, 1, 2, Paar, Rolf, Der »Werdandi-Bund«, in: Handbuch der »Völkischen Bewegung«, S. 316–327, S. 316 f   **104** Mosse, Ein Volk, Ein Reich, Ein Führer, S. 129. Kotzde, um den sich in den 20er Jahren eine »Wilhelm-Kotzde-Gemeinde« zur Verbreitung seiner Dichtungen sammelte, schrieb u. a.: Die Burg im Osten, Das Schicksal einer Ritterschaft; Wolfram. Ein Wartburgroman; Die Wittenbergische Nachtigall. Ein Lutherroman, aus: Der Bücherwart 1/2 1930, Hrsg.: Volksbuchgesellschaft: Deutsche Buch- und Kulturgemeinde. Seeßelberg war seit 1907 ord. Doz., seit 1911 ord. Prof. f. Arch. an der TH Berlin, Kürschners Deutscher Gelehrtenkalender auf das Jahr 1925, Berlin/Leipzig 1925, S. 966   **105** Schüler, S.156   **106** Ebenda, S. 54. Chamberlain-Freund, Sein Hauptwerk: Die Vollendung des arischen Mysteriums in Bayreuth, München 1911   **107** Schüler, S.153   **108** Conrad gehört von 1884 bis 1891 dem Münchener Zentralverein des ARWV an. Er war Herausgeber der seit 1885 erscheinenden Zeitschrift »Gesellschaft« und versuchte Wagner mit Nietzsche weltanschaulich zu harmonisieren, Soergel, Albert, Hohoff, Curt, Dichtung und Dichter der Zeit. Vom Naturalismus bis zur Gegenwart, 2 Bde., Düsseldorf 1961, Bd. 1, S. 40 ff, Nietzsche und die Deutsche Literatur, 2 Bde., hrsg. v. Bruno Hillebrand, Tübingen 1978, Bd. 2, S. 86 f   **109** Vorblatt von Werdandi, 2. Jg., 6. Heft, Juni 1909   **110** Deutschland unter Kaiser Wilhelm II., 3 Bde., Berlin 1914, Bd. 3, Külpe, Philosophie, S. 1144–1164, S.1163   **111** Hamann, Richard, Hermand, Jost, Stilkunst um 1900. Epochen deutscher Kultur von 1870 bis zur Gegenwart, Bd. 4, München 1973, S.154.   **112** Seeßelberg, Volk und Kunst, Kulturgedanken, 1907, Vorwort, o. S.   **113** Ebenda, S. 52 f, 56 f   **114** Hunzinger, Die evangelische Kirche und Theologie, in: Deutschland unter Kaiser Wilhelm II., 2. Bd., S. 976–1023, S. 997   **115** Drews, Arthur, Die Religion als Selbstbewusstsein Gottes, Jena Leipzig 1906, S. 358–362   **116** Kappstein, Theodor, Die Religionen der Menschheit, 2. Bde., Berlin 1923, 2. Bd., S. 244

derte programmatisch: »Ringen mit der Welt und Streben nach Wesenserhöhung müssen vereint sein. Das ist unser Leitgedanke … Die Fortbildung des Geisteswesens bedeutet unabhängig vom äußeren Erfolg einen Weltgewinn für den kosmischen Geist.«[109] Braun hatte von seinem geistigen Vater Eucken die Theorie einer »selbständigen Einheit des Geisteswesens« übernommen und diese zu einer »Philosophie des Schaffens« (1909) weitergebildet.[110] Das Resultat war ein »Aktivismus der Werte«, bei dem die schaffende Tat nur als Erkenntnismittel dieser geistigen Wesenheit noch Bedeutung besaß.[111]

Auch Bundesleiter Seeßelberg, der in der seiner kurz vor der Werdandi-Gründung verfassten Grundsatzschrift »Kunst und Volk« (1907) bereits eine »Kunstgemeinschaft auf vaterländischer Grundlage« forderte, die sich um die Ideenfesten Richard Wagners sammeln sollte[112], pflegte diesen weltenthobenen Idealismus und wünschte ganz im Sinne Wagners die Verschmelzung von Religion, Kunst und Philosophie zu einem undogmatischen, mystisch vertieften Christentum.[113]

Es ist kein Zufall, dass Adolf von Harnack, einer der Hauptvertreter der historischen, sich vom Dogmatischen abwendenden Theologie[114] seinen Platz in Werdandi fand, wie auch Arthur Drews, welchem Pantheismus und erlebte Wesenseinheit von Gott und Mensch gar zum germanischen Erbteil wurden.[115]

Ähnlich freigeistig griff Lienhard die Symbolik von Gral und Rosenkreuz auf, um seinen durch die Kunst erst gangbar gemachten christlichen Mysterienpfad zu umschreiben.[116] Aber auch eher auf politischem Felde wirksamen Naturen wie der Alldeutsche Ernst Graf von Reventlow waren in Werdandi vertreten. Der junge Moeller van den Bruck veröffentlichte im Bundesorgan einige seiner frühen Aufsätze, so eine prinzipiell gehaltene Verteidigung von »Persönlichem Regiment«, Monarchentreue und fürstlichem Missgeschick mit unübersehbarem Bezug auf die erst wenige Monate alte Daily Telegraph-Affäre und die hierdurch erneut entfachte Diskussion über kaiserliche Prärogativen.[117]

Der Einfluss, den die Wagnersche Kunst- und Gedankenwelt in deutsch-religiösen und theosophischen Kreisen ausübte, erklärt sich einmal aus der besonderen, auf gegenseitige Verschlingung angelegten Struktur der antiliberalen Reformbewegung überhaupt, dann aber aus dem besonderen Angebot emotionalisierender Wirkungen und ästhetischer Formen, einer Art von freiem Ritus, der die neuen Religionsvarianten erst lebensfähig machte und in verschiedener Weise verarbeitet werden konnte.

Die hohe Bedeutung der ästhetischen Dimension für die sektiererisch-christlichen Neubildungen unterstreicht auch Friedrich Andersen, Hauptpastor in Flensburg und einer der ersten Vorkämpfer eines »Deutschchristentums«, wenn er Wagner konzidiert, er habe diese Entwicklung vorbereitet und Hans von Wolzogen »praktische Vorabeit« zuspricht.

Der Baron hatte diesem Thema eine ganze Reihe von Publikationen gewidmet: 1888 erschien »Der liebe Heiland«, 1909: »Das Himmelreich in uns« und »Deutscher Glaube«, 1911 schließlich »Germanisierung der Religion«. Eine bahnbrechende Wirkung, so Andersen, sei allerdings erst durch Chamberlains »Grundlagen des neunzehnten Jahrhunderts« (1899) ausgelöst worden. 1917 fand sich die theologische mit der dichterischen Sektion zusammen und veröffentlichte die Schrift »Deutschchristentum auf rein evangelischer Grundlage. 95 Leitsätze zum Reformationsfest 1917, von Friedrich Andersen – Adolf Bartels – Ernst Katzer – Hans von Wolzogen«. Der sächsische Kirchenrat Katzer verfasste bereits 1893 eine Philippika gegen das alttestamentarische Fundament der christlichen Botschaft: »Das Judenchristentum in der religiösen Volkserziehung« und Hauptpastor Andersen 1907 seinen »Antiklericus«. Dem völkischen Literaturgeschichtler Bartels schrieb Andersen die Begriffsprägung: »Deutschchristentum« für die neue Reformation zu.[118]

Aus der Gefragtheit von Künstlern wie Fidus und Stassen im völkischen Reformspektrum, dem Verlangen nach ästhetischer Verbrämung erhellt der utopische Fluchtcharakter dieser Bestrebungen. Erst die ästhetische Ausführung verlieh den theoretischen Ansätzen die Plastizität einer Ersatzwelt. Selbst bei den maßgeblichen Vertretern der sich als Wissenschaft begreifenden Rasseanthropologie, Woltmann, Wilser und später Günther in Weimar, zeigte sich der auffällige Hang zur bildlichen Darstellung, zur Präsentation nordischer Rasseschönheit.[119]

Den wilhelminischen Bünden, in welchen man sich bei der Suche nach Alliierten so gut auf die Quadratur des Zirkels verstand, gelang auch die Verschmelzung zwischen schopenhauerisch-wagnerischem Weltpessimismus mit dem sich immer mehr durchsetzenden Sozialdarwinismus, dessen Axiom vom »Überleben des Tüchtigsten« optimistisch und zukunftsgerichtet war. In der Form eines sich selbst dienenden Idealismus lebte die pessimistische Voraussetzung mehr oder minder stark fort; jener wurde nun zum Kampfmittel im Streit der Völker, zur Waffe deutschen Geistes und gleichzeitig zum Ziel des Weltringens, zur deutschen Mission! Wagner und Nietzsche, Altruismus und Artenkampf gingen eine enharmonische Verbindung ein.

Sogar Wolzogen, der Hüter des Bayreuther Idealismus, verfiel in imperialistische Phantasien. 1906 äußerte er in Friedrich Langes »Deutscher Welt« seine »Gedanken über Rasse und Politik«. Nach der unvermeidlichen Auseinandersetzung mit dem Konkurrenten England könne man zur friedvollen Vereinigung der germanischen Völker schreiten, darauf

117 Moeller van den Bruck, A., Der Fürst, Werdandi, 2. Jg., 1909, S. 73–80 **118** Andersen, Fr., Deutsches Christentum, Bayreuther Blätter 1924, 2. Festspielstück, S. 43 f **119** Zu Woltmann und Wilser: Mosse, Ein Volk, Ein Reich, Ein Führer, S.112, 116; zu Günther: Schemann, Ludwig, Die Rasse in den Geisteswissenschaften, Studien zur Geschichte des Rassegedankens, 3 Bde., München 1928–1931, Bd.3, S. VII **120** Wolzogen, Hans v., Gedanken über Rasse und Politik, in: Deutsche Welt. Wochenschrift der Deutschen Zeitung, Hrsg. Friedrich Lange, 8. Jg., Nr. 46, Berlin, 12. August 1906; auch Friedrich Lienhard schreibt in Langes Deutscher Zeitung; obwohl er ähnlich wie Wolzogen ein »sittliches Deutschtum« statt eines rassereinen wie Lange fordert. Bülow, Paul, Friedrich Lienhard. Der Mensch und das Werk, Leipzig 1923, S. 120 f **121** Seeßelberg, Friedrich, Volk und Kunst. Kulturgedanken, Berlin 1907, S.9 f **122** Ebenda, S.14 **123** Vgl. hierzu Bruch, Rüdiger vom, Wilhelminismus – zum Wandel von Milieu und politischer Kultur, in: Handbuch der »Völkischen Bewegung«, S. 3–21, S. 5

gemeinsam gen Osten und Fernost stoßen. Frankreich komme hierbei aber wegen seines inzwischen vorherrschenden keltischen Elementes günstigenfalls nur die Rolle einer geistigen Kulturmacht zu. In Wolzogens Dialektik liegt das Endziel natürlich nicht im profanpolitischen Bereich: »Unsere Rasse bedarf der Politik, um des Mittels wegen: ihrer staatlich-materiellen Existenz, die kein ruhender Zustand, sondern eine arbeitsame Entwicklung ist; und sie findet sich selbst immer wieder in ihrem Zweck, dem dieses Mittel dient: eine vornehm-geistige Kulturmacht zu sein auf den Höhen der Menschheit.«[120]

Ähnlich argumentiert Prof. Seeßelberg, dessen »Volk und Kunst« ein wahres Kaleidoskop an reicher Themenvielfalt bietet, etwa die interessante These eines perfekt regierenden Herrenvolkes auf dem Mars, dass bei der Kleinheit des Planeten und der dort vorhandenen eigentümlichen Schwereverhältnisse eine weit höher entwickelte Intelligenz besitzen würde als seine irdischen Brüder.[121] Dieser zeitgemäßen Vorwegnahme späterer Science Fiction-Utopien tritt die kosmisch gerichtete Allliebe Seeßelbergs zur Seite, die sich allerdings angesichts des harten »Kampfes ums Dasein« zum bloßen Bedauern verflüchtigt: »Ist doch vielen mittelafrikanischen Stämmen selbst heute noch nicht einmal die erste Morgenröte des Menschheitsbewusstseins angebrochen; manche Völkerschaften sind da kaum über die allerrohesten Naturreligionen und Sprachanfänge hinausgelangt! Die Armen! Sie werden die höheren Stufen gar nicht mehr erreichen. Ihnen steht das Los vieler Tierarten bevor: Die höheren Menschen richten sie zugrunde ... sind doch selbst unter dem Zeichen des Kreuzes die roten Indianer bis auf kleine Reste schon vom Erdboden vertilgt, und andere Rassen kommen an die Reihe ... Im Kampfe um das Dasein wird auch das höchste der Geschöpfe, der gesittete Mensch, seine triebartigen Anlagen zur Erhaltung der Art nimmer verleugnen.«[122] So glitt diese Art von Idealismus ins Unverbindliche ab, wurde fast nur noch als mystische Innerlichkeit und utopische Spekulation genossen und eigentlich nicht mehr als Handlungsanweisung begriffen.

Hier ist eine Werteverschiebung im deutschen Bildungsbürgertum spürbar, die sich um die Jahrhundertwende vollzog und zu den beiden Leitwerten der »Kultur« und des »Lebens« nun die »Macht« hinzunahm, den Machtstaat nun als Kulturleistung eigener Dignität ansah, wenngleich auch höheren Zwecken dienend.[123]

Die »Kulturmacht« im Sinne Wolzogens (s.o.) schien ein Ausweg aus den Krisen der Moderne: auf dem unter Volldampf laufenden Schiff des Fortschritts schnell noch die Flagge deutscher Innerlichkeit aufzustecken, die auch das Signum des eigenen Standes war.

124 Franz Stassen. **Tristanschrein**
Öl auf Holz, um 1923, geschlossen: 89 x 73 cm, offen: 89 x 146 cm. Staatliches Lindenau-Museum, Altenburg

➤ Der Schrein ist Teil des sieben Gemälde umfassenden Zyklus »Weltenwerdens Walterin«, nach Stassen »Symbol des mütterlichen weiblichen Prinzips«. Innerhalb dieses
Bildprogramms nimmt Stassen beim Tristanschrein die Form des spätgotischen Flü-
gelaltars auf, der so eine herausgehobene Stellung in der Gruppe bekommt. Wagners
»Tristan und Isolde« mit ihrer Erlösung im Liebestod, nach Nietzsche das »opus meta-
physikum« aller Kunst, wird von Stassen so auch in der Formgebung des Bildes sakra-
lisiert. Im geschlossenen Zustand zeigt der Schrein: Tristan und Isolde im Zustand der
Trennung. In der oberen Rundung des Bildes erscheint das Sehnsuchtsmotiv. Der unter-
legte Totenkopf symbolisiert den »tückischen Tag«. Im geöffneten Zustand zeigt sich
die Welt der Nacht: links der todwunde Tristan, dem Isolde (rechts) in seinem Fie-
bertraum erscheint. Der Mittelteil mit den Noten des Liebestodmotivs zeigt die Vereinigung der beiden Liebenden im ersehnten Tod und deutet ihre Verschmelzung mit
dem All an. Schon in der Entstehungszeit des »Tristan« fasst Wagner die Idee zum Parsifal. Mit seiner »Welterlösung« durch das Mit(er)leiden statt durch die umfassende
sinnlich-geistige Liebe wird er Wagners »Antitristan«. Ursprünglich dachte er daran,
Parsifal am Krankenlager Tristans auftauchen zu lassen, der von ihm mit dem kran-
ken Amfortas identifiziert wurde.
ʟ *Merk, Anton, Franz Stassen 1869–1949, Maler, Zeichner, Illustrator, Leben und Werk,
Museum Hanau, Hanau 1999*
*Reinhardt, Hartmut, Richard Wagner und Schopenhauer, in: Richard-Wagner-Hand-
buch, hrsg. v. Ulrich Müller, Peter Wapnewski, Stuttgart 1986, S. 101–119*

[125] Melchior Lechter. **Farbskizze zum Tristan und Isolde-Fenster**
Pastell, Blatt: 54,7 x 34,0 cm, Darstellung 32,0 x 27,3 cm. Westfälisches Landesmuseum
für Kunst und Kulturgeschichte Münster

> Die Farbskizze ist eine Vorstudie Lechters für die Gestaltung des »Tristan und Isol-
de«-Fensters in seinem Berliner Wohnatelier. Die zwei Fensterseiten, die jeweils Tristan
oder Isolde zeigen, stehen unter der Spannung zwischen einer grenzensprengenden
Liebes- und Todessehnsucht, die die beiden zu überwältigen scheint, und der Einbindung in ein neogotisches Rahmendekor. Melchior Lechter, der in seiner Frühzeit stark
von Richard Wagner beeinflusst war, stilisierte seine Existenz im Sinne einer religiösen Kunstästhetik. »Was Wagner als Sehnsuchtsmotiv des Tristan in Worten und Klängen schuf, gestaltete Lechter in seinem Glasgemälde »Tristan und Isolde« von 1896.
Leitmotivisch ist das Thema der Sehnsucht gesteigert: in Tristans ekstatischer Geste,
die über den Rand seines Bildteils hinausgreift, in Wellen des Meeres, die sich mit
dem fließenden Haar Isoldes vereinen, in gedehnten Linien der Figuren, in Lilien, die
sich zueinander neigen und in der trägen Wellenlinie der Schlange, die beide Gestalten verbindet.« (Jürgen Wißmann)
ʟ *Wißmann, Jürgen: Melchior Lechter. Gedächtnisausstellung zur hundertsten Wieder-
kehr seines Geburtstages, Westfäl. Kunstverein Münster, Münster 1965*
Krause, Kunstreligion, in: Die Lebensreform, Bd. II, S. 101 f

126 **Richard Wagner**
Öl auf Leinwand, nach 1880, Hüftbild nach rechts. In der Nachfolge Franz von Lenbachs, 128 x 120 cm. Original: 108 x 89 cm, Museum der bildenden Künste Leipzig. Reuter-Wagner-Museum Eisenach

➤ Wagner, in der Entstehungszeit der Parsifalkomposition und der Regenerationsschriften, im Stil des bürgerlichen Standesporträts abgebildet.

127 Franz Stassen.
Parsifal hält den Gral segnend empor
Farblithographie, 1901, 43,8 x 32,8 cm, aus: Parsifal: Bilder zu Richard Wagners Büh-
nenweihfestspiel von Franz Stassen, Berlin/Leipzig 1901 (15 Blätter). Richard-Wagner-
Museum Bayreuth

➤ Das letzte Szenenbild des Parsifal. Der neue Gralskönig spendet der Ritterschaft
den Segen des Grals. Die dämonische Kundry unter anderem eine weibliche Variante
des »Ewigen Juden«, findet nach ihrer langen quälenden Wanderschaft – nun an den
Erlöser glaubend – die Erlösung im Tod. Parsifal wird von Stassen christusgleich dargestellt, unter der herabsteigenden Heiliggeist-Taube und eingerahmt von himmlischen
Heerscharen.

128 Franz Stassen. **Amfortas vollzieht das Gralsmysterium**
Farblithographie, 43,8 x 32,8 cm, aus: Parsifal. Bilder aus Richard Wagners Bühnen-
weihfestspiel

➤ Die mystische Speisung der Gralsritter durch die Strahlkraft des Christusblutes im
Gralsgefäß in Analogie zum Heiligen Abendmahl. Amfortas priesterlicher Gestus, der
Knabe links neben ihm mit reich geschmücktem Gewand, erwecken Assoziationen an
den Eucharistie-Ritus (1. Aufzug). Stassen berichtet über sein Parsifalerlebnis in Bayreuth 1908: »Zum ersten Mal erlebte ich diese Erschütterung. Wie dröhnte die Schuld,
die Tragik des Seins im Kundrymotiv, wie die Schlange des Abgrundes, die Gralsbotin
umklammernd, die Szene des Abendmahls, das heldenhafte Christentum, das Myste-
rium des Blutes im Gral.«
L *Franz Stassen, Mein Leben, Mainz 1984 (verfasst 1938)*

129 Franz Stassen. **Kundry verlacht Christus auf dem Weg nach Golgatha**
Öl auf Holz, um 1930, 61 x 51 cm. Museum Hanau, Schloss Philipsruhe

➤ Kundry, Wagners vielschichtigste dramatische Figur, vereint unterschiedliche Ausdrucksebenen. Hier wird sie in ihrer Bedeutung als »Ewige Jüdin« dargestellt, die Christus auf dem Kreuzweg verlachte, deshalb nicht sterben kann und verurteilt ist, durch die Zeiten zu wandern. Wagner greift hier die christliche Legende von »Ahasver«, dem Ewigen Juden auf, wandelt sie aber entscheidend ab durch die Erlösung Kundrys schon vor dem Ende der Welt und die Einführung einer inneren Motivation für ihre Wandlung: nämlich, ihm (Christus) erneut zu begegnen. »Ich sah – ihn – ihn – und – lachte … da traf mich sein Blick. – Nun such ich ihn von Welt zu Welt, ihm wieder zu begegnen.« (Parsifal, 2. Aufzug). Stassen präsentiert Kundry überzeichnet als Prototypus der orientalischen Jüdin in freizügiger Pose und verschwenderischem Luxus sowie den gemarterten blondhaarigen germanischen Christus als Gegenbild. In dieser Opposition ist bereits das sinnenfeindliche asketische Erlösungsideal des Parsifal und der vorgebliche Antagonismus Judentum – »wahrhaftes Christentum« enthalten, der zur Forderung führt, die christliche Lehre von ihren alttestamentarisch-jüdischen Entstellungen zu befreien.

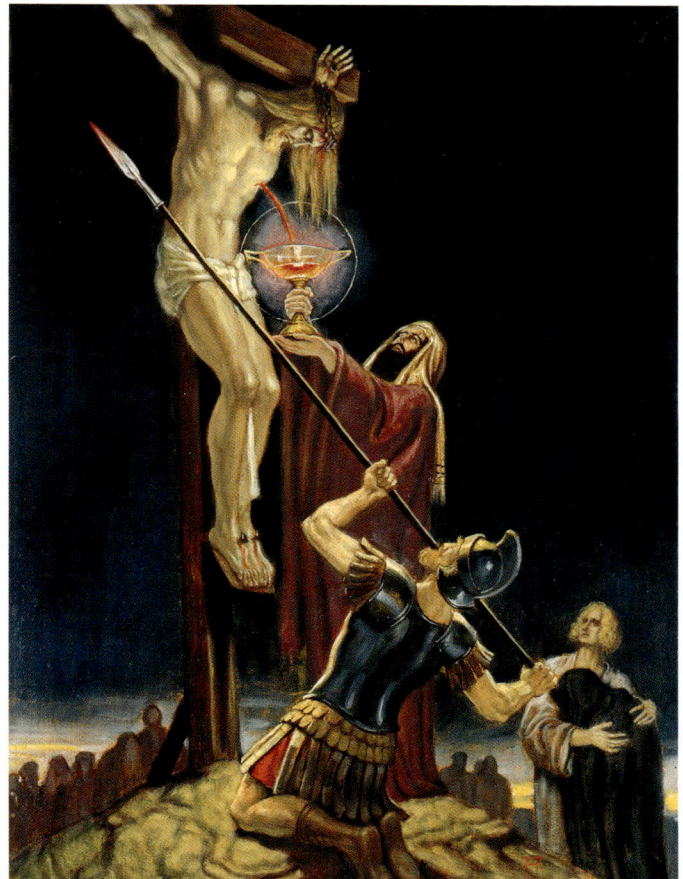

135

[131] Gralskelch

Farbiges Glas, Höhe: 21,5 cm, Durchmesser: 11,0 cm, Inschrift: »Der Glaube lebt, die Taube schwebt, enthüllt den Gral!« Richard-Wagner Museum Bayreuth

➤ Die rubinrote Färbung der Kelchschale symbolisiert das Blut Christi.

130 Franz Stassen. **Josef von Arimathia sammelt das Blut Christi im Gral**
Öl auf Holz, um 1930, 61 x 51 cm. Museum Hanau, Schloss Philipsruhe

➤ Die Initiation des Gralsgefäßes durch das Kreuzblut Christi, daneben die Lanze des Longinus, die Jesus in die Seite traf. Nicht nur Christus, auch Johannes – Jesu Mutter tröstend – und selbst der Römer Longinus sind Vertreter der blondhaarigen nordischen Rasse: Ausdruck einer Rassetheorie, die kulturelle Höchstleistungen der Menschheitsgeschichte prinzipiell auf das Wirken des ideal veranlagten Ariers zurückführte. Josef von Arimathia, der gute Jude, ergriffen mitleidend unter dem Kreuze, personifiziert die Erlösungsmöglichkeit auch für den Juden in der Annahme der »Religion des Mitleidens«. Nicht umsonst trägt er die Gesichtszüge des jüdischen ersten Parsifaldirigenten Hermann Levi.

132 Paul von Joukowsky. **Der Gralsschrein**
Entwurf für die Uraufführung des Parsifal in Bayreuth 1882
Aquarellierte Zeichnung, 1881/82, 42 x 29,8 cm. Richard-Wagner-Museum Bayreuth

> ➤ Der Schrein (die Gralslade in Form eines Tabernakels): die Heimstätte des Grals, ist im zeichnerischen Entwurf verschwenderisch ausgestattet und verleugnet so die italienischen Modellstudien Joukowskys nicht. Die Taube mit dem Nimbus als Symbol des Heiligen Geistes bezieht sich auf die Schlussszene im Parsifal, in der jene, aus der Höhe herniederschwebend, über dem Haupt Parsifals verharrt. Sie wird von Wagner als Glaubenssymbol verwandt, soll aber wohl auch den »Geist« des Christentums gegenüber seinen dogmatischen Verkrustungen und semitischen Überlagerungen betonen.

> **133** Franz Stassen. **Parsifal der Tierfrevler**
> Farblithographie, 43,8 x 32,8 cm, aus: Parsifal. Bilder zu Richard Wagners Bühnenweihfestspiel
>
> > ➤ Gurnemanz stellt Parsifal wegen des von ihm erlegten Schwans zur Rede. Im »Heil'gen Wald« des Gralsbereiches sind die Tiere geschützt. Künstlerischer Ausdruck von Wagners durch Schopenhauers Willensphilosophie und buddhistische Einflüsse geprägter Ethik einer umfassenden Schöpfungsliebe.

134 Paul von Joukowsky. **Blick in den Gralstempel**
Entwurf zur Uraufführung des Parsifal in Bayreuth 1882
Aquarellierte Zeichnung, 1882, 45 x 60 cm. Richard-Wagner-Museum Bayreuth

➤ Wagner veranlasste Joukowsky die Innenarchitektur des Doms von Siena als Vorlage für den Gralstempel zu verwenden. Klingsor Tempel, falls er sich einen erbaut
hätte, wäre wohl nicht viel anders ausgefallen.

135 Paul von Joukowsky. **Der Gral** (Abb. S. 189)
Entwurf für die Uraufführung des Parsifal in Bayreuth, 1882
Aquarellierte Zeichnung, 1881/82, 42 x 29,8 cm. Richard-Wagner-Museum Bayreuth

➤ Wagner lernte den russischen Maler Paul von Joukowsky (1845–1912) 1880 in Neapel kennen und beauftragte ihn mit den Bühnenbildentwürfen für den Parsifal. Joukowsky zählte bald zum engen Freundeskreis der Wagnerfamilie, ungeachtet seiner
homosexuellen Neigungen.

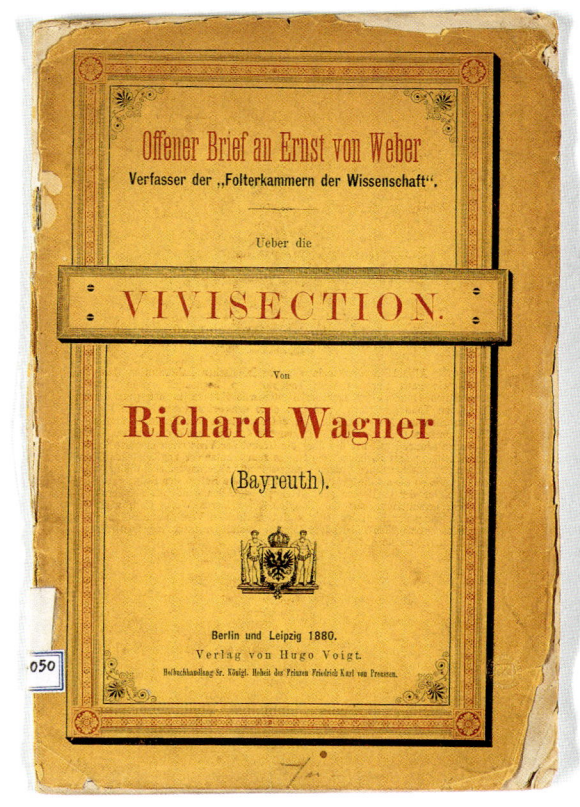

136 Fritz John. **Gral. Kakao-Butter-Seife-Gesellschaft MBH, Wandsbek**
Plakat, Farblithographie, o.J., 52 x 29 cm. Museum für Kunst und Gewerbe Hamburg

➤ In mystischem Blau vor gelblich-grauem Himmel erscheint der Kopf einer jünglings-
haften Gestalt, die an Parsifal, den Gralskönig, denken lässt. Gesichtsausdruck und
Farbgebung suggerieren Sakralität, Reinheit, Auserwähltheit und geheimes Wissen.

137 Richard Wagner. **Offener Brief an Ernst von Weber** (1879)
Separatdruck Berlin Leipzig 1880. Nationalarchiv der Richard-Wagner-Stiftung Bayreuth

➤ Wagner, Mitglied des von Ernst von Weber gegründeten »Internationalen Vereins zur Bekämpfung
der wissenschaftlichen Thierfolter« unterstützte mit dieser Publikation das gemeinsame Anliegen der
Antivivisektion. Wagner klagt das »Gespenst der Wissenschaft« an, dass »in unsrer entgeisterten Zeit
vom Seziertische bis zur Schießgewehrfabrik sich zum Dämon des einzig für staatsfreundlich gelten-
den Nützlichkeitskultes aufgeschwungen hat«. Wagner bekennt sich hier erstmals zur »Religion des
Mitleidens«.
∟ *Richard Wagner, Gesammelte Schriften und Dichtungen, Leipzig 1888 (2. Aufl.), Bd. X, S. 194–210*

138 **Der Thier- u. Menschenfreund. Allgemeine Zeitschrift für Thierschutz und Organ des Internationalen Vereins zur Bekämpfung der wissenschaftlichen Thierfolter, XIV. Jg. Nr. 6, 1894**
Nationalarchiv der Richard-Wagner-Stiftung Bayreuth

➤ Die Zeitschrift des Weberschen Vereins wurde vom Vorsitzenden des Berliner Wagnervereins und antisemitischen Parteiführer Paul Förster redigiert.

[139] Franz Stassen. **Parsifal als Gralssucher**
Öl auf Leinwand, 1937, 120 x 120 cm. Richard-Wagner-Museum Bayreuth

➤ Parsifal in schwarzer ritterlicher Rüstung zieht trotzig in sich gekehrt seiner Wege. Die ihn umgebende noch winterliche Landschaft mit ihren sich türmenden Felsmassen und kahlen Bäumen ist ein Spiegelbild seines Innern. Noch ist die Natur nicht erwacht und scheint wie Parsifal auf ihre Erlösung zu warten, die sie dann in Wagners »Karfreitagmorgen« (3. Aufzug) erfährt. »Wenn ... dieses Leiden einen Zweck haben kann, so ist dies einzig durch Erweckung des Mitleidens im Menschen, der dadurch das verfehlte Dasein des Thieres in sich aufnimmt, und zum Erlöser der Welt wird, indem er überhaupt den Irrthum alles Daseins erkennt. (Diese Bedeutung wird dir einmal aus dem dritten Akte Parzival, am Charfreitagsmorgen, klar werden).«
ʟ *Richard Wagner an Mathilde Wesendonck, 1. Oktober 1858, Tagebuchblätter und Briefe 1853 – 1871, Berlin 1904, S. 53.*

Am 20. Juli ist unser wackerer und unermüdlicher Vorkämpfer Herr
Professor Dr. phil. Paul Förster im Kreise Neustettin mit grosser
Majorität zum Abgeordneten für den deutschen Reichstag gewählt worden.

Allen den edlen Freunden und Freundinnen unserer Sache, die meinem
Aufrufe vom 19. Mai folgten und durch ihre Gaben zur Erreichung jenes
so hocherfreulichen Wahlsieges beigetragen haben, gestatte ich mir
hiermit im Namen unseres Vereins für ihre hilfsbereite Opferwilligkeit
den herzlichsten Dank auszusprechen.

Wir dürfen erwarten, dass Herr Dr. Förster im Reichstage jede
passende Gelegenheit ergreifen wird, um für unsere Bestrebungen zu
wirken, und hoffen, dass es ihm gelingen möge, in den Kreisen seiner
Mit-Abgeordneten ein lebhaftes Interesse für unsere so dringend unter-
stützungsbedürftige Humanitätssache zu erwecken.

Bad Veldes in Ober-Krain, 30. Juli 1893.

Ernst von Weber.

141 Brief Ernst von Webers zur Wahl Paul Försters in den Deutschen Reichstag,
aus: Der Thier- u. Menschenfreund, XIV. Jg. Nr. 7, 8, 1894. Nationalarchiv der Richard-
Wagner-Stiftung Bayreuth

➤ Der Brief bringt die Unterstützung des Vereins für Förster zum Ausdruck. Am Gegensatz zwischen dessen antisemitischer Politik und der beschworenen »Humanitätssache« des Vereins nahm Weber scheinbar keinen Anstoß.

141 Ethische Rundschau. Monatsschrift zur Läuterung und Vertiefung der ethischen Anschauungen und
zur Förderung ethischer Bestrebungen, hrsg. v. Magnus Schwantje.
Titelblatt d. 2. Jg. 1913. Nationalarchiv der Richard-Wagner-Stiftung Bayreuth

➤ Schwantjes »Gesellschaft zur Förderung des Thierschutzes und verwandter Bestrebungen« und ihr
Vereinsorgan, die »Ethische Rundschau« berief sich auf Schopenhauer und Wagner, deren Porträts das
Titelblatt der Zeitschrift schmückten. Die Gesellschaft hatte Platz für das breite Spektrum der Lebensreform, für radikale Pazifisten wie Schwantje selbst, Ludwig Quidde, Hans Paasche, aber auch politisch konservative Wagnerianer wie Wolzogen und Glasenapp.

142 Fidus. **Lichtgebet**
Öl auf Leinwand, 1922, 168 x 119 cm
Archiv der deutschen Jugendbewegung, Burg Ludwigstein, Witzenhausen

➤ Fidus schuf sein »Lichtgebet« allein in elf Fassungen und verschiedenen Techniken. Auf Postkarten
reproduziert erlangte es massenhafte Verbreitung. Viele Angehörige der Jugendbewegung fanden sich
in diesem Bildmotiv wieder, das Befreiung von zivilisatorischen Zwängen, Naturnähe, neue Körperlichkeit und idealistische Orientierung ausdrückt.

[143] Ernst von Weber. **Die Folterkammern der Wissenschaft. Eine Sammlung von Thatsachen für das Lai-
enpublikum, 7. verm. Aufl., Berlin/ Leipzig 1879**
Reuther-Wagner-Museum Eisenach

➤ Webers Versuche und die seines Vereins, größeren Einfluss in den Tierschutzvereinen zu gewinnen, blieben vergeblich. Die dort vertretenen lebensreformerischen Prinzipien und Praktiken der Natur-
heilkunde, des Vegetarismus waren den meisten Tierschützern fremd.
ʟ *Zerbel, Miriam, Vermenschlichung und Schutz des Tieres, in: Die Lebensreform, Bd. I, S. 139–142,
S. 140 f*

144   Fidus. **Der Tempel der Erde**
Druck, 1895/1901, 24,9 x 29,9 cm, in: Spohr, Wilhelm, Fidus, J.C.C. Bruns-Verlag, Minden 1902. J.C.C. Bruns Verlag, Minden

➤ Der Tempelbau, der der Erde gewidmet ist, bringt Sakralisierung der Natur und Dies-
seits-Orientierung der Lebensreform zum Ausdruck. Der Mindener Verlag zählte zu den
frühen Fidus-Förderern. Hier erschien 1902 die erste, reichhaltig illustrierte Fidus-Monographie von Wilhelm Spohr.
L *Fidus. Künstler alles Lichtbaren, hrsg. v. Wolfgang de Bruyn, Berlin 1998, S. 30 f, 42 f*

145   Fidus. **Parsifal**
Druck, 25,5 x 19,1 cm, aus Spohr, Fidus (s.o.). Archiv der deutschen Jugendbewegung, Burg Ludwigstein Witzenhausen. Unterlegzeile: »Erbarmen – Du Allerbarmer – ach Erbarmen«

➤ Zuerst in der Münchner Zeitschrift »Jugend« 1896 publiziert. Der Schmerzensruf des Amfortas, Parsifal, (1. Aufzug), vor der Gralsenthüllung! Die Leuchtkraft des Grals überträgt in einem mystischen
Akt das Blut Christi auf Amfortas und treibt sein »Sündenblut« zurück, das nun wieder aus der Wunde
austritt. Parsifal verharrt in der Haltung, wie Wagner sie gegen Ende des 1. Aufzuges beschreibt, ohne
seine Anteilnahme zu bekunden: »Parsifal hatte bei dem vorangegangenen stärksten Klagerufe des
Amfortas eine heftige Bewegung nach dem Herzen gemacht, welches er krampfhaft eine Zeitlang gefasst
hielt.« Fidus betont die Exklusivität der »älteren Gralsritter, die Amfortas umringen und den jugendlichen Parsifal auszuschließen scheinen. Verständlich, dass ihm da die erlösende Frage nicht über die
Lippen kommt. Nicht nur Parsifal, auch der Eros ist ausgeschlossen, wie man an dem von der Grals-
szene völlig getrennten oberen Bildfeld mit Damen in Erwartungshaltung sehen kann. Keine affirma-
tive Aneignung des Wagnerschen »Parsifal«!

146 Fidus

Photopostkarte, Herbst 1929, an seinen Verleger Max Bruns:
»Mit dankbarem Gruße, dem ersten Verlage, der sich für mich einsetzte.
Fidus, 31. Hartung 31«. Kommunalarchiv Minden, Nachlass Bruns

147 Fidus

Lesezeichen des J.C.C. Bruns-Verlages, Minden 1909 oder später, Entwurf eines Lese-
zeichens (linke Abb.), 21,6 x 6,8 cm. Kommunalarchiv Minden, Nachlass Bruns

➤ Die Darstellung (rechts) unter einem durch florale Elemente naturalisierten
gotischen Fensterbogen bedeutet eine Umkehrung traditioneller christlicher
Spiritualität: Heiliggeisttaube (Adler?) und Strahlenkranz zu Füßen des
Menschenpaares, nicht über ihren Häuptern!

148 Fidus. **Deutsche Treue bricht Hass und Schläue**
Sonderdruck aus: Kunst und Leben, o.J., 25 x 18,8 cm. Archiv der deutschen Jugendbewegung, Burg
Ludwigstein, Witzenhausen

> ➤ Mann und Frau weihen ihre Liebe, die Hände ineinander gefasst, den »Gralsaltar« umfassend, einem
deutschen Reinheitsideal, dass in dem Kopf der nordischen Lichtgottheit (Michael/Wodan?) und der
Dornenkrone auf dem Altar symbolisiert ist. Beispiel für eine freie Verwendung des Gralsmotives,
dass die sinnenfeindlichen Tendenzen Wagners abgestreift hat, selbst das Kelchsymbol nicht mehr
verwendet und den Dornenkranz als um die Krone gelegtes Band ohne eigentlichen christlichen Bezug
aufgreift.

> **149** **Titelvignette mit Gralsmotiv »Die Deutschen, ihre Seele und ihr Christentum«**
> Friedrich Seeßelberg, Volk und Kunst. Kulturgedanken Berlin 1907. Einband und Buchschmuck: Frie-
> drich Seeßelberg. Widmung: »Den Hütern des Bayreuther Erbes zu eigen«. Privatbesitz
>
> > ➤ Der Bundesleiter von »Werdandi« schrieb hier: »Der Weg zu neuer gesunder Religion führt zwei-
> > fellos eben durch die Kunst; und darin sieht sich die Kunst glücklicherweise durch keine Dogmen behin-
> > dert – sie ist frei und wendet sich zart, oder feierlich, oder ungestüm werdend, unmittelbar an das
> > Herz. Enthüllt nicht Wagners ›Parsifal‹ das Göttliche in unserem eigenen Ich? Durch die hohe Kunst
> > werden wir unser Volk, das gegen die eindringliche Sprache des Unendlichen taub geworden ist vom
> > Materialismus und Schema wieder befreien.«

150 **Franz Stassen.** Foto
Original: Nationalarchiv der Richard-Wagner-Stiftung Bayreuth

[151] **Werdandi. Monatsschrift für Deutsche Kunst und Wesensart. Im Auftrag des Werd-
andibundes**
Friedrich Seeßelberg (Hg.), 1. Jg. (1908) Heft 1–12. Nationalarchiv der Richard-Wagner-Stiftung Bayreuth

➤ Der 1907 gegründete Werdandibund (nach der germanischen Norne der Gegenwart
Verdhandi) war eine konservativ-kulturkritische Künstlervereinigung, die in der Nachfolge Richard Wagners eine deutsche Volkskultur als Gesamtkunstwerk anstrebte. Er
umfasste etwa 500 Mitglieder, darunter viele Wagnerianer. 1911 übernahm der Maler
und Angehörige des Bayreuther Kreises Franz Stassen den Vorsitz.

152 Johann Michael Bossard. **Das Werden**
Öl auf Leinwand, 1913, 250 x 663 cm (fünfteiliges Gemälde). Stiftung Kunststätte Bossard, Jesteburg

➤ Das Gemälde wurde von Bossard, selbst stark von Wagner beeinflusst, im Auftrag des Werdandi-
bundes für die Internationale Baufachausstellung in Leipzig angefertigt. Ursprünglicher Titel: »Die
Fackelträger«. Thema ist die schöpferische Tatkraft des Mannes, des »universal-prometheischen Her-
vorbringers«, der von der Frau als Priesterin (links außen) und als Hüterin (rechts außen) begrenzt wird.
L *Fok, Oliver, Die Kunststätte Bossard: Das Gesamtkunstwerk in Jesteburg, in: Die Lebensreform,
Bd. II, S. 139–145, S. 142*

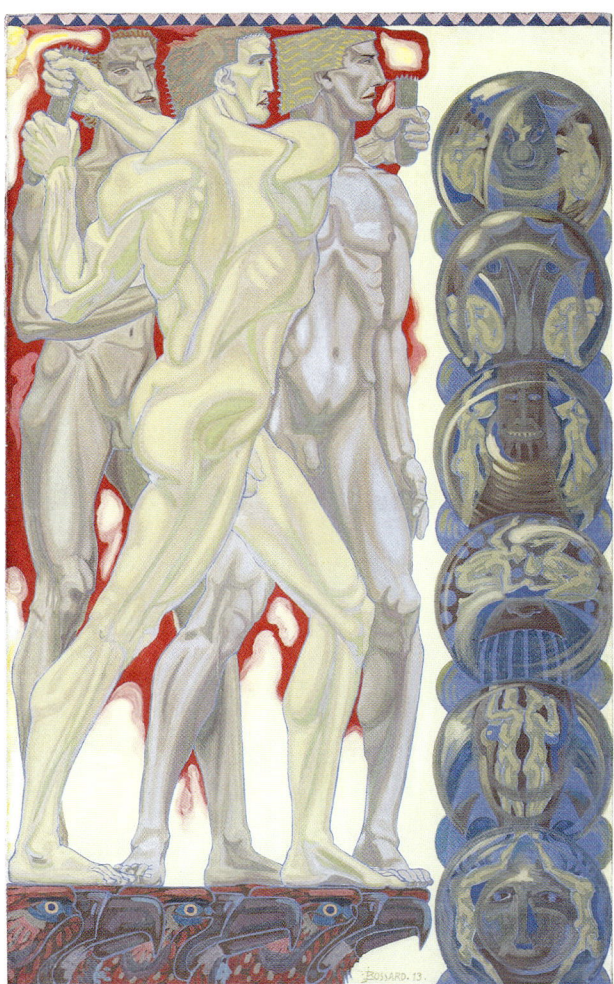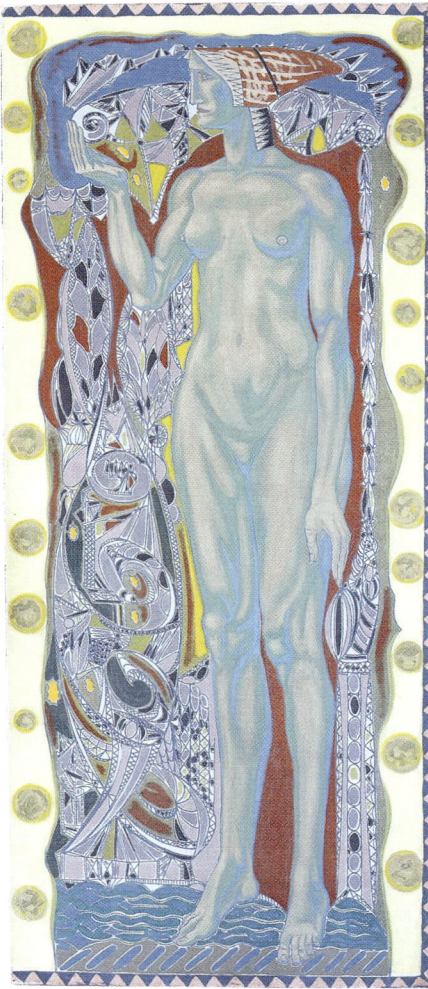

EPILOG UND AUSBLICK

In Etzels Saal oder die Götterdämmerung:
Der Erste Weltkrieg

Wurde Deutschland im zweiten Kaiserreich zum »Siegfriedland« (Schivelbusch), so blieb man in den Jahren des Weltkrieges bei den vertrauten nationalen Bildern. Der Nibelungenmythos hatte Hochkonjunktur. Reichskanzler von Bülow hatte 1909 im Reichstag die »Nibelungentreue« zu Österreich[1] beschworen und damit ein geflügeltes Wort in die Welt gesetzt, das von Wilhelm II. bei Kriegsbeginn wieder aufgenommen wurde. »Nibelungentreue«, das hieß: bedingungsloses Zusammenstehen, nicht um des eigenen Vorteils willen, sondern aus Prinzip, mochte man es nun als das der Ehre oder der gemeinsamen Blutsbande verstehen. Für die deutsche Politik eine entlarvende Aussage, die den Einfluss romantisch-idealer Begrifflichkeit aufdeckt, dort, wo nüchterne Realpolitik am Platze gewesen wäre. Auch klingt das Spiel mit dem Götterdämmerungspathos an, die Verklärung des »verlorenen Postens«, auf dem man zu stehen hat, den Blick fest auf das sichere Ende gerichtet. Deutschland führte den Kampf für ideale Güter, die »Kultur« und gegen die »Zivilisation« des Erbfeindes und des »perfiden Albion« oder die russische »Barbarei«. Die Schriften und Gedichte aus gelehrter oder naiver Feder, die entsprechende Topoi aufnahmen, sind Legion und es hat den Anschein, als sei der Nibelungenmythos besonders in der zweiten Kriegshälfte kriegsdienstverpflichtet gewesen.

Seit Herbst 1916 hatte die Oberste Heeresleitung im Rücken der Westfront zwischen Arras und Soissons die »Siegfriedstellung« ausbauen lassen, in die sich die deutschen Truppen in der sog. »Alberichbewegung« zwischen dem 16. und 20. März 1917 zurückzogen. Durch diese strategische Frontbereinigung gelang es der bevorstehenden französischen Offensive, die mit aller Gewalt auf den entscheidenden Durchbruch setzte, die operative Grundlage zu nehmen und sie in eine der größten und folgenreichsten französischen Niederlagen zu verwandeln. Die Wahl der Bezeichnung für die deutsche Rückzugsbewegung nach dem Nibelungen Alberich scheint kein Zufall gewesen zu sein. Sie vollzog sich unter umfangreichen Zerstörungen der Landesressourcen und der Platzierung geheimer Sprengladungen, wie sie beispielsweise Ernst Jünger in seinen »Stahlgewittern« beschreibt, also: ein Vernichtungswerk, zu dem, auch gerade in seiner Hinterhältigkeit, der Vergleich mit dem skrupellosen Alberich gut zu passen schien:

»Bis zur Siegfriedstellung war jedes Dorf ein Trümmerhaufen, jeder Baum gefällt, jede Straße unterminiert, jeder Brunnen verpestet, jeder Flusslauf abgedämmt, jeder Keller gesprengt oder durch versteckte Bomben gefährdet, alle Vorräte und Metalle zurückgeschafft, jede Schiene abgeschraubt, jeder Telegraphendraht abgerollt, alles Brennbare verbrannt, kurz: wir verwandelten das Land, das den vordringenden Gegner erwartete, in eine Wüstenei.«[2]

Nördlich an die Siegfriedlinie anschließend, erstreckte sich die »Wotanstellung« im Raum Douai-Armentieres. Auch für kleinere Frontabschnitte verwendete man die vertrauten Namen der Nibelungen. Für den Raum nordwestlich Verduns sind so 1917 eine Hagen-, Volker-, Kriemhild- und Etzelstellung bezeugt.[3]

Nachdem sich die Kraft des deutschen Westheeres in den Ludendorffschen Offensiven 1918, deren letzte bezeichnenderweise als Hagen-Angriff firmierte[4], verbraucht hatte und die Entente unter massivem Tankeinsatz bei Amiens am 8. August 1918 fast die deutsche Front zum Einsturz brachte, übten Hindenburg und Ludendorff Druck auf die Reichsre-

1 Die Nibelungen: Bilder von Liebe, Verrat und Untergang, hrsg. v. Wolfgang Storch, München 1987, S. 209 **2** Jünger, Ernst, In Stahlgewittern, 18. Aufl., Berlin 1937, S. 139 **3** Deutsche Karte mit Stellungsverläufen »Geheim. Zusammendruck. Ornes. Stand. v. 18.09.17 Vermessungsabteilung 3«, Maßstab 1:25 000, 88×64 cm, Preußen-Museum Nordrhein Westfalen **4** Gen. d. Inf. a. D. von Kuhl, Entstehung, Durchführung u. Zusammenbruch der Offensive von 1918, Berlin 1927, S. 185 ff **5** Vgl. hierzu: Volkmann, Erich Otto, Der große Krieg 1914–1918. Kurzgefasste Darstellung aufgrund der amtlichen Werke, Berlin 1938, S. 202 ff, 290, 302 f **6** Kuhl, S. 115 **7** Vgl. Schivelbusch, Wolfgang, Die Kultur der Niederlage. Der amerikanische Süden 1865 – Frankreich 1871 – Deutschland 1918, Berlin 2001, S. 276 ff

gierung aus, Friedensverhandlungen einzuleiten. In dieser wenig aussichtsreichen Lage wird noch einmal Wagner bemüht, wie für die 1917 bezogene Frontlinie. Für eine notdürftig ausgestaltete Auffangstellung (Baubeginn: August 1918) wird die Bezeichnung »Hunding-Brunhild-Stellung« eingeführt (östlich St. Quentins bis in den Raum nördlich von Verdun), der anschließende nördliche Frontabschnitt trägt den Namen »Hermann« (Gesamtbezeichnung: Hermann-Hunding-Stellung). Das deutsche Heer muss diese Mitte Oktober 1918 bezogenen Stellungen unter dem Druck des ungleich stärkeren Gegners wenig später räumen.[5]

Die Anleihen bei der nordischen Mythologie à la Wagner in wenig aussichtreicher militärischer Lage sind auffallend. Hier und noch mehr im Nibelungenlied prädestiniert die düstere Heroik und Annahme des unerbittlichen Schicksals zur Instrumentalisierung für die Weiterführung eines verlorenen Krieges. Nimmt man den Michaels-Angriff beiderseits St. Quentins hinzu, der die Frühjahrsoffensive Ludendorffs 1918 einleitete, so hat man den Eindruck, das Kaiserreich habe an seinem Ende noch einmal in die Tiefe seines mythischen Arsenals gegriffen.[6]

Vollends nach Revolution und Kriegsende, als eine psychotisch empfundene Niederlage kompensiert werden musste, erwies der Nibelungenmythos, sei es nun der der »Götterdämmerung« oder der des Hunnenkampfes in Etzels Saal, seine besonderen Qualitäten. Er vermochte dem kompletten Zusammenbruch der Monarchie und dem Verlust des Krieges einen Sinn zu geben: als notwendiger Sturz überlebter Ordnungen, der den Weg für einen völlig neuen utopischen Heilszustand freimachen würde.[7] Das Ausmaß der Niederlage korrespondierte mit der Radikalität des verheißenen Neuanfangs.

Dies war das Modell der neuen Rechten in Weimar, der Vertreter des »Soldatischen Nationalismus« oder der »Konservativen Revolution«, welche die Heraufkunft eines ständisch organisierten Gemeinwesens, einer neuen Kriegeraristokratie oder eines Führerstaates am Horizont auftauchen sahen. Die Popularität dieser Vorstellungen erklärt sich nicht zum wenigsten aus ihrer Erlösungskomponente: Erlösung aus der »Schmach« der Gegenwart und der vorangegangenen Niederlage. Ein Untergangsmythos, der wie die »Götterdämmerung« die neue Utopie nur blass andeutete oder wie das Nibelungenlied gar nicht erwähnte, besaß den großen Vorteil, konkrete Festlegungen zu vermeiden und weitreichend einsetzbar zu sein. Dieser Mythos vom Ende, das gleichzeitig ein Anfang ist, ein utopisches Element, das sich u. a. im Totenkult der Gefallenendenkmäler des Ersten Weltkrieges zeigt bestimmte nun die nationalen Leitbilder. Vor dem Hintergrund der mitgedachten Niederlage verkörpern sie Visionen kommender Ordnungen und neuer Menschen. Garanten oder Hoffnungsträger dieser lichten Zukunft sind die Vertreter der »Frontgeneration« oder gar die Gefallenen selbst, deren »Heldengeist« in den Lebenden eine mystische Auferstehung vollbringt: »Plötzlich ist ein Glanz um uns, ihr Bildnis an der Wand beginnt zu leuchten, ein Fittich streift unsere Stirn. Wir müssen immer an sie denken, sie sind auferstanden in uns, sie bauen in unserem Geist. Woran bauen sie wohl? Sie bauen am Deutschen Wunder ... Der Advent der Toten ist gekommen, sie sind in uns erwacht, sie sind auferstanden in uns, sie rufen uns, sie leben.«[8]

Das Bild Hindenburgs vom »Anschlag« revolutionär-subversiver Kräfte auf das deutsche Frontheer ist noch traditionell besetzt und noch nicht zu der den Wilhelminismus überwindenden Bildkraft vorgedrungen: »Wie Siegfried unter dem hinterlistigen Speerwurf des grimmigen Hagen, so stürzte unsere ermattete Front; vergebens hatte sie versucht, aus dem versiegenden Quell der heimatlichen Kraft neues Leben zu trinken.«[9] Erst das Ende der Nibelungen in Etzels Saal oder die »Götterdämmerung« vermag dies zu leisten. In der Geschichte des »Stahlhelm«, herausgegeben von seinem Bundesführer Franz Seldte, ist über den »Frontgeist« zu lesen: »Es ist nicht der Geist der Mobilmachungstage und der jauchzenden Stürmer von Langemarck. Es ist der Geist des selbstverständlichen Opfers und der eisernen Pflicht, der Geist jener durch Blut gebildeten Schicksalsgemeinschaft, die aus gleichem Leid und gleicher Sehnsucht, aus gleicher Not und gleichem Tode geboren ward und das Wort »Kamerad« mit einem ganz neuen wundertiefen Sinn erfüllte. Etwas Eigenes, Unsagbares und Unwägbares ist es um diesen Frontgeist, wie um alle Dinge des Blutes. Keines Dichters Sprachgewalt hat noch in Worte zu fassen, keines Künstlers Hand in letzter Vollendung zu bilden vermocht, was Herz und Seele dieses Frontgeistes ist, was ahnungsgroß vielleicht an jener einzigen Stelle des Nibelungenliedes vor uns aufsteigt, wo Hagen und Volker im Hagel der Hunnenpfeile Wacht halten vor dem brennenden Saal ... .«[10]

Hagen ist nun nicht mehr der verabscheuungswürdige Siegfriedmörder, sondern der Held mit der Kraft zum Unbedingten, der die Grenzen des bürgerlichen Sittengesetzes sprengt, der treue Vasall seiner Herrin Brünhilde. Diese Umdeutung setzt bereits in wilhelminischer Ära ein und wird während der Herrschaft des Nationalsozialismus kulminieren. Wolfgang Golther in seiner »Deutschen Heldensage« 1894 stellt so noch die Heldenschaft Hagens teilweise in Frage (»Offenheit allein fehlt Hagen, um ihn zu den echten und wahren Helden zu stellen.«)[11], während das nicht nur in der Einbandfarbe braune Meyers Lexikon 1940 zu einem eindeutigen Urteil gelangt: »Die Mannestreue ist Grundlage aller Ordnung: Sie zwingt Hagen, den Beleidiger seiner Königin, Siegfried, zu töten.«[12]

War das Kaiserreich »Siegfriedland«, so scheint sich zumindest die neue Rechte in der Weimarer Republik stärker mit Hagen zu identifizieren, der durch die sittliche Normen verletzende Unbedingtheit seiner Treuebindung fasziniert.

Im Wagnerschen Kontext ist diese Kehrtwendung eigentlich nicht nachvollziehbar, bleibt die Figur Hagen eindeutig negativ besetzt. Umso erstaunlicher ist die Aktualisierung, die der Wagnerianer Franz Stassen in seinem Ringzyklus vornimmt, wo der finstere Geselle mit einer Art deutschem Stahlhelm auftaucht. Ein Beispiel für seltsame disparate ideologische Mischungen, die unter den herrschenden Tendenzen des Zeitgeistes angerührt werden können. An eine Visualisierung der Dolchstosslegende in ihrer Nibelungenversion: der subversive »Novemberling« Hagen, der den Frontsoldat Siegfried meuchelt, ist hier wohl nicht zu denken. Das positiv besetzte Symbol des deutschen Stahlhelms hätte dann eher von Siegfried getragen werden müssen.

Auch taugte der Speerwurf des grimmen Hagen nicht so recht, republikanische oder sozialistische Gegner zu stigmatisieren, der heimtückisch-feige Dolchstoß leistete da bes-

8 Bergmann, Ernst, Diese Toten sind nicht tot. Geleitwort, in: Deutscher Ehrenhain. Für die Helden von 1914/18, Leipzig 1931, S. 7–8, S. 8 **9** Generalfeldmarschall von Hindenburg, Aus meinem Leben, 12. Aufl., Leipzig 1920, S. 403 **10** Der Stahlhelm, 2 Bde., hrsg. v. Franz Seldte, Berlin 1932, Bd. 1, S. 18 f **11** Golther, Wolfgang, Deutsche Heldensage (Deutsche Schulausgaben Nr. 2), Dresden 1894, S. 68 **12** Meyers Lexikon, 8. Aufl. 8. Bd., Leipzig 1940, S. 305 **13** Vgl. Schivelbusch, S 251 ff, Köhler, Joachim, Wagners Hitler. Der Prophet und sein Vollstrecker, 1. Aufl. Tasch. Buch Ausg. 1999, S. 111 ff

sere Dienste und sollte sich gegenüber der von Hindenburg in seinen Erinnerungen verwendeten Bildebene behaupten. Hitler schließlich mischte in »Mein Kampf« beide Varianten, gelangte zu der auch stilistisch missratenen Lösung vom kämpfenden Siegfried, der dem hinterhältigen Dolchstoß erlag. Obwohl Siegfried als deutsche Symbolfigur weiterhin Popularität genoss, galt er in der nationalrevolutionären Szene und ihrer wachsenden Anhängerschaft als altbacken-wilhelminisch und weckte Assoziationen an das hohle Pathos der Vorkriegszeit.[13]

Von Wagners »Religion des Mitleidens« und seiner pazifistischen Einstellung ist all dies weit entfernt. Aber sein Modell eines Untergangsmythos mit erlösender Wiedergeburt wirkte weiter, ohne dass sein humanitärer Ansatz mitrezipiert wurde. Preis der Popularisierung und Beispiel für die verschlungenen Pfade der Wirkungsgeschichte eines Titanen der europäischen Kulturgeschichte.

Karl Schmoll von Eisenwerth.
Nibelungenzyklus, 6 Entwürfe für das Cornelianum, Worms
Kreide (Rötel/Bister/Pastellkreide) schwarz-weiß auf braunem Papier, 1913.
Städtische Kunstsammlung Darmstadt

153 Volker und Hagen auf Schildwacht in Etzels Hoflager, 178 x 261 cm

154 Kriemhilds Tod, 176 x 267 cm

➤ Der Nibelungenzyklus Schmolls entstand im Auftrag der Stadt Worms und des Stifters Freiherr Heyl zu Herrnsheim unter der Erwartung, die nibelungische Geschichte der Stadt Worms auf diese Weise künstlerisch zum Ausdruck zu bringen.
Die Arbeiten Schmoll von Eisenwerths für das Cornelianum hatten sich der vorgegebenen Architektur mit ihrer Wandgliederung anzupassen. Die geringe ihm zur Verfügung stehende Höhe im oberen Wandbereich (1,70 m) und die Notwendigkeit die Figuren überlebensgroß auszuführen, um auf größere Entfernung entsprechend wahrgenommen zu werden, nötigte Schmoll, die Gestalten kauernd, liegend oder geduckt anzuordnen. Dies unterstrich allerdings noch die Gewalt und Unerbittlichkeit des Schicksals, das den Nibelungenstoff charakterisiert. Über dem Zyklus mit seinen gequälten und sich quälenden Willensmenschen und Riesenleibern liegt eine heroisch-düstere Stimmung. Im Ersten Weltkrieg wurden die Nibelungenbilder Schmolls als graphische Reproduktionen vertrieben.
ʟ *Die Nibelungen, Bilder von Liebe, Verrat und Untergang, S. 214–221*
Schack von Wittenau, Clementine, Karl Schmoll v. Eisenwerth, Malerei, Graphik, Glaskunst, Stuttgart 1995, S. 78–87

[155] **Klage um Siegfrieds Leichnam,** 171 x 238 cm

[156] **Siegfried fesselt den Bären (1913/14),** 176 x 274 cm

[157] **Brünhilde und Hagen brüten Rache,** 176 x 276 cm

[158] **Dietrich von Bern fesselt Hagen,** 177 x 262 cm

159 **Eroberter französischer Schützengraben. Raum Verdun 1916. 14. Infanterie-Division**
Photo auf Glasplatte 12 x 9 cm. Original: Stadtarchiv Wesel

160 **Schützengraben mit MG-Stellung. Raum Verdun 1916. 14. Infanterie-Division**
Photo auf Glasplatte 12 x 9 cm. Original: Stadtarchiv Wesel

[161] **Trümmerlandschaft. Raum Verdun 1916. 14. Infanterie-Division**
Photo auf Glasplatte 9 x 12 cm. Original: Stadtarchiv Wesel

[162] **Deutsche Karte mit Stellungsverläufen**
»Geheim. Zusammendruck. Ornes. Stand v. 18.09.17. Vermessungsabteilung 3«, Maßstab 1: 25 000, 84 x 64 cm. Preußen-Museum Nordrhein Westfalen

➤ Eingezeichnet sind eine Hagen-, Volker-, Kriemhild- und Etzel-Stellung. Raum: nordwestlich von Verdun

163 Feldfriedhof. Raum Verdun 1916. 14. Infanterie-Division
Photo auf Glasplatte 9 x 12 cm. Original: Stadtarchiv Wesel

164 Fidus. **Des Ostens deutscher Friede**
Druck aus: Kunst und Leben, Berlin-Zehlendorf, 1919, 24,4 x 16,4 cm. Archiv der
deutschen Jugendbewegung, Burg Ludwigstein, Witzenhausen

➤ Das Schmuckblatt von Fidus auf den »Siegfrieden« von Brest-Litowsk vom 3. März
1918, der Finnland, die baltischen Länder, Litauen, Polen, die Ukraine, Georgien und
armenische Gebiete von Rußland abtrennte und es als Kriegsgegner ausschaltete. Der
Heilige Michael und seine Ausstattung als Wächter des Friedens tragen deutlich sieg-
friedharte Züge. Die ihn umringenden Gestalten symbolisieren die jetzt von Rußland
»befreiten« Völkerschaften.

[165] Theaterzettel
Deutsches Theater Lille. Gastspiel des Großherzogl. Hoftheater Schwerin. Sonntag,
den 27. Mai 1917 (309. Auff.) Siegfried. 2. Tag aus dem Bühnenfestspiel: »Der Ring
des Nibelungen« in 3 Aufzügen von Rich. Wagner. 21,5 x 14 cm. Preußen-Museum
Nordrhein-Westfalen

167 Hermann-Joachim Pagels. **Reiterfigur**
Bronze, braun patiniert, 1919, Höhe 48 cm, Holzsockel (ergänzt). Preußen-Museum
Nordrhein-Westfalen

➤ Der jugendliche Reiter, wohl der Entwurf für ein Kriegerdenkmal nimmt in seiner
Nacktheit, nur mit dem Stahlhelm angetan, Leitbilder der Jugendbewegung und Lebens-
refom auf und verbindet sie mit dem nationalen Anspruch. Verklärung der militärischen Vergangenheit und Vision einer neuen deutschen Zukunft nach der Niederlage.

166 Franz Stassen. **Der Wächter Hagen**
Lithographie aus: Der Ring des Nibelungen. 4. Die Götterdämmerung, 40 Original-
Lithographien zu Richard Wagners Dichtung, Berlin (nach 1918), Blatt 12, 80 x 60 cm.
Richard Wagner-Museum Bayreuth
Inschrift im oberen Bildteil: »Dünkt er euch niedrig, ihr dient ihm doch, des Nibelun-
gen Sohn«.

➤ Der Helm Hagens, vom Drachenaufsatz einmal abgesehen, entspricht in den Pro-
portionen dem 1916 eingeführten deutschen Stahlhelm, der vor allem nach dem Ersten
Weltkrieg zum Symbol des deutschen Frontsoldaten wurde. Die Darstellung Hagens
lässt an die Schildwachtszene Hagens und Volkers im Nibelungenlied denken.

168 Ernst Barlach. **Gunter und Hagen, von Hunnen umringt**
Kohlezeichnung, 15.3.1922, 50,9 x 37,5 cm, aus: Nibelungenblätter. Privatbesitz

> ➤ Gunther und Hagen scheinen im Selbstvertrauen auf ihre Kraft von den speerbewehrten Hunnen im Hintergrund wenig beeindruckt. Beide in Renaissanceharnischen mit Tatzenschuhen. Hagens Helm, eine Art mittelalterlicher Schaller, weist – wie auch auf anderen Blättern – eine starke Ähnlichkeit mit dem 1916 eingeführten deutschen Stahlhelm auf.

[169] Stahlhelm, deutsch
Feldgraue Lackierung, Modell 1916. Preußen-Museum Nordrhein-Westfalen

[170] Hans Thoma (Entwurf). **Helm Hagens**
Blech. Bayreuther Ringaufführung 1896. Richard Wagner-Museum Bayreuth

> ➤ Zu der Ringaufführung 1896, der ersten in Bayreuth nach der Uraufführung der Tetralogie 1876, entwarf Hans Thoma die Kostüme.

171 Ernst Barlach. **Kriemhild mit Gunthers Haupt**
Kohlezeichnung, 14.3.1922, 50,8 x 37,4 cm, aus: Nibelungenblätter. Privatbesitz

> ➤ Kriemhild, den Blick nach oben gerichtet, gleichsam Siegfried den sichtbaren Beweis ihrer Rache präsentierend oder ihr Getriebensein durch dunkle Schicksalsmächte veranschaulichend, erinnert an die Darstellungen der Judith mit dem Haupt des Holofernes in der christlichen Kunst. Im Allgemeinen folgt Barlach jedoch nicht dem vertrauten Bildkanon der Nibelungendarstellungen, die häufig der christlichen Motivik entlehnt sind. Seine ganz eigenen Bildschöpfungen der Nibelungenblätter, die fast zwanghaft in wenigen Wochen 1922 entstanden, sind von der Nibelungenkonjunktur nach Zusammenbruch und Kriegsende sicher nicht unbeeinflusst.
> ∟ *Ernst Barlach, Bildhauer, Zeichner, Graphiker, Schriftsteller, Leipzig 1994*
> *Die Nibelungen, Bilder von Liebe, Verrat und Untergang, S. 248*

ANHANG

Künstlerbiographien

Oliver Glißmann

Barlach, Ernst
Wedel (Holstein) 2.1.1870 – 24.10.1938 Rostock

Nach dem Besuch der Hamburger Gewerbeschule von 1888–1891 ging Barlach an die Kunstakademie in Dresden, um unter Robert Diez zu lernen. 1895 schloss sich ein Studium an der Académie Julian in Paris an, wo er sich mit der französischen Plastik beschäftigte. Von 1897–1899 lebte er in Hamburg. Ein folgender Aufenthalt in Berlin wurde von einer kurzen Phase der Lehrtätigkeit an der Fachschule für Keramik in Höhr unterbrochen, die durch Vermittlung von Peter Behrens zustande kam. 1906 reiste er über Kiew nach Charkow und weiter in andere Städte Russlands. Obwohl er erschüttert das soziale Elend der russischen Bevölkerung wahrnahm, war er von ihrer Stärke, wurzelnd in einem einfachen tiefen Glauben, beeindruckt. Er schuf erste Plastiken und Zeichnungen von Bettlern und Bauern, die einfühlsam deren Lebenssituation wiedergaben. Indes war Barlach auch als Schriftsteller tätig, so dass neben dem bis 1907 geführten russischen Tagebuch noch weitere fragmentarische Romane entstanden. In diesem Jahr wurde er Mitglied der Berliner Sezession und fertigte, stilistisch unter dem Einfluss des Jugendstiles stehend, sozialkritische Zeichnungen für den Simplicissimus. 1910 siedelte Barlach nach Güstrow in Mecklenburg, seinem nun ständigen Wohnsitz, über. Bis zum Ausbruch des Ersten Weltkrieges entstanden zahlreiche Holzplastiken, sowie Arbeiten in Porzellan und Bronze. Dabei entwickelte er innerhalb des Expressionismus einen eigenständigen Stil, dessen blockhaft reduzierten Formen durch ihre Schwere einen ruhenden, schlichten Eindruck vermitteln. 1919 wurde er Mitglied der Preußischen Akademie der Künste zu Berlin und Professor in Dresden. Ende der zwanziger Jahre arbeitete er an mehreren Gefallenendenkmälern (Güstrow, Magdeburg), in denen er seine humanistische Gesinnung gegen den Krieg ausdrückte. Gleichzeitig verhinderten die Angriffe politisch reaktionärer Kreise, denen die Darstellungen missfielen, einige geplante Ehrenmale. Mit der Machtübernahme der Nationalsozialisten war Barlach zunehmendem Druck ausgesetzt. 1933 wurde der Antrag auf Entfernung des Magdeburger Mals gestellt, 1937 das Kieler und Güstrower abgebrochen. Ein Ausstellungsverbot folgte und schließlich wurden 381 seiner Arbeiten als »Entartete Kunst« beschlagnahmt, teilweise in der gleichnamigen Ausstellung gezeigt und in das Ausland verkauft. Noch vor dem Ausbruch des Zweiten Weltkrieges starb Barlach in einer Rostocker Klinik.

Bossard, Johann Michael
Zug (Schweiz) 16.12.1874 – 27.3.1950 Jesteburg-Lüllau

Nach dem frühen Tod seines Vaters in ärmlichen Verhältnissen lebend, traf den elfjährigen Bossard 1885 ein weiterer Schicksalsschlag. Als Folge einer Scharlacherkrankung erblindete er auf dem rechten Auge, eine Behinderung, die fortan sein Wesen als Einzelgänger prägte und die Ausübung seiner künstlerischen Tätigkeit einschränkte. 1890 begann Bossard eine Hafnerlehre, in der er sich für den Bau von Kachelöfen im Zeichnen und Modellieren schulte. Schließlich bekam er nach dem Ende der Ausbildung ein dreijähriges Stipendium, welches er 1894 in München antrat. Eine kurze erfolglose Zeit der Selbstständigkeit in höchster Armut schloss sich an, die ihn 1897 nach Berlin führte, wo er zwei Jahre später sein Studium wieder aufnahm. Nach 1900 entstanden mehrere Bildzyklen (Graphiken, Zeichnungen und Exlibris), von denen »Die Tragödie des Daseins« besondere Aufmerksamkeit erregte. Der Auftrag zur Ausgestaltung eines Mausoleums auf dem Neuen Georgenfriedhof 1904 in Berlin veranlassten ihn, sich verstärkt der Bildhauerei zuzuwenden. Eine Reise nach Italien folgte und 1905, zurück in Berlin, nahm er die deutsche Reichsangehörigkeit an. Zwei Jahre später erhielt er einen Lehrauftrag an der Kunstgewerbeschule in Hamburg, wo er sich schon 1911 gedanklich mit Plänen zu einem Gesamtkunstwerk befasste. Unterbrochen wurde diese Zeit vom Ersten Weltkrieg, in dem er als Kriegsfreiwilliger von 1916 bis 1918 Militärdienst leistete und dessen Schrecken und Grauen sich später in seinen Bildern niederschlugen. 1911 hatte er in Jesteburg ein 30 000 qm großes Heidegrundstück erworben, auf dem er nach seinen Entwürfen ein Wohn- und Atelierhaus errichten ließ, dessen Ausgestaltung er sich nach dem Krieg intensiv widmete. Ab 1926 arbeitete er hier gemeinsam mit seiner wesentlich jüngeren Frau Jutta Krull, einer ehemaligen Schülerin von ihm, die noch im gleichen Jahr den Anbau des Kunsttempels unterstützte. Ein Gesamtkunstwerk aus Architektur, Bildhauerei, Malerei, Kunstgewerbe und Gartenkunst entstand, an dem Bossard bis zu seinem Lebensende arbeitete und wo er nach seinem Tod begraben wurde.

Cornelius, Peter von
Düsseldorf 23(?).9.1783 – 6.3.1867 Berlin

Nachdem Cornelius bei seinem Vater zeichnerische Versuche unternommen hatte, besuchte er seit 1795 regelmäßig die Akademie in Düsseldorf, wo ihm allerdings »Mangel an Talent« bescheinigt wurde. Erfolglos beteiligte er sich zwischen 1803–1805 an Goethes Preisaufgaben der Weimarer Kunstfreunde. Trotzdem entstanden einige Jahre später Illustrationen zum Faust, die er 1811 in Rom vollendete, um sich anschließend einem Nibelungenzyklus mit Anklängen an das italienische Schönheitsideal zu widmen. In Rom schloss er sich den Lukasbrüdern (Nazarener) um Johann Friedrich Overbeck, Wilhelm von Schadow und Philipp Veit an, mit denen er die Wiederbelebung einer Monumentalmalerei im Sinne Michelangelos unterstützte. So kam es zwischen 1816–1817 zur Ausmalung der Casa Bartholdy in Rom für den preußischen Generalkonsul, wo besonders der lineare Zeichenstil, die Betonung der Form bei Cornelius hervorsticht. Der Genre- und Landschaftsmalerei schenkte er dagegen kaum Beachtung. 1818 bekam Kronprinz Ludwig von Bayern Kontakt zu den Nazarenern und bat Cornelius, als Lehrer an die Akademie nach München zu kommen. 1821 wurde er von der preußischen Regierung als Direktor an die Düsseldorfer Akademie gerufen, um diese neu zu organisieren. Vier Jahre später wurde er vom bayrischen König geadelt und blieb als Direktor der Akademie in München. Unstimmigkeiten über die Freskierung der Ludwigskirche (1836–1839) und alte Meinungsverschiedenheiten über die Ausmalung der Glyptothek ließen Cornelius beim König in Ungnade fallen, so dass er 1841 eine Stelle als Honorarprofessor und Direktor der Berliner Akademie ohne amtliche Verpflichtung antrat. Hier arbeitete er an mehreren kleinen Aufträgen und fertigte über zwanzig Jahre riesige Kompositionsskizzen für eine geplante Familiengruft der Hohenzollern an, die aber nicht zur Ausführung kam. 1859 wurden die Kartons mit großem Erfolg in Berlin und Brüssel ausgestellt. In diesem Jahr entstand auch das Gemälde »Hagen versenkt den Nibelungenhort«, eines der wenigen von ihm gemalten Bilder aus dieser Zeit, das seine stilistischen Anklänge an das Fresko nicht verbergen kann.

Doepler, Carl Emil
Warschau 8.3.1824 – 20.8.1905 Berlin

Nach einer Lehre als Buchhändler widmete Doepler sich der Malerei und studierte seit 1844 in Dresden, später in München. 1849 ging er nach New York, wo er für Harper Brothers und J. Putman als Illustrator tätig war. Ein Jahr später zog es ihn nach Weimar, wo er am dortigen Theater Kostümzeichner und Lehrer der Kostümkunde an der Kunstschule wurde. Gerade seine Kenntnisse über historische Gewänder, vermutlich beeinflusst durch seinen Lehrer Karl von Piloty, zeichneten ihn aus. 1870 arbeitete er in Berlin und war mit anderen Künstlern am Hof für die Inszenierung von Maskenbällen tätig. Sechs Jahre später unterstützte Doepler die Inszenierung der ersten Festspiele in Bayreuth und nach intensiven Vorstudien in Museen schuf er zu Wagners »Ring des Nibelungen« über 500 Zeichnungen, welche er später in einer aufwändig gestalteten Mappe herausgab. Gleichzeitig nahm er sich auch der praktischen Ausführung der Kostüme an, die bei Handwerkern in der Umgebung angefertigt wurden. Zuerst zustimmend aufgenommen, war es gerade ihre wissenschaftliche Genauigkeit, die besonders von Seiten Cosima Wagners scharfe Kritik erfuhr. Ende der siebziger Jahre trat Doepler in den Wagner-Verein Berlins ein, dessen Vorsitz er nach dem Tode Wagners übernahm.

Eberlein, Heinrich Gustav
Spiekershausen bei Hannoversch Münden 14.7.1847 – 5.2.1926 Berlin

Nach seiner Ausbildung zum Goldschmied und einem Studium an der Nürnberger Kunstschule führte Eberlein ein Stipendium 1869 an die Königlich Preußischen Akademie in Berlin. Im gleichen Jahr kam er auf der Münchener Kunstausstellung mit dem Werk von Reinhold Begas in Berührung, welches seinen Stil nachhaltig beeinflusste. Mehrere Italienreisen, bei denen er sich mit Michelangelos Skulpturen und mit der antiken Plastik beschäftigte, prägten seine Arbeiten der ersten Jahre. Zu dieser Zeit erzielte er mit dem Dornauszieher von 1881 seinen Durchbruch, der sich am antiken Vorbild orientierte und durch sein hoch aufgesockeltes Sitzen und seine daraus folgende komplizierte Sitzhaltung faszinierte. Lohn war die Kleine Goldene Medaille auf der Berliner Kunstausstellung. Durch die Teilnahme an mehreren Wettbewerben, von denen er viele für sich entscheiden konnte, erhielt er zahlreiche Aufträge für Denkmäler der Hohenzollern und Bismarcks. Eigentümlich ist für ihn dabei eine gewisse Eigendynamik seiner Sockelfiguren, die recht selbstständig zur Hauptfigur herausgearbeitet werden. Gegen Ende des 19. Jahrhunderts beschäftigte er sich vermehrt mit religiösen Themen, deren realistisch angelegte Wie-

dergabe, beeinflusst von Auguste Rodin und Konstantin Meunier, jedoch kaum Anerkennung unter der interessierten Bevölkerung fand. Einen weiteren großen Erfolg hatte er 1901 im Wettbewerb zur Errichtung des Richard Wagner Denkmals in Berlin, den er für sich entscheiden konnte und an dem ein Rückgriff auf seine vorherige konventionelle Formensprache zu erkennen ist. Des weiteren beschäftigte er sich mit Dichtung, Musik und um 1907 stärker mit Malerei. Ab 1908–1913 hielt er sich in den Vereinigten Staaten und in Südamerika auf, wo er ein Nationaldenkmal in Buenos Aires schuf. In den letzten Lebensjahren fanden seine Werke wenig Käufer und zudem brachte ihn die Inflation um sein Vermögen.

Ewald, Ernst (Deodat Paul Ferdinand)
Berlin 17.3.1836 – 30.12.1904 Berlin

Nach einem Studium der Naturwissenschaften wechselte Ewald 1855 zur Malerei über und arbeitete ein Jahr bei Carl Steffeck, woran sich ein längerer Aufenthalt in Paris anschloss. Hier entstand auch das Gemälde »Die sieben Todsünden«, das er 1864 in die Ausstellung der Berliner Akademie einreichte. Im gleichen Jahr ging er nach Italien, um die Malerei der Renaissance und besonders ihre Fresken zu studieren. Neben zahlreichen Veduten und Genrebildern fertigte er nach 1865, noch unter dem Einfluss seiner italienischen Studien, in Berlin mehrere Fresken. So entstand in der Nationalgalerie, die 1876 eröffnet wurde, der Nibelungenfries in der Querhalle des ersten Ausstellungsgeschosses. In Wachsmalerei ausgeführt zeigt er in auffällig pathetischen Formen den Tod Siegfrieds und den folgenden Untergang der Nibelungen. Des weiteren entstanden Lünetten in der Bibliothek des Rathauses. Da er auch an kunstgewerblichen Arbeiten beteiligt war, wurde er 1868 Lehrer an der Unterrichtsanstalt des Kunstgewerbemuseums und 1874 deren Direktor. Gezielt förderte er nun die Ausbildung an der Lehranstalt und widmete sich verstärkt dem Kunstgewerbe, so dass wenig bildnerische Werke entstanden. Er arbeitete an Plaketten, fertigte Glasfensterentwürfe für das Museum und beschäftigte sich mit Mosaiken (Kaiser Friedrich Gedächtniskapelle in Potsdam). Besondere Ehre erlangte er als künstlerischer Ratgeber des Kronprinzen und späteren Kaisers Friedrich III und 1873/74 als Zeichenlehrer Wilhelms II und des Prinzen Heinrich.

Fidus (Hugo Höppener)
Lübeck 8.10.1868 – 23.2.1948 Woltersdorf

Durch eine Impfung wurde Höppener als Zweijähriger mit Lupus, einem Fußleiden, angesteckt, welches ihn an körperlichen Aktivitäten hinderte und seine künstlerische Neigung beeinflusste. Mit zehn Jahren bekam er Privatunterricht im Malen und Zeichnen und fast gleichzeitig begann er sich näher mit alternativen Heilmethoden zu beschäftigen. Nach Abschluss der Real- und Gewerbeschule 1885 besuchte er, verzögert durch sein Fußleiden, 1887 für drei Monate die Vorschule der Münchener Akademie. Hier wurde er auf Karl Wilhelm Diefenbach, Maler und Vorkämpfer der Lebensreform, aufmerksam und dessen treuer Schüler. Aus diesem Grunde verlieh ihm der Meister den Namen Fidus (der Getreue), unter dem er fortan bekannt wurde. Im Frühjahr 1889 ging er zurück an die Münchener Akademie der Bildenden Künste und 1892 nach Berlin, wo er vermehrt für Buchillustrationen, Werbung und Exlibris arbeitete. Zwei Jahre später unternahm er die erste Norwegenreise, deren landschaftlichen Eindrücke sich fortan in seinen Bildern wiederspiegelten. 1902 wurde die erste reich ausgestattete Fidus-Monographie von Wilhelm Spohr bei J.C.C. Bruns in Minden herausgebracht, die sich aber nur schwer verkaufte. Im darauffolgenden Jahr ging er in die Schweiz, wo er mit der sektiererischen Gruppe um den Propheten Josua Klein in Kontakt kam, die er nach kurzem verließ, um in Zürich das Haus des verstorbenen Arnold Böcklin zu mieten. Zurück in Berlin schloss er sich 1905 der »Richard-Wagner-Gesellschaft für germanische Kunst und Kultur« an. 1907–1909 baute er sich in Woltersdorf nahe Berlin ein Atelier- und Wohnhaus, welches für Freunde und Besuchergruppen offen stand. Obwohl er seit den frühen 1930er Jahren Mitglied der NSDAP war, wurden seine Werke für die Ausstellung im »Haus der deutschen Kunst« in München 1937 abgewiesen. Von Hungerödemen gezeichnet starb Fidus nach dem Krieg an einem Schlaganfall.

Habich, Ludwig
Darmstadt 2.4.1872 – 20.1.1949 Jugenheim an der Bergstrasse

1890 ging Habich an das Städelsche Kunstinstitut nach Frankfurt a.M., um unter Gustav Kaupert, Lehrer der Bildhauerkunst, zu lernen. Daran schloss sich eine zehnjährige Ausbildung an, die er an den Akademien in Karlsruhe und München absolvierte. Der hessische Großherzog berief ihn 1899 in die

Künstlerkolonie auf die Mathildenhöhe in Darmstadt, denn schon während seines Studiums war er mit mehreren Denkmälern, z.B. dem Columbus Denkmal in Bremerhaven, in Erscheinung getreten. In seiner Heimatstadt arbeitete er in Tuffstein an einem seiner bekanntesten Werke, »Mann und Frau«, die den Eingang des Ernst-Ludwig-Hauses auf der Mathildenhöhe flankieren. Einerseits selbstständig vor dem lang gestreckten Bau, wehren sie als Türhüter nach außen und ziehen doch durch ihre Haltung und Blickrichtung, die den Eingang zusammenfasst, zum Portal hin. Auffällig ist bei Habich die Anlehnung an die antike Skulptur, die er mit eigenem Stil- und Formgefühl abwandelte. In der Kolonie entstanden weitere expressiv dynamische Figuren, die in ihrer engen Verbindung zwischen Baukunst und Bildhauerei zu sehen sind. Daneben schuf er Medaillons und Grabreliefs. 1906 verließ er die Mathildenhöhe und ging an die Technische Hochschule nach Stuttgart, von wo er vier Jahre später als Professor zur dortigen Kunstakademie wechselte, an der er bis 1937 blieb.

Hendrich, Hermann
Heringen am Harz 31.10.1854 – 18.7.1931 Schreiberhau (Riesengebirge)

Nach seiner Ausbildung zum Lithographen ging Hendrich 1872 nach Hannover, wo er für eine Lampenfabrik Kataloge zeichnete. In der Leinestadt kam er in Kontakt mit der Musik Richard Wagners, die einen großen Eindruck auf ihn hinterließ. Vermutlich wurde dadurch sein Interesse am Theater geweckt, so dass er sich für kurze Zeit als Schauspieler auf kleinen Bühnen betätigte. Ab 1875 begann er sich wieder mehr mit der Malerei zu beschäftigen. Nach einigen Studienreisen, einer Tätigkeit als Zeichner in Amsterdam 1878 und beeindruckt von Rembrandt, nahm er 1885 ein kurzes Studium in München auf, wo er von Arnold Böcklin inspiriert wurde, dessen Farbwahl sich in den folgenden Werken Hendrichs niederschlägt. Erneut hinterließ die Musik Wagners, welche er in Aufführungen am Hoftheater erlebte, auf ihn bleibenden Eindruck, so dass er sich nun häufiger mythischen Motiven in landschaftlicher Umgebung zuwandte. 1886 studierte er ein Semester in Berlin, wo er durch einen Auftrag des Kaisers drei Jahre später die bisher größte Anerkennung seines Schaffens erfuhr. Außergewöhnlich in seiner Arbeit sind die Hallenbauten, die er als idealen Anbringungsort für seine Monumentalgemälde errichten ließ. So entstand 1901 die Walpurgishalle in Thale, die Sagenhalle in Schreiberhau von 1903 mit

Anbau des Gralstempels von 1916 mit Gemälden zum Parsifal, sowie die Nibelungenhalle auf dem Drachenfelsen bei Königswinter, die 1913 zum 100. Todestag Richard Wagners eröffnet wurde und in der die größte zusammenhängende Bildfolge Hendrichs zum »Ring des Nibelungen« zu sehen ist. Alle drei Bauten sollten mit der Architektur, im Einklang mit der Natur und den Gemälden ein Gesamtkunstwerk darstellen, welches durch Musik von Grieg und Wagner, die im Inneren zu hören war, abgerundet wurde. Hendrich selbst ließ sich unweit der Sagenhalle beerdigen.

Hildebrand, Adolf von
Marburg 6.10.1847 – 18.1.1921 München

Seine Kindheit verbrachte Hildebrand in Bern, wo er zeichnen lernte und von der Gipssammlung der Universität erste künstlerisch prägende Eindrücke empfing. 1861 ging er zurück nach Deutschland und studierte an der Kunstschule in Nürnberg, wo er durch sein Talent auffiel. 1866/67 bei Kaspar von Zumbusch in München, nahm ihn dieser auf eine Italienreise mit, wo er Hans von Marées kennen lernte, mit dem sich eine enge Freundschaft entwickelte und gemeinsame Arbeiten entstanden. Nach einem kurzen Aufenthalt in Berlin ging er 1872 nach Italien zurück, um dort für zweieinhalb Jahrzehnte zu bleiben. 1874 kaufte er ein Kloster unweit von Florenz, wo er zuerst mit Marées und nach einer Entzweiung allein wohnte. Erst zehn Jahre später nahm er wieder an einer Ausstellung in Berlin teil. Obwohl er 1889 den ersten Preis im Wettbewerb für das Nationaldenkmal Kaiser Wilhelms I. gewann, scheiterte dessen Ausführung am Einspruch des Kaisers, so dass der erste große Auftrag der Wittelsbacher Brunnen in München wurde. In seinen Arbeiten tritt besonders das architektonische Element hervor und es überrascht nicht, dass Hildebrand auch Häuser entwarf und sich mit Malerei beschäftigten. Des weiteren erschien 1893 sein Buch »Problem der Form in der bildenden Kunst«, welches ihn mit Cosima Wagner in einen kunsthistorischen Diskurs führte. Im folgenden erhielt er mehrere Aufträge für Denkmäler und Brunnen, wie den Siegfriedbrunnen in Worms (1914) und die Vater Rhein und die Rheintöchter darstellenden Brunnen in Köln. Ebenso schuf er zahlreiche Porträtbüsten, wie die von Cosima und Siegfried Wagner aus dem Jahre 1899. Cosima bat Hildebrand vergeblich, die Bühnenbildgestaltung des »Rienzi« zu übernehmen. Im Jahr 1897 baute er sich ein Haus in München und lebte dann in Italien und Deutschland.

Joukowsky, Paul von
(Pawel Wassiljewitsch Schukowskij) Sachsenhausen bei Frankfurt a.M. 1.1.1845 – 26.8.1912 Weimar

Joukowsky wuchs bei seinem Großvater in Frankfurt auf, wo er sich schon in jungen Jahren mit Geschichte und Malerei beschäftigte. Nach einem Studium in Bonn ging er mit zwanzig Jahren nach Italien. Dort entwickelte sich eine Freundschaft mit Franz von Lenbach, der ihm von einem akademischen Studium abriet und ihn aufforderte, ohne systematische künstlerische Ausbildung Bilder zu malen. Gemeinsam gingen beide zurück nach München, wo Joukowsky mit Arnold Böcklin bekannt wurde. Hier lernte er 1869–1870 Wagners Musik kennen, die ihn begeisterte. Ein vierjähriger Aufenthalt in Paris und Weimar, unterbrochen von mehreren Reisen, schloss sich an, bis er ab Januar 1880 ein Atelier in Neapel unterhielt, welches sich unweit von Wagners Villa befand. Eine tiefe Freundschaft entwickelte sich, zumal Wagner großes Interesse an den Porträts und Landschaften Joukowskys zeigte. So entschloss er sich, dem jungen Künstler die Bühnendekoration und die Kostümentwürfe des Parsifal anzuvertrauen, die in enger nicht unproblematischer Zusammenarbeit in Bayreuth entstanden und zu einer kurzfristigen Entzweiung führten. Ende 1883 reiste er zu Wagner nach Venedig und erwies sich in der Sterbestunde des Meisters als treuer Freund. Rund ein Jahr später unterhielt er ein Atelier an der Akademie der Künste in Weimar. Aufgrund der familiären Wurzeln seines Vaters und seiner zahlreichen Besuche am russischen Hof wurde er um 1884 vom Zaren beauftragt, im Kreml ein Denkmal für Alexander II zu schaffen, welches ihn sechs Jahre beschäftigte und von seiner eigentlichen Passion, der Malerei, abhielt. 1890 siedelte er nach Moskau über und wurde zum Präsidenten der Kunstgewerbeschule und zum Konservator der Kremlschätze ernannt. 1905 gab er seine Ämter auf, um in Weimar seinen Lebensabend zu verbringen.

Kaulbach, Friedrich August von
München 2.6.1850 – 26.7.1920 Ohlstadt bei Murnau

Früh zeigte sich das Talent des jungen Kaulbach, so dass er mehrere Jahre die Kunstschule in Nürnberg besuchte und mit Figuren in altdeutscher Tracht erste künstlerische Versuche unternahm. Ab 1869 war er Schüler seines Vaters Friedrich Kaulbach, zwei Jahre später zog er nach München. 1873 und im darauffolgenden Jahr unternahm er eine Italienreise, wo er von der Kunst der Renaissance, insbesondere den Venezianern, inspiriert wurde. Drei Jahre später reiste er mit einigen Künstlerfreunden, wie Franz von Lenbach und Hans Markart, der ihn künstlerisch beeinflusste, nach Antwerpen. Berühmtheit erlangte er 1881 durch die »Schützenliesl«, welche anlässlich des siebten deutschen Bundesschiessens entstand. Ab 1883, nun Mitglied der Akademie der Künste in Berlin, reiste er mehrmals nach Paris. In München ließ er sich 1886 endgültig nieder, wohl dadurch bedingt, dass er Direktor der Münchener Akademie wurde. Hier schloss er im Künstlerverein Allotria eine enge Freundschaft mit Wilhelm Busch und es überrascht nicht, dass Kaulbach ebenfalls Karikaturen zeichnete. Schon fünf Jahre später legte er das Amt des Direktor nieder, da die zeitaufwendige Tätigkeit wenig Raum für künstlerische Entfaltung ließ. Am bekanntesten wurde Kaulbach durch seine Damenporträts der vornehmen Gesellschaft, die sich durch ihre kühle Distinktion, ohne Blick auf die Seelenzustände, auszeichneten.

Lechter, Melchior
Münster 2.10.1865 – 8.10.1937 Raron im Wallis

1879 begann Lechter mit 14 Jahren eine Ausbildung zum Glasmaler in Münster, welches er 1883 in Richtung Berlin verließ, um im darauffolgenden Jahr an der Hochschule für Bildende Künste in der Malklasse zu studieren. Künstlerisch bekam er hier erste Anregungen von Arnold Böcklin, während sich später zunehmend in seinem Werk der Einfluss englischer Präraffaeliten wie Dante Gabriel Rossetti und Edward Burne-Jones bemerkbar macht. 1886 erlebte er in Bayreuth die Aufführungen von »Tristan und Isolde« und »Parsifal« und fortan wurde Richard Wagner, wie Friedrich Nietzsche, zum Mittelpunkt seines Lebens und seiner Kunst. Neben Gemälde, Möbel- und Teppichentwürfen beschäftigte er sich auch weiterhin mit der Glasmalerei, so dass 1895 das Nietzsche- und 1896 das Tristanfenster für seine Wohnung in Berlin entstanden. Sie wurde vom Künstler bis ins kleinste Detail zu einem Gesamtkunstwerk umgestaltet. 1898 begann er erste Entwürfe für die Gestaltung des Pallenberg-Saales im Kölner Kunstgewerbemuseum anzufertigen, mit dessen Ausstattung im Jugendstil er bis 1900 beschäftigt war und für den er im gleichen Jahr auf der Pariser Weltausstellung den Grand Prix bekam. Fanden sich in den Darstellungen Bezüge zur Gralsmystik, war es gerade diese Thematik, die Lechter stark

beschäftigte, so dass er sogar ein Buch darüber plante. Anfang des 20. Jahrhunderts schlossen sich mehrere Reisen nach Italien an, wobei zahlreiche Aquarelle entstanden. 1907 schuf Lechter das Glasfenster-Tryptichon »Lumen de Lumine« für das Treppenhaus im Landesmuseum Münster, wo er drei Jahre später mit einer Ausstellung geehrt wurde. In den Jahren 1910/11 unternahm er eine Reise nach Indien, die wohl u. a. von seinem esoterischen Interesse motiviert wurde. Besonders dem Buch und seiner Gestaltung gehörte seine eigentliche Vorliebe, so dass er sich nach der Indienreise intensiv mit der Buchkunst auseinander setzte. In seiner Jugendstilmotivik nähert er sich hier sehr an William Morris an. 1921, 1925 und 1931 stellte Lechter in seiner Wohnung aus.

Leeke (Löke), Ferdinand
Burg bei Magdeburg 7.4.1859 – 16.11.1937 München

Leeke studierte ab 1882 an der Münchener Akademie unter Johann Herterich, woran sich eine Lehrzeit bei dem Künstler Alexander von Wagner anschloss. Nach seiner Ausbildung blieb er in der bayrischen Metropole und war als Maler sowie als Illustrator für die Zeitungen »Gartenlaube« und »Über Land und Meer« tätig. Des weiteren schuf er Zeichnungen aus der germanischen Mythologie für die »Deutschen Heldensagen« und fertigte Postkartenkollektionen an. Vornehmlich im Bereich des Porträts, der Landschafts- und Genremalerei arbeitend, wurde er durch die Darstellungen altgermanischer Motive, für die er eine besondere Vorliebe hatte, bekannt. Obwohl in seinen Gemälden mit pathetischen Gesten dem Realismus verpflichtet, verstand es Leeke einfühlsam, ein zuviel an Theatralik zu vermeiden. 1889 bat ihn Siegfried Wagner, Szenen aus Opern seines Vaters zu malen, wobei er weniger der musikalischen Inspiration folgte als sich vielmehr eng an die zugrunde liegenden Sagen hielt. Dabei scheinen sich seine Protagonisten ganz der Opernmode der Zeit anzupassen. Für den Verlag Franz Hanfstaengl in München malte er allein 55 Gemälde aus Wagners Werken. Eigentlich mit Nachnamen Löke erhielt er 1930 die Erlaubnis, den Namen Leeke anzunehmen.

Maison, Rudolf
Regensburg 29.7.1854 – 12.2.1904 München

Die Ausbildung Maisons am Polytechnikum in München dauerte nur kurze Zeit, so dass er seine bildhauerische Berufung weitge-

hend als Autodidakt ausübte. Dabei beteiligte er sich an mehreren Wettbewerben, von denen er nur wenige für sich entscheiden konnte. Maison war einer der Konkurrenten Adolf von Hildebrands bei dem Wettbewerb zur Gestaltung des Wittelsbacher Brunnens in München. Hier und vornehmlich in Berlin fertigte er einige Standbilder, wobei er gerade bei den Hohenzollerndenkmälern die vorgegebenen Darstellungsformen nur wenig modifizierte. So schuf er für den Reichstag zwei berittene Herolde als seitliche Bekrönung des östlichen Mittelrisalits, die beim Brand 1933 zerstört wurden. Die lebensgroßen Modelle dazu befanden sich bis zu seinem Tode im Besitz des Künstler und waren polychrom gefasst, eine Tendenz, die sich verstärkt nach 1890 in seinem Werk fand, um eine möglichst wirklichkeitsverwandte Illusion wieder zu geben. Entgegen dieser realistischen Strömung zeigt sich in Maisons nicht offiziellen Werken eine Anlehnung an den Neobarock Reinhold Begas und entwickelte sich bei ihm zu einem übersteigerten malerischen Grundzug. 1895 entwarf er ein Friedensdenkmal für München, in dem er seinen Naturalismus mit dem Malerischen vereinte. Neben dem von ihm verfassten Buch „Anleitung zur Bildhauerei" zeichnete er Entwürfe und schuf Modelle für die serielle fabrikmäßige Herstellung von Plastiken. Nach seinem frühen Tod wurde er 1904 mit einer Ausstellung von vierzig Werken im Münchener Glaspalast geehrt.

Prell, Hermann
Leipzig 29.4.1854 – 18.5.1922 Dresden-Loschwitz

1870 unternahm der junge Prell eine Reise nach Rom, wo er die Maler der italienischen Hochrenaissance kennen lernte. Mit 18 Jahren begann er ein Studium an der Dresdener Akademie, wo er unter Theodor Grosse bis 1875 blieb. Schon im darauffolgenden Jahr war er bis 1877 Schüler bei Karl Gussow an der Berliner Akademie. 1881/82 entstand im Auftrag des preußischen Staates im Festsaal des Berliner Architektenhauses seine erste große Wandmalerei mit Motiven zur Entwicklung der Baukunst, die seinen Ruhm als Monumentalmaler begründete und fortan mehrere Aufträge für großformatige Gemälde folgen ließ. Seit 1886 war er Lehrer für Freskotechnik an der Berliner Akademie, um 1892 nach Dresden zurückkzugehen, wo er an der dortigen Akademie bis 1917 Leiter des Meisterateliers für Geschichtsmalerei wurde. Bereits 1889 mit einem großformatigem Gemäldezyklus für das Albertinum in Dresden beauftragt, entstand dieser erst zwischen 1899 und 1904, da Prell von Wilhelm II 1894 den Auftrag für die Ausmalung des Thronsaales der Deutschen Botschaft in Rom bekam, mit dem er von 1896 bis 1899 beschäftigt war. In seinen Wandgemälden mit ausgeprägtem Sinn für dekorativen Pomp, dem Illusionsideal des Barock, der fiktiven Raumerweiterung verpflichtet, war Prell auch als Bildhauer tätig.

Schaper, Fritz
Alsleben 31.7.1841 – 29.11.1919 Berlin

Nach einer Ausbildung zum Steinmetz in Halle begann Schaper 1859 ein zweijähriges Studium an der Berliner Akademie. Gleichzeitig trat er in das Atelier von Albert Wolff ein, wo er mehrere Jahre als Gehilfe arbeitete. 1867 machte er sich selbstständig und wurde einer der produktivsten Bildhauer seiner Zeit. So befand sich unter seinen frühen Arbeiten eine Figur des Siegfried im Drachenblut badend. In den Jahren 1872/80 entstand im Berliner Tiergarten sein Hauptwerk, das Goethedenkmal, welches seine stilistische Orientierung an Christian Daniel Rauch zeigt. Des weiteren entstand unter ihm das Giebelrelief am Berliner Reichstagsgebäude. 1875 und 1890 leitete er den Aktsaal für Bildhauer an der Berliner Akademie der Künste, dessen Mitglied er 1880 wurde. Mehrere Ehrenmitgliedschaften wie an den Akademien in München und Dresden schlossen sich an. Seit 1881 nahm er zusätzlich eine Tätigkeit als Senatsmitglied wahr. Schaper hatte bereits 1890 für den Leipziger Wagner-Verein ein nicht verwirklichtes Denkmal für den Komponisten entworfen; 1908 schuf er eine Wagner-Büste, die auf einem hohen Postament am Giardino Publico in Venedig enthüllt wurde.

Schmoll von Eisenwerth, Karl
Wien 18.5.1879 – 7.7.1948 Gut Osternberg (Österreich)

Früh machte sich in der »Kommersfestordnung der Abiturienten« anlässlich seines Schulabschlusses 1898, die er künstlerisch gestaltete, der Einfluss des Jugendstils deutlich, der das Ergebnis einer künstlerischen Förderung in den letzten Schuljahren war. Für drei Jahre ging er nun an die Münchener Akademie und 1901, noch als Student, malte er sein erstes großes vielbeachtetes Wandbild im Haus Habich auf der Darmstädter Mathildenhöhe, die »Meeres-Idylle«, an der die kurvig ornamentalen Strukturen des Jugendstiles hervortraten. Ende des Jahres schloss er sein Studium ab und widmete sich Entwürfen für Glasobjekte, die er seit

längerem bei einem befreundeten Glashüttenbesitzer durchführte. Ebenso beschäftigte er sich mit verschiedenen Drucktechniken, wie der Druckgraphik, der Lithographie und Radierung. Im Januar 1902 brach er zu seiner ersten Italienreise auf, wo er unter anderem drei Monate mit Paul Klee durch das Land reiste, dessen Weg zur Abstraktion auf ihn jedoch keinen Einfluss hatte. Im darauffolgenden Jahr ging er nach Paris und Skandinavien, wo er an der Perfektionierung seiner Landschaftsbilder arbeitete. 1904 wurde Eisenwerth mit 27 Jahren Graphik-Lehrer an der Münchner Debschitz Schule, die er Anfang 1907 verließ, um an der Architekturfakultät der Technischen Hochschule Stuttgart eine Professur für Zeichnen und dekoratives Gestalten anzunehmen. Seit 1909 beschäftigte sich Eisenwerth mit der Anfertigung des Nibelungenzyklus für das Cornelianum in Worms, den er nach Vorentwürfen 1913 begann und im Kriegsjahr 1915 vollendete. Eher an Ferdinand Hodler erinnernd findet sich bei seinem Hauptwerk der Wandmalerei kaum die neoklassizistische oder rokokohafte Strömung, der er sich sonst in seinen Wandgemälden verpflichtet fühlte.
Nur für kurze Zeit wurde er 1917 Kriegsmaler, da schon seine zwei Brüder im Krieg starben. Von 1927–1929 war er Rektor der Technischen Hochschule Stuttgart. Während in seinem Frühwerk der Einfluss des Impressionismus und des Jugendstils zu erkennen sind, nähert er sich in seinen späten Werken der Neuen Sachlichkeit an.

Schnorr von Carolsfeld, Julius
Leipzig 26.3.1794 – 24.5.1872 Dresden

Während seines Besuches an der Wiener Akademie 1811 wurde Schnorr von Carolsfeld vor allem von Joseph Anton Koch und Ferdinand Olivier, bei dem er später wohnte, künstlerisch beeindruckt. 1817 trat er eine Italienreise an und gelangte schließlich 1818 nach Rom, wo er Bekanntschaft mit den Nazarenern machte und sich ihnen anschloss. Ersten Ruhm erlangte er mit den Ariostbildern im Casino Massimi, wo sich deutlich der Einfluss Raffaels zeigte. 1825 beauftragte ihn Ludwig I im neu errichteten Königsbau der Münchener Residenz Fresken zur Odyssee zu malen und so reiste er ein Jahr später für Studienzwecke nach Sizilien. 1827, zurück in München, verwarf der König seinen Plan und verlangte nun die Darstellung des Nibelungenliedes, deren Ausführung zügig voranschritt, so dass schon in den dreißiger Jahren ein Großteil der Räume fertiggestellt wurde. Wie schon in Italien findet sich in seinen Fresken erneut die Bevor-

zugung der Linie, die dadurch eine akademische Strenge bestimmt und sich ebenfalls in den gleichzeitig entstanden Federzeichnungen zu den Nibelungen wiederfindet, die 1843 veröffentlicht wurden. Auf ausdrücklichen Wunsch des Königs malte Schnorr von Carolsfeld in Enkaustik im Festsaalbau Szenen zur deutschen Kaisergeschichte, die ihn bis 1841 beschäftigten. 1846 wurde er als Direktor an die Gemäldegalerie in Dresden und als Professor an die dortige Akademie berufen. Über Jahrzehnte arbeitete er an der Illustration der Bibel und 1860 erschienen seine 240 dazu entstandenen Szenen. Sie waren es auch, die Schnorr von Carolsfeld über die Nibelungenfresken hinaus noch bekannter machten und zu einem der volkstümlichsten Maler werden ließen.

Schwind, Moritz von
Wien 21.1.1804 – 8.2.1871 München

1818 nahm Schwind ein Philosophie-Studium in Wien auf, welches er 1821 abbrach, um an der dortigen Akademie bis 1823 im Antikensaal Kunst zu studieren. Obwohl er hier besonders von seinem Lehrer Ludwig Schnorr von Carolsfeld geprägt wurde, übte er seine künstlerische Tätigkeit eher autodidaktisch aus und versuchte seinen Lebensunterhalt durch die Anfertigung von Glückwunschkarten, Vignetten und ähnlichem zu bestreiten. 1827 begegnete er in München Peter Cornelius und siedelte in die bayrische Landeshauptstadt über, um unter dem Einfluss des bedeutenden Nazareners sich vermehrt der monumentalen Darstellungsform zuzuwenden. 1832 bekam er durch Vermittlung von Cornelius den Auftrag, in der Münchener Residenz die Decke des ehemaligen Bibliothekszimmers der Königin zu freskieren und vier Jahre später durch Vermittlung Schnorr von Carolsfelds die Ausmalung des Habsburger Saales im Festsaal der Residenz. Folglich überrascht es nicht, dass bei Schwind ein Vorherrschen der Linie mit intensiver Farbgebung zu beobachten ist, welches sich später durch den Einfluss der Wiener Spätromantik abmilderte. 1835 unternahm er eine Italienreise, wobei die dort aufgenommenen künstlerischen Eindrücke sich erst später in seinem Werk niederschlugen. Mehrere Aufträge veranlassten ihn von 1840 bis 1844 nach Karlsruhe und folgend nach Frankfurt a. M. zu gehen, wo er am Städelschen Kunstinstitut eine Stelle als Historienmaler annahm und den »Sängerkrieg auf der Wartburg« anfertigte. 1847 wurde er Professor an der Münchener Akademie und arbeitete an zahlreichen Illustrationen. Ebenfalls war er im Bereich der Druckgraphik und der handwerklichen Kunst tätig. Von 1853 bis 1855 malte er auf der Wartburg mehrere Fresken, von denen der »Sänger-krieg« den Höhepunkt bildet. Bis in die sechziger Jahre entstanden nun etwa 40 seiner so genannten »Reisebilder«, die der Künstler meist für sich selbst malte. 1863 bis 1867 war er mit der Ausmalung des Wiener Opernhauses beschäftigt, in dem er Motive zur Zauberflöte und anderen Opernstoffen anfertigte.

Stassen, Franz
Hanau 12.2.1869 – 18.4.1949 Berlin

In Hanau gab es eine Zeichenakademie, an der Stassen in den letzten beiden Schuljahren jeweils zwei Tage in der Woche Unterricht nahm und die er nach Beendigung der Schule für zwei Jahre ganz besuchte. Während er hier vor allem Zeichnen lernte, bekam er Kontakt zu dem in Hanau lebenden Maler Georg Cornicelius, der ihm die Technik des Aquarells und der Ölmalerei beibrachte. Mit dieser Grundlage lernte Stassen 1886 an die Berliner Hochschule für Bildende Künste, doch scheint sich kaum ein Einfluss der von Anton von Werner geprägten Akademie in seinen Bildern dieser Zeit wiederzufinden. Für kurze Zeit ging er nach Hanau zurück, wo er mit dem Entwerfen von Zigarrenetiketten seinen Lebensunterhalt bestritt. Schon mit neunzehn kam er mit der Musik Wagners in Berührung, die ihn fortan begeisterte. Unterbrochen von seinem Militärdienst und einem kurzen Aufenthalt in München hielt er sich 1893 erneut in Berlin auf, wo er sich mit Fidus und Melchior Lechter befreundete. War sein Zeichenstil bis dahin von der geschlossenen Form des 19. Jahrhunderts geprägt, trat nun immer mehr die weiche ornamentale Linie des Jugendstils in seinen Arbeiten hervor. 1897 unternahm er eine Reise nach Italien. Zwei Jahre später erschien seine erste Graphikmappe zu »Tristan und Isolde«, an die sich stilistisch eine Mappe zum »Parsifal« 1901 anschloss. 1908 plante er einen Zyklus zum »Ring des Nibelungen«, der gleichzeitig von ersten Kontaktversuchen nach Bayreuth begleitet wurde, die in den folgenden Jahren um den Kreis von Siegfried Wagner verstärkt wurden. Ab 1914 nahmen die Formen des Jugendstils ab, während gleichzeitig pathetische Elemente der so beliebten Medien wie Fotografie und Stummfilm hervortraten. Kurze Zeit darauf entstand bis 1924 ein Zyklus von sieben Gemälden, »Weltenwerdens Walterin«, unter denen sich auch der Tristanschrein befindet. 1930 mit dem Tod von Cosima und besonders Siegfried Wagners verlor Stassen einen

wichtigen Bezugspunkt in seinem Leben, den er durch den Eintritt in die NSDAP im gleichen Jahr und seiner Verehrung Hitlers zu ersetzen suchte. Seine Kunst indes fand bei den neuen Machthabern kaum Beachtung. Da ein Grossteil seines Werkes im Krieg vernichtet wurde, schuf er nach dessen Ende, um diesen Verlust auszugleichen, eine Vielzahl neuer Gemälde.

Thoma, Hans
Bernau (Schwarzwald)
2.10.1839 – 7.11.1924 Karlsruhe

Nur einige Wochen blieb der 15-jährige Thoma bei einem Lithographen in Basel; etwas länger arbeitete er am gleichen Ort für einen Maler und Lackierer. Eine anschließende Probezeit bei einem Uhrenschildmaler in Furtwangen blieb erfolglos, doch hatte er einige Handwerkstechniken gelernt, um kleine Bilder für etwas Geld in der Umgebung zu verkaufen. Durch Vermittlung kam er 1859 an die Kunstschule nach Karlsruhe, wo er sich in figürlicher und Landschaftsmalerei übte. Sieben Jahre verbrachte er die Winter an der Akademie und die Sommer in Bernau, bis er 1866 nach Düsseldorf ging. Noch immer in großer Armut erhielt er zumindest ein Stipendium und kam in Kontakt mit Otto Scholderer, der ihn zwei Jahre später mit nach Paris nahm. Hier lernte er die Schule von Barbizon, Jean Francois Millet und besonders Gustave Courbet kennen, dessen Bilder einen prägenden Eindruck in dem jungen Künstler hinterließen. Über Umwege ging er 1870 nach München. Drei Jahre später bekam er Kontakt zu Dr. Otto Eiser, der enge Beziehungen zum Haus Wahnfried in Bayreuth pflegte, und der ihn in die Musik Richard Wagners einführte. 1874 kam es zur ersten Italienreise. Zwei Jahre später ging er nach Frankfurt und versuchte sich neben der Malerei in Kunsthandwerk (Majolika), der Lithographie, Radierungen und Fresken, die 1882 sein erster großer Auftrag wurden. Es waren fünf Wandbilder mit Szenen aus den Nibelungen im Haus des Architekten und Wagnerverehrers Simon Ravenstein in Frankfurt. Im Dezember 1888 erhielt er in seinem Atelier Besuch von Cosima Wagner und ein halbes Jahr später erfolgte der Gegenbesuch in Bayreuth. Als Bewunderer Wagners und auf die Bitte Cosimas hin zeichnete er Kostümentwürfe für den »Ring des Nibelungen«. 1890 wurde er Ehrenmitglied der Akademie in München und schloss sich der Münchener Sezession an. Acht Jahre später wurde er Königlich Preußischer Professor, ein Jahr später Galeriedirektor an der Kunstakademie Karlsruhe. Zu seinem 70. und 80.

Geburtstag wurde der zu Anfang viel Geschmähte mit Ehrungen überhäuft und sein Tod als nationaler Verlust empfunden.

Uhde, Fritz (Friedrich Karl Hermann) von
Wolkenburg (Sachsen)
22.5.1848 – 25.2.1911 München

Erste von den Eltern geförderte Unterweisungen durch einen Zeichenlehrer bekam Uhde während seiner Schulzeit. 1864 reiste er mit seinem Vater zu Wilhelm Kaulbach, der die zeichnerische Begabung des Jungen bestätigte, so dass Uhde anschließend die Dresdener Akademie besuchte. Drei Jahre später, vom Akademiebetrieb enttäuscht, trat er in das sächsische Garderegiment ein, um eine militärische Laufbahn zu beginnen. Bald darauf wandte er sich erneut der Malerei zu und erste Versuche in Öl entstanden, die vom Krieg 1870/71 unterbrochen wurden. Dabei fanden seine gemalten Schlachtenszenen, die sich an die pathetische Fülle Hans Markarts anschlossen, wenig Aufmerksamkeit. Zweifelnd kam er über den Umweg von Wien bei Markart nach München zu Karl von Piloty, wurde aber auch von diesem nicht angenommen. Nach seinem Abschied als Offizier 1878 und einer zufälligen Begegnung mit Mihály Munkácsy besuchte er diesen in Paris und arbeitete unter dessen Anleitung in seinem Atelier. Die Freundschaft zu Max Liebermann veranlasste ihn 1882, eine Studienreise nach Holland zu unternehmen, wo er den Einfluss Munkácsys ablegte und sich immer mehr dem Naturalismus und der Pleinairmalerei zuwandte. Im Laufe seiner Entwicklung schuf er zahlreiche Gemälde mit religiösen Motiven, die von Seiten der orthodoxen protestantischen Geistlichkeit wegen ihrer zeitgenössischen genrehaften Darstellung heftiger Kritik ausgesetzt waren, gerade aber durch ihren Realismus eine Wiederbelebung erfuhren. Als Mitbegründer der Münchener Sezession wurde er 1899 zum Ersten Vorstand gewählt. Neben den biblischen Motiven waren es ab 1884 Darstellungen von Kindern, denen sich Uhde ausführlich widmete und sich stilistisch immer weiter dem Impressionismus annäherte. Eine Ausstellung im Winter 1907 wurde ein großer Erfolg und an seinem 60. Geburtstag, ein Jahr später, wurde er zum Ehrendoktor der theologischen Fakultät an der Universität in Leipzig ernannt.

Unger, Max
Berlin 26.1.1854 – 31.5.1918 Bad Kissingen

Nach dem Abitur besuchte Unger die Königliche Kunstschule, an die sich 1876 ein Studium an der Akademischen Hochschule in Berlin anschloss. Hier lernte er in der Modellierklasse unter Albert Wolff und im Bildhaueraktsaal unter Fritz Schaper. Noch während dieser Zeit entstand 1882 das »Blumenmädchen«, mit dem er 1883 auf der akademischen Kunstausstellung in Erscheinung trat. Nach dem Abschluss seines Studiums hielt er sich nun von 1882 bis 1884 in Rom auf, welches er noch zwei Mal besuchen sollte. In Italien schuf er seine erste große Gruppe »Der Fischer«, die er 1884 zur Akademieausstellung in Berlin einreichte. Mehrere Hohenzollerndenkmäler folgten und sicherten ihm, zusätzlich durch die Denkmalsschwemme unterstützt, die Protektion des Kaisers. Des weiteren schuf er Porträtbüsten und war im Bereich des Kunstgewerbes tätig. 1898 war es die Figur König Friedrich Wilhelms IV für den Weißen Saal im Berliner Schloss, die Unger den Titel eines Professors einbrachte. 1903 arbeitete er am Villers-Brunnen in Leipzig, der sich am klassischen Stilempfinden Rauchs orientierte, welches Unger in Studienzeiten vermittelt bekam. Gegensätzlich, im neobarocken Pathos des späten Begas, war sein letzter großer Auftrag, die Kolossalstatue des Frithjof, die Wilhelm II dem Königreich Norwegen schenkte. 1913 im Beisein des norwegischen Königs enthüllt, stieß diese in dem skandinavischen Land auf wenig Zustimmung.

Wislicenus, Hermann
Eisenach 20.9.1825 – 25.4.1899 Goslar

In jungen Jahren erhielt Wislicenus an der Zeichenschule in Eisenach Unterricht, wo er unter Heinrich Müller lernte. 1846 ging er an die Dresdener Akademie zu Julius Schnorr von Carolsfeld, einem bedeutenden Vertreter der Nazarener. Von 1853–1857 hielt er sich zu Studien in Rom auf und kam in engeren Kontakt mit Peter Cornelius, einem weiteren Mitglied der Lukasbrüder und Verfechter monumentaler Bildgestaltung. 1865 wurde in der Konkurrenz der Goethe-Stiftung der von ihm eingereichte Karton »Der Mensch im Kampf mit den Elementen« mit einem 1. Preis ausgezeichnet. Zu dieser Zeit wurde er Lehrer, ein Jahr später Professor für Aktzeichnen an der Weimarer Kunstschule, die er 1868 wieder verließ, um eine Professur für Historienmalerei an der Akademie in Düsseldorf anzutreten. Am 19. März 1872 kam es zu einem Brand des Akademiegebäudes, so dass Wislicenus seine gesamten Studien sowie acht unvollendete Gemälde verlor, unter denen sich auch die »Wacht am Rhein (Germania)« befand. Nur zwei Jahre später fertigte er eine neue Fassung

des Motivs an, welches eine bedrohliche Germania zeigt. 1876 beteiligte er sich mit mehreren Entwürfen am Wettbewerb zur Ausmalung der bis 1897 zum Nationaldenkmal umgestalteten Kaiserpfalz in Goslar, den er auch für sich entscheiden konnte. 1879 begann er die Arbeit. In kaiserlichem Auftrag fertigte er mehrere Wandgemälde zur deutschen Reichs- und Nationalgeschichte. Neben dem Vorherrschen der Linie gibt es gerade bei den Kostümen eine altertumskundliche Genauigkeit, die auf einer kostümgeschichtlichen Schulung der Künstler am Ende des 19. Jahrhunderts beruht. Obwohl er durch sein bedeutendstes Werk als nationaler Geschichtsmaler bekannt wurde, bleibt sein weiteres Schaffen, auch mit religiösen Motiven, unbeachtet. 1895 legte er sein Lehramt in Düsseldorf nieder und zog endgültig nach Goslar, wo er bis zu seinem Tode an den Wandgemälden arbeitete.

Namens-Register

© 2002 ARNOLDSCHE Art Publishers
Stuttgart und Autoren

Erscheint als Publikation 3
in der Schriftenreihe des
Preußen-Museums Nordrhein-Westfalen

Autoren
Veit Veltzke
Oliver Glißmann
(Künstlerbiographien)
Joachim Kinder
(Kat.-Nr. 113–117)

Grafik
Silke Nalbach typografik, Stuttgart

Offset-Reproduktionen
mb Satz und Repro, Stuttgart

Druck
Karl Grammlich, Pliezhausen

Dieses Buch wurde gedruckt auf 100 %
chlorfrei gebleichtem Papier und
entspricht damit dem TCF-Standard.

Ein Titeldatensatz für diese Publikation ist
bei der Deutschen Bibliothek erhältlich.

ISBN 3-89790-184-6

Made in Germany, 2002

Frontispiz
Hermann Prell, Farbstudie zwei Walküren
für das Wandgemälde »Sommer«, vgl.
Kat. Nr. 58, 59. Stadtmuseum Dresden

Bildnachweis